1권

제1회
MG새마을금고
지역본부 필기전형

KB112629

www.sdedu.co.kr

〈문항 수 및 시험시간〉

영역		문항 수	시험시간	모바일 OMR 답안채점 / 성적분석 서비스
NCS 직업기초능력평가	의사소통능력 수리능력 문제해결능력 대인관계능력 조직이해능력	40문항	40분	

※ 문항 수 및 시험시간은 해당 채용 공고문을 참고하여 구성하였습니다.

※ 제한시간이 종료되고 OMR 답안카드에 마킹하거나 시험지를 넘기는 행동은 부정행위로 간주합니다.

01 다음 중 밑줄 친 부분의 맞춤법이 옳지 않은 것은?

① 그녀의 손에 편지를 <u>쥐여</u> 주었다.

② 상금을 두고 세기의 대결이 <u>펼쳐졌다</u>.

③ 퇴사를 앞두고 책상을 <u>깨끗이</u> 치웠다.

④ 새로운 시대에 <u>걸맞는</u> 인재를 양성해야 한다.

02 다음 자료는 갈등해결을 위한 6단계 프로세스이다. 3단계에 해당하는 대화의 예로 가장 적절한 것은?

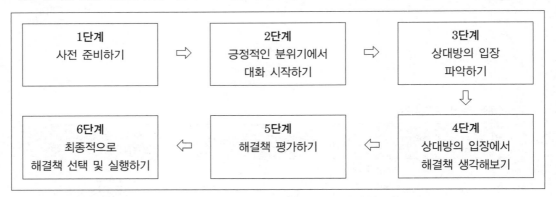

① 그럼 A씨의 생각대로 진행해 보시죠.

② 제 생각은 이런데, A씨의 생각은 어떠신지 말씀해 주시겠어요?

③ 저도 좋아요. 그것으로 결정해요.

④ 저는 모두가 만족하는 해결책을 찾고 싶어요.

03 다음 글의 중심 내용으로 가장 적절한 것은?

> 그동안 전국의 많은 근대건축물은 제도적 지원과 보호로부터 배제되고 대중과 소유주의 무관심 등으로 방치되어 왔다. 다수의 근대건축물이 철거와 멸실의 위기에 처해있는 것이 사실이다.
>
> 국민이 이용하기 편리한 공간으로 용도를 바꾸면서도, 물리적인 본 모습은 유지하려는 노력을 일반적으로 '보전 가치'라고 규정한다. 근대건축물의 보전 가치를 높이기 위해서는 자산의 상태를 합리적으로 진단하고, 소유자 및 이용자가 건물을 효율적으로 활용할 수 있도록 지원하는 관리체계가 필수적이다. 하지만 지금까지 건축자산의 등록, 진흥계획 수립 등을 통해 관리주체를 공공화 하려는 노력은 있었으나 구체적인 관리 기법이나 모니터링에 대한 고민은 부족했다. 즉, 기초조사를 통해 현황을 파악하고 기본적인 관리만 하는 수준에 그치고 있었던 것이다. 오랜 시간이 지나 기록도 없이 건물만 존재하는 경우도 많다.
>
> 근대건축물은 현대 건물과는 다른 건축양식과 특성을 지니고 있어 단순 정보의 수집으로는 건물의 현황을 제대로 관리하기가 어렵다. 그렇다면 보전 가치를 높이기 위해서는 어떤 대책이 필요할까?
>
> 먼저 일반인이 개별 소유하고 있는 건축물의 현황정보를 통합하여 관리하기 위해서는 중립적이고 객관적인 공공의 참여와 지속적인 지원이 전제되어야 한다. 특히, 근대건축물은 현행 건축·도시 관련 법률 등과 관련되어 다양한 민원과 행정업무가 수반되므로, 법률 위반과 재정 지원 여부 등을 판단하는 데 있어 객관성과 중립성이 요구된다. 또한 근대건축물 관리는 도시재생, 문화관광 등의 분야에서 개별 사업으로 추진될 가능성이 높아 일원화된 관리기준도 필요하다. 만약 그렇지 못하면 사업이 일회성으로 전개될 우려가 크기 때문이다. 근대건축물이 그 정체성을 유지하고 가치를 증진하기 위해서는 공공이 주축이 된 체계화·선진화된 관리방법론이 요구되는 이유이다.

① 근대건축물의 정의와 종류
② 근대건축물을 공공에 의해 체계적으로 관리해야 하는 이유
③ 근대건축물의 현대적 가치와 중요성
④ 현대 시민에게 요구되는 근대건축물에 대한 태도

04 다음 글에서 〈보기〉의 문장이 들어갈 위치로 가장 적절한 곳은?

컴퓨터는 0 또는 1로 표시되는 비트를 최소 단위로 삼아 내부적으로 데이터를 표시한다. 컴퓨터가 한 번에 처리하는 비트 수는 정해져 있는데, 이를 워드라고 한다. 예를 들어 64비트의 컴퓨터는 64개의 비트를 1워드로 처리한다. (가) 4비트를 1워드로 처리하는 컴퓨터에서 양의 정수를 표현하는 경우, 4비트 중 가장 왼쪽 자리인 최상위 비트는 0으로 표시하여 양수를 나타내고 나머지 3개의 비트로 정수의 절댓값을 나타낸다. (나) 0111의 경우 가장 왼쪽 자리인 '0'은 양수를 표시하고 나머지 '111'은 정수의 절댓값 7을 이진수로 나타낸 것으로, +7을 표현하게 된다. 이때 최상위 비트를 제외한 나머지 비트를 데이터 비트라고 한다.

그런데 음의 정수를 표현하는 경우에는 최상위 비트를 1로 표시한다. −3을 표현한다면 −3의 절댓값 3을 이진수로 나타낸 011에 최상위 비트 1을 덧붙이면 된다. (다) 이러한 음수 표현 방식을 '부호화 절댓값'이라고 한다. 그러나 부호화 절댓값은 연산이 부정확하다. 예를 들어 7−3을 계산한다면 7+(−3)인 0111+1011로 표현된다. 컴퓨터에서는 0과 1만 사용하기 때문에 1에 1을 더하면 바로 윗자리 숫자가 올라가 10으로 표현된다. 따라서 0111에 1011을 더하면 10010이 된다. (라) 하지만 부호화 절댓값에서는 오버플로를 처리하는 별도의 규칙이 없기 때문에 계산 값이 부정확하다. 또한 0000 또는 1000이 0을 나타내어 표현의 일관성과 저장 공간의 효율성이 떨어진다.

―――〈보기〉―――
10010은 4비트 컴퓨터가 처리하는 1워드를 초과하게 된 것으로, 이러한 현상을 오버플로라 한다.

① (가)   ② (나)
③ (다)   ④ (라)

05 다음 글에서 알 수 있는 내용으로 적절한 것은?

국내에서 벤처버블이 발생한 1999 ~ 2000년 동안 한국뿐 아니라 미국, 유럽 등 전세계 주요 국가에서 벤처 버블이 나타났다. 미국 나스닥의 경우 1999년 초 이후에 주가가 급상승하여 2000년 3월을 전후해서 정점에 이르렀는데, 이는 한국의 주가 흐름과 거의 일치한다. 또한 한국에서는 1998년 5월부터 외국인의 종목별 투자한도를 완전 자유화하였는데, 외환위기 이후 해외투자를 유치하기 위한 이런 주식시장의 개방은 주가 상승에 영향을 미쳤다. 외국인 투자자들은 벤처버블이 정점에 이르렀던 1999년 12월에 벤처기업으로 구성되어 있는 코스닥 시장에서 투자금액을 이전 달의 1조 4천억 원에서 8조 원으로 늘렸으며, 투자비중도 늘렸다. 또한 벤처버블 당시 국내에서는 인터넷이 급속히 확산되고 있었다. 초고속 인터넷 서비스는 1998년 첫 해에 1만 3천 가구에 보급되었지만 1999년에는 34만 가구로 확대되었다. 또한 1997년 163만 명이던 인터넷 이용자는 1999년에 1,000만 명으로 폭발적으로 증가하였다. 이처럼 초고속 인터넷의 보급과 인터넷 사용인구의 급증은 뚜렷한 수익모델이 없는 업체라 할지라도 인터넷을 활용한 비즈니스를 내세우면 투자자들 사이에서 높은 잠재력을 가진 기업으로 인식되는 효과를 낳았다.

한편 1997년 8월에 시행된 벤처기업 육성에 관한 특별조치법은 다음과 같은 상황으로 인해 제정되었다. 법 제정 당시 우리 경제는 혁신적 기술이나 비즈니스 모델에 의한 성장보다는 설비확장에 토대한 외형성장에 주력해 왔다. 그러나 급격한 임금상승, 공장용지와 물류 및 금융 관련 비용 부담 증가, 후발국가의 추격 등은 우리 경제가 하루빨리 기술과 지식을 경쟁력의 기반으로 하는 구조로 변화해야 할 필요성을 높였다. 게다가 1997년 말 외환위기로 30대 재벌의 절반이 부도 또는 법정관리에 들어가게 되면서 재벌을 중심으로 하는 경제성장 방식의 한계가 지적되었고, 이에 따라 우리 경제는 고용창출과 경제성장을 주도할 새로운 기업군을 필요로 하게 되었다. 이로 인해 시행된 벤처기업 육성 정책은 벤처기업에 세제 혜택은 물론, 기술개발, 인력공급, 입지공급까지 다양한 지원을 제공하면서 벤처기업의 폭증에 많은 영향을 주게 되었다.

① 해외 주식시장의 주가 상승은 국내 벤처버블 발생의 주요 원인이 되었다.
② 벤처버블은 한국뿐 아니라 전세계 모든 국가에서 거의 비슷한 시기에 발생했다.
③ 국내의 벤처기업 육성책 실행은 한국 경제구조 변화의 필요성과 관련을 맺고 있다.
④ 국내 초고속 인터넷 서비스 확대는 벤처기업을 활성화 시켰으나 대기업 침체의 요인이 되었다.

06 다음 글을 읽고 핀테크에 대해 이해한 내용으로 적절하지 않은 것을 고르면?

요즘은 스마트폰이 은행원의 일을 한다. 예를 들어, 핀테크 간편 송금 앱 '토스(Toss)'를 사용하면 1개의 비밀번호로 3단계만 거쳐도 송금이 완료된다. 토스 이전에 송금의 절차에는 평균적으로 5개의 암호와 약 37회의 클릭이 필요했지만 이제는 간소화되었다. 이처럼 핀테크(FinTech)란 금융(Finance)과 기술(Technology)의 합성어로, 금융과 IT의 결합을 통한 금융서비스를 의미한다.

이처럼 핀테크의 가장 강력한 장점은 지급과 결제의 간편성으로 볼 수 있다. 그냥 앱을 열고 기기에 갖다 대기만 하면 된다. 스마트폰에 저장된 신용카드나 계좌정보가 NFC 결제 기기와 자연스럽게 반응하여 처리된다. 송금 서비스는 더 쉽다. '공인인증서'가 당신에게 선사했던 절망의 시간을 떠올려 보라. 핀테크의 물결 속에서 보수적이었던 금융권 역시 오픈 뱅킹으로 속속 전환하고 있다. 외환 송금 또한 무리가 없다. 심지어 수수료도 절감할 수 있다. 여기에 우리나라 핀테크의 꽃이라고 할 수 있는 인터넷 전문은행도 있다. 가입부터 개설까지 10분도 걸리지 않는다. 조만간 핀테크는 지갑 속 신분증과 카드까지도 담아낼 것이다. 100년 후에 지갑이라는 물건은 조선시대 상투처럼 사라질지도 모른다.

핀테크는 리스크 관리 수준 또한 끌어올리고 있다. 과거의 경우 통장을 만들기 위해서는 은행 창구 방문이 필수였다. 신분증을 내밀고 본인 확인을 거쳐야만 했다. 지금은 어떤가? 비대면 실명 인증이라는 기술이 금융을 만나 핀테크로 완성되었다. 인터넷 전문은행 또한 비대면 실명 인증을 통해 실현된 핀테크다. 물론 여전히 보안 문제가 걱정이긴 하다. 개인정보를 캐내는 해킹 수법도 날이 갈수록 발전하고 있다. 하지만 핀테크는 기존의 방식을 넘어 발전 중이다. 이미 스마트폰에는 지문 인식, 안면 인식을 통한 본인 인증 기술이 쓰이고 있다. 조만간 핀테크는 간편성을 넘어 보이스피싱과 같은 금융 범죄를 근본적으로 방지하는 형태로 발전할 것이다.

다음으로 핀테크는 이상적인 금융 플랫폼을 실현하고 있다. 과거에는 수수료를 당연하게 여기던 때가 있었다. 마치 문자 하나에 50원의 가격을 매기는 것처럼 말이다. 어떤 거래에 있어 은행이나 금융기관의 매개 비용은 당연한 대가였다. 이제 핀테크는 그 당연함을 지웠다. 또한 핀테크는 온라인 플랫폼을 통해 새로운 형태의 대출을 만들어냈다. 바로 P2P(Peer to Peer) 대출이다. P2P 대출은 공급자(투자)와 수요자(대출)가 금융기관의 개입 없이도 직접 자금을 주고받을 수 있게끔 만들었다. 크라우드 펀딩도 하나의 핀테크다. 크라우드 펀딩은 사업자 등이 익명의 다수(Crowd)로부터 SNS를 통해 후원을 받거나 특정 목적으로 인터넷과 같은 플랫폼을 통해 자금을 모으는 투자 방식이다. 실험적이고 번뜩이는 아이템을 가졌지만, 수익성을 이유로 투자받지 못했던 창업가에게는 기적 같은 통로가 생긴 것이다.

① 핀테크를 활용한 P2P 대출은 금융기관의 개입을 통한 투자와 대출을 가능하게 한다.
② 핀테크는 비대면 실명 인증을 가능하게 하여, 고객들은 은행에 가지 않아도 된다.
③ 핀테크는 수수료 절감을 통해 이상적인 금융 플랫폼을 실현하고 있다.
④ 핀테크의 크라우드 펀딩은 자금력이 부족한 창업자들에게 기회가 될 수 있다.

07 다음 기사를 읽고 추론한 내용으로 적절한 것은?

세계화 시대에는 국가 간 교류가 활발하여 우리 국민들이 외국으로 여행을 가기도 하고 외국인들도 한국으로 여행을 많이 온다. 또한 외국으로부터 경제활동에 필요한 원자재는 물론이고 자동차나 의약품 등 다양한 상품을 수입하기도 한다. 이처럼 외국상품을 구입하거나 외국 여행을 할 때는 물론이고 해외 투자를 할 때도 외국 돈, 즉 외화가 필요하다.

이러한 외화를 살 때 지불하는 외화의 가격을 환율이라 하며, 달러당 환율이 1,000원이라는 것은 1달러를 살 때 지불하는 가격이 1,000원이라는 것이고 유로(Euro) 환율이 1,300원이라는 것은 1유로의 가격이 1,300원이라는 것을 의미한다. 외화를 외국 상품과 같은 의미로 이해하면 환율은 다른 상품의 가격처럼 외국 돈 한 단위의 가격으로 이해할 수 있다. 100달러를 환전하는 것, 즉 100달러를 구입하는 것은 개당 1,000원인 상품을 100개 구입하는 것과 같은 것으로 생각할 수 있는 것이다.

환율을 표시할 때는 외국돈 1단위당 원화의 금액으로 표시한다. 따라서 환율의 단위는 원/$, 원/€와 같은 것이 된다(예 1,000원/$, 1,300원/€). 수입품과 수출품의 가격은 이러한 환율의 단위를 고려하면 쉽게 계산할 수 있다. 국산품의 수출가격은 국내가격을 환율로 나누어서 구할 수 있고 반대로 수입상품의 수입가격은 국제가격에 환율을 곱해서 구할 수 있다.

> • 환율이 1,000원/$일 때 국내 시장에서 가격이 1만 원인 상품의 수출가격
>   - [수출가격(달러)]=(국내가격/환율)=(10,000원)/(1,000원/$)=$10
> • 환율이 1,000원/$일 때 국제 시장에서 가격이 $100인 상품의 수입가격
>   - [수입가격(원)]=(국제가격)×(환율)=$100×(1,000원/$)=100,000원

앞에서 외화를 마치 상품처럼 이해한다고 하였는데 상품의 가격이 수요와 공급에 의해서 변동하는 것처럼 외화의 가격인 환율도 외환시장에서 수요와 공급에 의해서 결정된다. 수출이 늘어나거나 외국인들의 한국여행 그리고 외국인 투자가 늘어나면 외화 공급이 증가하기 때문에 환율이 떨어진다. 상품 가격이 하락하면 화폐 가치가 올라가는 것처럼 환율이 하락하면 외국돈에 비해서 우리 돈의 가치가 올라간다고 할 수 있다. 반면에 한국의 수입 증가, 국민들의 외국 여행 증가 그리고 자본의 유출이 일어나면 외화 수요가 증가하기 때문에 환율이 올라간다. 상품의 가격이 올라가면 화폐가치가 떨어지는 것처럼 환율이 상승한다는 것은 화폐, 즉 우리 돈의 가치가 떨어진다는 것을 의미한다. 이처럼 환율이 상승하면 원화 가치가 하락하고 반대로 환율이 하락하면 원화 가치가 올라간다고 생각할 수 있다. 환율 상승을 '원화 약세'라고 하고 환율 하락을 '원화 강세'라고 이해하면 편하다.

① 환율이 하락하는 원인으로는 수입 증가를 볼 수 있다.
② 환율이 상승하면 국산품의 수출가격은 하락할 것이다.
③ 중국인 관광객들이 우리나라에 많이 여행 온다면 환율이 상승할 것이다.
④ 환율이 하락하면 수입품의 수입가격은 상승한다.

08 다음 중 밑줄 친 ⊙과 가까운 사례를 추론한 내용으로 가장 적절한 것은?

> 화학 공정을 통하여 저렴하고 풍부한 원료로부터 원하는 물질을 제조하고자 할 때, 촉매는 활성화 에너지가 낮은 새로운 반응 경로를 제공하여 마치 마술처럼 원하는 반응이 쉽게 일어나도록 돕는다. 제1차 세계 대전 직전에 식량 증산에 크게 기여하였던 철 촉매에서부터 최근 배기가스를 정화하는 데 사용되는 백금 촉매에 이르기까지 다양한 촉매가 여러 가지 문제 해결의 핵심 기술이 되고 있다. 그러나 전통적인 공업용 촉매개발은 시행착오를 반복하다가 요행히 촉매를 발견하는 식이었다.
>
> 이러한 문제점을 해결하기 위해 촉매 설계 방법이 제안되었는데, 이는 표면 화학 기술과 촉매 공학의 발전으로 가능해졌다. 촉매 설계 방법은 ⊙ 회귀 경로를 통하여 오류를 최소 과정 내에서 통제할 수 있는 체계로서 크게 세 단계로 이루어진다. 첫 번째 단계에서는 대상이 되는 반응을 선정하고, 열역학적 검토와 경제성 평가를 거쳐 목표치를 설정한다. 두 번째 단계에서는 반응물이 촉매 표면에 흡착되어 생성물로 전환되는 반응 경로 모델을 구상하며, 그 다음에 반응의 진행을 쉽게 하는 활성 물질, 활성 물질의 기능을 증진시키는 증진제, 그리고 반응에 적합한 촉매 형태를 유지시키는 지지체를 선정한다. 마지막 단계에서는 앞에서 선정된 조합으로 촉매 시료를 제조한 후 실험하고, 그 결과를 토대로 촉매의 활성·선택성·내구성을 평가한다. 여기서 결과가 목표치에 미달하면 다시 촉매 조합을 선정하는 단계로 돌아가며, 목표치를 달성하는 경우에도 설정된 경로 모델대로 반응이 진행되지 않았다면, 다시 경로 모델을 설정하는 단계로 회귀한다. 설정된 경로 모델에 따라 목표치에 도달하면 촉매 설계는 완료된다.
>
> 미래 사회에서는 에너지 자원의 효율적 사용과 환경 보존을 최우선시하여, 다양한 촉매의 개발이 필요하게 될 것이다. 특히 반응 단계는 줄이면서도 효과적으로 원하는 물질을 생산하고, 낮은 온도에서 선택적으로 빠르게 반응을 진행시킬 수 있는 새로운 촉매가 필요하게 된다. 촉매 설계 방법은 환경 및 에너지 문제를 해결하는 마법의 돌을 만드는 체계적 접근법인 것이다.

① 민준이는 현관문 잠금 장치의 비밀번호를 잊어버려 여러 번호를 입력하다가 운 좋게 다섯 번 만에 문을 열었다.

② 승재는 고등학생 때 『목민심서』를 여러 번 읽었으나 잘 이해할 수 없었다. 그 후 대학생이 되어 다시 읽어 보니 내용을 보다 쉽게 이해할 수 있었다.

③ 수아는 좋은 시어를 찾기 위해 우리말 형용사 사전을 뒤졌으나 적절한 시어를 찾지 못했다. 그러던 어느 날 『토지』를 읽다가 적절한 시어를 찾아냈다.

④ 시안이는 설문지를 작성하여 설문 조사를 하던 중에 설문지의 질문이 잘못된 것을 발견하여 설문지 작성 과정으로 돌아와 질문을 수정하였다.

09 다음은 한국은행 금융통화위원회의 구성 및 운영에 대한 규정이다. 이에 대한 설명으로 옳지 않은 것은?

〈금융통화위원회의 구성〉

금융통화위원회는 한국은행의 통화신용정책에 관한 주요 사항을 심의·의결하는 정책결정기구로서 한국은행 총재 및 부총재를 포함하여 총 7인의 위원으로 구성된다.
한국은행 총재는 금융통화위원회 의장을 겸임하며 국무회의 심의를 거쳐 대통령이 임명한다. 부총재는 총재의 추천에 의해 대통령이 임명하며, 다른 5인의 위원은 각각 기획재정부 장관, 한국은행 총재, 금융위원회 위원장, 대한상공회의소 회장, 전국은행연합회 회장 등의 추천을 받아 대통령이 임명한다.
총재의 임기는 4년이고 부총재는 3년으로 각각 1차에 한하여 연임할 수 있으며, 나머지 금통위원의 임기는 4년으로 연임할 수 있다.

〈금융통화위원회의 운영〉

한국은행 총재는 금융통화위원회를 대표하는 의장으로서 회의를 주재한다. 금융통화위원회의 본회의는 의장이 필요하다고 인정하는 때, 또는 위원 2인 이상의 요구가 있을 때 의장이 소집할 수 있는데 현재는 매월 둘째 주, 넷째 주 목요일에 정기회의가 개최되고 있다. 본회의에 상정되는 안건을 심의·의결하기 위해서는 통상 7인의 금통위원 중 5인 이상의 출석과 출석위원 과반수의 찬성이 필요하며 금융통화위원회가 의결을 한 때에는 의결서를 작성한다. 한편 본회의의 논의내용에 대해서는 의사록을 작성하고, 의사록 내용 중 통화신용정책에 관한 사항에 대해서는 외부에 공개한다.
본회의 이외의 회의로는 상정 안건과 관련한 논의 등을 위한 간담회, 금융경제동향 등에 관하여 관련 부서의 보고를 듣고 서로 의견을 교환하기 위한 협의회 등이 있다. 한편, 대국회 보고를 위한 통화신용정책보고서나 연차보고서, 금융안정보고서, 한국은행의 예산 등과 같은 중요 사안에 대해서는 별도로 심의위원회를 구성하여 보다 면밀한 검토가 이루어지도록 하고 있다.

① 면밀한 검토가 필요한 사안에 대해서는 본회의 외에 별도 위원회가 구성되기도 한다.
② 금융통화위원회 의장은 한국은행 총재이다.
③ 총재, 부총재를 제외한 금융통화위원은 총재가 임명한다.
④ 정기회의 개최를 위해서는 의장을 제외한 금융통화위원 최소 2인의 요구가 필요하다.

10 다음 중 밑줄 친 ㉠~㉢에 대한 설명으로 적절하지 않은 것은?

> 국내 연구팀이 반도체 집적회로에 일종의 ㉠ '고속도로'를 깔아 신호의 전송 속도를 높이는 신개념 반도체 소재 기술을 개발했다. 탄소 원자를 얇은 막 형태로 합성한 2차원 신소재인 그래핀을 반도체 회로에 깔아, 기존 금속 선로보다 많은 양의 전자를 빠르게 운송하는 것이다.
>
> 최근 반도체 내에 많은 소자가 집적되면서 소자 사이의 신호를 전송하는 ㉡ '도로'인 금속 재질의 선로에 저항이 기하급수적으로 증가하는 문제가 발생했다. 이러한 집적화의 한계를 극복하기 위해 연구팀은 금속 재질 대신 그래핀을 신호 전송용 길로 활용했다.
>
> 그래핀은 탄소 원자가 육각형으로 결합한, 두께 0.3나노미터의 얇은 2차원 물질로 전선에 널리 쓰이는 구리보다 전기 전달 능력이 뛰어나며 전자 이동속도도 100배 이상 빨라 이상적인 반도체용 물질로 꼽는다. 그러나 너무 얇다 보니 전류나 신호를 전달하는 데 방해가 되는 저항이 높고, 전하 농도가 낮아 효율이 떨어진다는 단점이 있었다.
>
> 연구팀은 이런 단점을 해결하고자 그래핀에 불순물을 얇게 덮는 방법을 생각했다. 그래핀 표면에 비정질 탄소를 흡착시켜 일종의 ㉢ '코팅'처럼 둘러싼 것이다. 연구 결과 이 과정에서 신호 전달을 방해하던 저항은 기존 그래핀 선로보다 60% 감소했고, 신호 손실은 약 절반 정도로 줄어들었으며, 전달할 수 있는 전하의 농도는 20배 이상 증가했다. 이를 통해 연구팀은 금속 선로의 수 백분의 1 크기로 작으면서도 효율성은 그대로인 고효율, 고속 신호 전송 선로를 완성하였다.

① 연구팀은 ㉡을 ㉠으로 바꾸었다.
② 반도체 내에 많은 소자가 집적될수록 ㉡에 저항이 증가한다.
③ ㉠은 구리보다 전기 전달 능력과 전자 이동속도가 뛰어나다.
④ 연구팀은 전자의 이동속도를 높이기 위해 ㉠에 ㉢을 하였다.

11 A ~ G 7명은 주말 여행지를 고르기 위해 투표를 진행하였다. 다음 〈조건〉과 같이 투표를 진행하였을 때, 투표를 하지 않은 사람을 모두 고르면?

———————————————〈조건〉———————————————
- D와 G 중 적어도 1명이 투표하지 않으면, F는 투표한다.
- F가 투표하면, E는 투표하지 않는다.
- B나 E 중 적어도 1명이 투표하지 않으면, A는 투표하지 않는다.
- A를 포함하여 투표한 사람은 모두 5명이다.

① B, E
② B, F
③ C, D
④ C, F

12 다음 글에 대한 설명으로 적절한 것은?

인공지능을 면접에 활용하는 것은 바람직하지 않다. 인공지능 앞에서 면접을 보느라 진땀을 흘리는 인간의 모습을 생각하면 너무나 안타깝다. 사람들은 미래에 인공지능이 인간의 고유한 영역까지 대신할 것이라고 말하는데, 과연 정말로 인공지능이 인간을 대신할 수 있을까? 인간과 인공지능의 관계는 어떠해야 할까? 인공지능은 인간의 삶을 편리하게 돕는 도구일 뿐이다. 인간이 만든 도구인 인공지능이 인간을 평가할 수 있는지에 대해 생각해 볼 필요가 있다. 도구일 뿐인 기계가 인간을 평가하는 것은 정당하지 않다. 인간이 개발한 인공지능이 인간을 판단한다면 주체와 객체가 뒤바뀌는 상황이 발생할 것이다.

인공지능이 아무리 발전하더라도 인간과 같은 사고는 불가능하다. 인공지능은 겉으로 드러난 인간의 말과 행동을 분석하지만, 인간은 말과 행동 이면의 의미까지 고려하여 사고한다. 인공지능은 빅데이터를 바탕으로 결과를 도출해 내는 기계에 불과하므로, 통계적 분석을 할 뿐 타당한 판단을 할 수 없다. 기계가 타당한 판단을 할 것이라는 막연한 기대를 한다면 머지않아 인간이 기계에 예속되는 상황이 벌어질지도 모른다.

인공지능은 사회적 관계를 맺을 수 없다. 반면 인간은 사회에서 의사소통을 통해 관계를 형성한다. 이 과정에서 축적된 인간의 경험이 바탕이 되어야 타인의 잠재력을 발견할 수 있다.

① 인공지능과 인간의 공통점을 통해 논지를 주장하고 있다.
② 인공지능은 빅데이터를 바탕으로 타당한 판단을 할 수 있다고 보고 있다.
③ 인공지능은 의사소통을 통해 사회적 관계를 형성한다고 주장한다.
④ 인공지능이 인간을 평가하는 것은 정당하지 않다고 주장한다.

13 다음 문장 중 맞춤법이 적절하지 않은 것은?

① 오늘은 웬일인지 은정이가 나에게 웃으며 인사해주었다.

② 그녀의 집은 살림이 넉넉지 않다.

③ 분위기에 걸맞은 옷차림이다.

④ 영희한테 들었는데 이 집 자장면이 그렇게 맛있데.

14 다음 중 조직목표의 기능과 특징으로 적절하지 않은 것은?

① 조직이 존재하는 정당성을 제공한다.

② 의사 결정을 할 때뿐만 아니라 하고 나서의 기준으로도 작용한다.

③ 공식적 목표와 실제 목표는 다를 수 있다.

④ 동시에 여러 개를 추구하는 것보다 하나씩 순차적으로 처리해야 한다.

15 다음 상황에서 M사의 대외협력팀이 취할 협상전략에 대한 설명으로 적절한 것을 〈보기〉에서 모두 고르면?

> M사의 대외협력팀은 A사의 배터리사업부와 전기자동차를 생산하는 사업을 추진하고자 협상 중이다. M사는 A사가 납품하는 배터리의 사양을 낮추고 단가를 낮추고자 한다. 하지만 A사는 저사양의 배터리 모델을 별도로 생산하는 투자비용에 부담을 느껴 기존 사양과 단가대로 납품하고자 한다.
> A사 배터리사업부에서는 내부에서 받은 의견에 따라 사양 변경을 위한 추가 투자는 불가능함을 M사 대외협력팀에 전달하였다. M사는 A사와 협력하는 전기자동차 사업이 장기적으로 유망한 핵심 사업이라 판단하여 반드시 추진하고자 한다.

〈보기〉
> ㉠ Lose – Win전략을 취함으로써 A사와의 의견충돌을 피할 수 있는 전략을 취할 것이다.
> ㉡ M사 대외협력팀은 회피전략을 취할 것이다.
> ㉢ 단기적으로는 사업 추진에 있어서 부담이 되지만, 장기적으로는 M사의 수익성에 도움이 되는 결과를 가져올 것이다.
> ㉣ 강압전략을 취함으로써 A사로부터 차량용 배터리 사양 변경을 위한 투자를 이끌어낼 것이다.

① ㉠, ㉡
② ㉠, ㉢
③ ㉡, ㉢
④ ㉢, ㉣

16 다음 상황에서 팀장의 지시를 적절히 수행하기 위하여 오대리가 거쳐야 할 부서명을 순서대로 나열한 것은?

> 오대리, 내가 내일 출장 준비 때문에 무척 바빠서 그러는데 자네가 좀 도와줘야 할 것 같군. 우선 박비서한테 가서 오후 사장님 회의 자료를 좀 가져다주게나. 오는 길에 지난주 기자단 간담회 자료 정리가 되었는지 확인해 보고 완료됐으면 한 부 챙겨오고. 다음 주에 승진자 발표가 있을 것 같은데 우리 팀 승진 대상자 서류가 잘 전달되었는지 그것도 확인 좀 해줘야겠어. 참, 오후에 바이어가 내방하기로 되어 있는데 공항 픽업 준비는 잘해 두었지? 배차 예약 상황도 다시 한번 점검해 봐야 할 거야. 그럼 수고 좀 해주게.

① 기획팀 – 홍보팀 – 총무팀 – 경영관리팀
② 비서실 – 홍보팀 – 인사팀 – 총무팀
③ 인사팀 – 법무팀 – 총무팀 – 기획팀
④ 경영관리팀 – 법무팀 – 총무팀 – 인사팀

17 다음 〈보기〉의 ㉠~㉂을 원인 분석 단계의 절차에 따라 순서대로 바르게 나열한 것은?

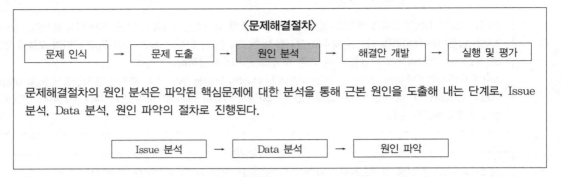

〈문제해결절차〉

| 문제 인식 | → | 문제 도출 | → | 원인 분석 | → | 해결안 개발 | → | 실행 및 평가 |

문제해결절차의 원인 분석은 파악된 핵심문제에 대한 분석을 통해 근본 원인을 도출해 내는 단계로, Issue 분석, Data 분석, 원인 파악의 절차로 진행된다.

| Issue 분석 | → | Data 분석 | → | 원인 파악 |

─〈보기〉─
㉠ 가설검증계획에 의거하여 분석결과를 미리 이미지화한다.
㉡ 데이터 수집계획을 세운 후 목적에 따라 정량적이고 객관적인 사실을 수집한다.
㉢ 인터뷰 및 설문조사 등을 활용하여 현재 수행하고 있는 업무에 가장 크게 영향을 미치는 문제를 선정한다.
㉣ 이슈와 데이터 분석을 통해 얻은 결과를 바탕으로 최종 원인을 확인한다.
㉤ 자신의 경험, 지식 등에 의존하여 이슈에 대한 일시적인 결론을 예측해보는 가설을 설정한다.
㉥ 목적에 따라 수집된 정보를 항목별로 분류·정리한 후 'What', 'Why', 'How' 측면에서 의미를 해석한다.

① ㉠－㉢－㉤－㉡－㉥－㉣
② ㉡－㉥－㉢－㉤－㉠－㉣
③ ㉢－㉤－㉠－㉡－㉥－㉣
④ ㉤－㉠－㉢－㉡－㉥－㉣

18 다음은 대부분 조직에서 활용하고 있는 부서명과 담당 업무의 예를 나타낸 자료이다. 이를 근거로 할 때, 부서명과 담당 업무의 내용이 바르게 연결되지 않은 것은?

부서	업무 내용
총무부	주주총회 및 이사회개최 관련 업무, 의전 및 비서업무, 집기비품 및 소모품의 구매와 관리, 사무실 임차 및 관리, 차량 및 통신시설의 운영, 국내외 출장 업무 협조, 복리후생 업무, 법률자문과 소송관리, 사내외 홍보 광고업무
인사부	조직기구의 개편 및 조정, 업무분담 및 조정, 인력수급계획 및 관리, 직무 및 정원의 조정 종합, 노사관리, 평가관리, 상벌관리, 인사발령, 교육체계 수립 및 관리, 임금제도, 복리후생제도 및 지원업무, 복무관리, 퇴직관리
기획부	경영계획 및 전략 수립, 전사기획업무 종합 및 조정, 중장기 사업계획의 종합 및 조정, 경영정보 조사 및 기획보고, 경영진단업무, 종합예산수립 및 실적관리, 단기사업계획 종합 및 조정, 사업계획, 손익추정, 실적관리 및 분석
회계부	회계제도의 유지 및 관리, 재무상태 및 경영실적 보고, 결산 관련 업무, 재무제표 분석 및 보고, 법인세, 부가가치세, 국세 지방세 업무자문 및 지원, 보험가입 및 보상업무, 고정자산 관련 업무
영업부	판매 계획, 판매예산의 편성, 시장조사, 광고 선전, 견적 및 계약, 제조지시서의 발행, 외상매출금의 청구 및 회수, 제품의 재고 조절, 거래처로부터의 불만처리, 제품의 사후관리, 판매원가 및 판매가격의 조사 검토

① 사옥 이전에 따르는 이전 비용 산출과 신사옥 입주를 대내외에 홍보해야 할 업무는 기획부 소관 업무이다.

② 작년 판매분 중 일부 제품에 하자가 발생하여 고객의 클레임을 접수하고 하자보수 등의 처리를 담당하는 것은 영업부의 주도적인 역할이다.

③ 회사의 지속가능경영보고서에 수록되어 주주들에게 배포될 경영실적 관련 자료를 준비하느라 회계부 직원들은 연일 야근 중이다.

④ 사무실 이전 계획에 따라 새로운 사무실의 층간 배치와 해당 위치별 공용 사무용기 분배 관련 작업은 총무부에서 실시한다.

19 다음은 환경 분석에 사용하는 3C 분석 방법에 대한 자료이다. (가) ~ (다) 항목에 대한 분석 내용을 〈보기〉에서 찾아 바르게 연결한 것은?

사업 환경을 구성하고 있는 요소인 자사(Company), 경쟁사(Competitor), 고객(Customer)을 3C라고 하며, 3C에 대한 체계적인 분석을 통해 환경 분석을 수행할 수 있다.

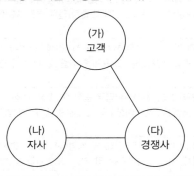

─────〈보기〉─────

㉠ 주요 소비층은 무엇을 좋아하는가?
㉡ 우리 조직의 장단점은 무엇인가?
㉢ 신규 경쟁자의 진입장벽은 무엇인가?
㉣ 경쟁사의 핵심 경쟁력은 무엇인가?
㉤ 소비자들의 정보습득 및 교환은 어디서 일어나는가?

	(가)	(나)	(다)
①	㉠, ㉢	㉡, ㉣	㉤
②	㉠, ㉤	㉡	㉢, ㉣
③	㉡, ㉣	㉠, ㉤	㉢
④	㉡, ㉤	㉢, ㉣	㉠

20 국내 금융그룹의 SWOT 분석 결과가 다음과 같을 때, 분석 결과에 대응하는 전략과 그 내용이 바르게 짝지어진 것은?

<국내 금융그룹 SWOT 분석>

강점(Strength)	약점(Weakness)
• 탄탄한 국내 시장 지배력 • 뛰어난 위기관리 역량 • 우수한 자산건전성 지표 • 수준 높은 금융 서비스	• 은행과 이자수익에 편중된 수익구조 • 취약한 해외 비즈니스와 글로벌 경쟁력 • 낙하산식 경영진 교체와 관치금융 우려 • 외화 자금 조달 리스크
기회(Opportunity)	위협(Threat)
• 해외 금융시장 진출 확대 • 기술 발달에 따른 핀테크의 등장 • IT 인프라를 활용한 새로운 수익 창출 • 계열사 간 협업을 통한 금융 서비스	• 새로운 금융 서비스의 등장 • 은행의 영향력 약화 가속화 • 글로벌 금융사와의 경쟁 심화 • 비용 합리화에 따른 고객 신뢰 저하

① SO전략 : 해외 비즈니스TF팀 신설로 상반기 해외 금융시장 진출 대비
② ST전략 : 금융 서비스를 다방면으로 확대해 글로벌 경쟁사와의 경쟁에서 우위 차지
③ WO전략 : 국내의 탄탄한 시장점유율을 기반으로 핀테크 사업 진출
④ WT전략 : 국내 금융사의 우수한 자산건전성 지표를 홍보하여 고객 신뢰 회복

21 발산적 사고를 개발하기 위한 방법으로는 자유연상법, 강제연상법, 비교발상법이 있다. 다음 제시문의 보고회에서 사용된 사고 개발 방법으로 가장 적절한 것은?

> 충남 보령시는 보령해양머드박람회와 연계할 사업을 발굴하기 위한 보고회를 개최하였다. 경제적·사회적 파급 효과의 극대화를 통한 성공적인 박람회 개최를 도모하기 위해 마련된 보고회는 각 부서의 업무에 국한하지 않은 채 가능한 한 많은 양의 아이디어를 자유롭게 제출하는 방식으로 진행됐다.
> 홍보미디어실에서는 박람회 기간 가상현실(VR)·증강현실(AR) 체험을 통해 사계절 머드 체험을 할 수 있도록 사계절 머드체험센터 조성을, 자치행정과에서는 박람회 임시주차장 조성 및 박람회장 전선 지중화 사업을, 교육체육과에서는 세계 태권도 대회 유치를 제안했다. 또 문화새마을과에서는 KBS 열린음악회 및 전국노래자랑 유치를, 세무과에서는 e-스포츠 전용경기장 조성을, 회계과에서는 해상케이블카 조성 및 폐광지구 자립형 농어촌 숙박단지 조성 등을 제안했다. 사회복지과에서는 여성 친화 플리마켓을, 교통과에서는 장항선 복선전철 조기 준공 및 열차 증편을, 관광과는 체험·놀이·전시 등 보령머드 테마파크 조성 등의 다양한 아이디어를 내놓았다.
> 보령시는 이번에 제안된 아이디어를 토대로 실현 가능성 등을 검토하고, 박람회 추진에 참고자료로 적극 활용할 계획이다.

① 브레인스토밍
② SCAMPER 기법
③ NM법
④ Synectics법

22 다음 〈보기〉에서 경영의 4요소로 옳은 것을 모두 고르면?

---〈보기〉---

㉠ 조직의 목적을 달성하기 위해 경영자가 수립하는 것으로 더욱 구체적인 방법과 과정이 담겨 있다.

㉡ 조직에서 일하는 구성원으로 경영은 이들의 직무수행에 기초하여 이루어지기 때문에 이것의 배치 및 활용이 중요하다.

㉢ 생산자가 상품 또는 서비스를 소비자에게 유통하는 데 관련된 모든 체계적 경영 활동이다.

㉣ 특정의 경제적 실체에 관하여 이해관계를 이루는 사람들에게 합리적인 경제적 의사결정을 하는 데 유용한 재무적 정보를 제공하기 위한 일련의 과정 또는 체계이다.

㉤ 경영하는 데 사용할 수 있는 돈으로 이것이 충분히 확보되는 정도에 따라 경영의 방향과 범위가 정해지게 된다.

㉥ 조직이 변화하는 환경에 적응하기 위하여 경영활동을 체계화하는 것으로, 목표달성을 위한 수단이다.

① ㉠, ㉡, ㉢, ㉣

② ㉠, ㉡, ㉤, ㉥

③ ㉡, ㉢, ㉤, ㉥

④ ㉢, ㉣, ㉤, ㉥

23 서울에 사는 A씨는 결혼기념일을 맞이하여 가족과 함께 KTX를 타고 부산 여행을 다녀왔다. A씨의 가족이 이번 여행에서 지불한 교통비는 모두 얼마인가?

- A씨 부부에게는 만 6세인 아들, 만 3세인 딸이 있다.
- 갈 때는 딸을 무릎에 앉혀 갔고, 돌아올 때는 좌석을 구입했다.
- A씨의 가족은 일반석을 이용하였다.

〈KTX 좌석별 요금〉

구분	일반석	특실
가격	59,800원	87,500원

※ 만 4세 이상 13세 미만 어린이는 운임의 50%를 할인합니다.
※ 만 4세 미만의 유아는 보호자 1명당 2명까지 운임의 75%를 할인합니다. 단, 유아의 좌석을 지정하지 않을 시 보호자 1명당 유아 1명의 운임을 받지 않습니다.

① 299,000원   ② 301,050원
③ 307,000원   ④ 313,950원

24 M사 직원 A ~ E 5명은 점심식사를 하고 카페에서 각자 원하는 음료를 주문하였다. 다음 〈조건〉을 참고할 때, 카페라테 한 잔의 가격은 얼마인가?

〈조건〉

- 5명이 주문한 음료의 총금액은 21,300원이다.
- A를 포함한 3명의 직원은 아메리카노를 주문하였다.
- B는 혼자 카페라테를 주문하였다.
- 나머지 한 사람은 5,300원인 생과일주스를 주문하였다.
- A와 B의 음료 금액은 총 8,400원이다.

① 3,800원   ② 4,000원
③ 4,200원   ④ 4,600원

25 어떤 가게에서 사과 10개들이 한 상자를 9,500원에 판매하고 있다. 이 가게에서 사과를 낱개로 구매하려면 개당 1,000원을 지불해야 한다. 50,000원으로 이 가게에서 살 수 있는 사과의 최대 개수는?

① 48개
② 50개
③ 52개
④ 54개

26 다음은 M그룹의 등급별 인원비율 및 성과 상여금에 대한 자료이다. 마케팅부서의 인원은 15명이고, 영업부서 인원은 11명일 때, 상여금에 대한 설명으로 옳지 않은 것은?(단, 인원은 소수점 첫째 자리에서 반올림한다)

〈등급별 인원비율 및 성과 상여금〉

구분	S	A	B	C
인원 비율	15%	30%	40%	15%
상여금(만 원)	500	420	330	290

① 마케팅부서의 S등급 상여금을 받는 인원과 영업부서의 C등급 상여금을 받는 인원의 수가 같다.
② A등급 1인당 상여금액은 B등급 1인당 상여금액보다 약 27% 많다.
③ 영업부서 A등급과 B등급의 인원은 마케팅부서 인원보다 각각 2명씩 적다.
④ 영업부서에 지급되는 총 상여금액은 마케팅부서 총 상여금액보다 1,200만 원이 적다.

27 다음은 2017 ~ 2022년 건설공사 공종별 수주액 현황을 나타낸 자료이다. 이를 이용하여 작성한 그래프로 옳지 않은 것은?

〈건설공사 공종별 수주액 현황〉

(단위 : 조 원, %)

연도＼구분	전체	전년 대비 증감률	토목	전년 대비 증감률	건축	전년 대비 증감률	주거용	비주거용
2017년	118.7	-1.1	54.1	31.2	64.6	-18.1	39.1	25.5
2018년	103.2	-13.1	41.4	-23.5	61.8	-4.3	31.6	30.2
2019년	110.7	7.3	38.8	-6.3	71.9	16.3	38.7	33.2
2020년	99.8	-9.8	34.0	-12.4	65.8	-8.5	34.3	31.5
2021년	90.4	-9.4	29.9	-12.1	60.5	-8.1	29.3	31.2
2022년	107.4	18.8	32.7	9.4	74.7	23.5	41.1	33.6

① 건축 공종의 수주액

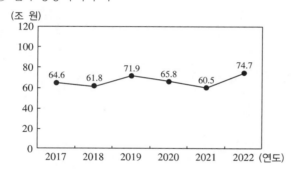

② 토목 공종의 수주액 및 전년 대비 증감률

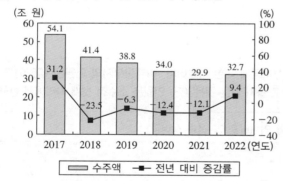

③ 건설공사 전체 수주액의 공종별 구성비

④ 건축 공종 중 주거용 및 비주거용 수주액

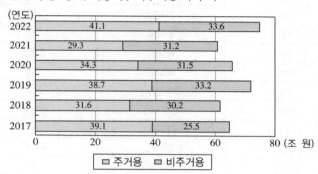

28 M사에서는 A ~ N직원 중 면접위원을 선발하고자 한다. 면접위원의 구성 조건이 다음과 같을 때, 적절하지 않은 것은?

〈면접위원 구성 조건〉

- 면접관은 총 6명으로 구성한다.
- 이사 이상의 직급으로 50% 이상 구성해야 한다.
- 인사팀을 제외한 모든 부서는 두 명 이상 선출할 수 없고, 인사팀은 반드시 두 명 이상을 포함한다.
- 모든 면접위원의 입사 후 경력은 3년 이상으로 한다.

직원	직급	부서	입사 후 경력
A	대리	인사팀	2년
B	과장	경영지원팀	5년
C	이사	인사팀	8년
D	과장	인사팀	3년
E	사원	홍보팀	6개월
F	과장	홍보팀	2년
G	이사	고객지원팀	13년
H	사원	경영지원	5개월
I	이사	고객지원팀	2년
J	과장	영업팀	4년
K	대리	홍보팀	4년
L	사원	홍보팀	2년
M	과장	개발팀	3년
N	이사	개발팀	8년

① L사원은 면접위원으로 선출될 수 없다.
② N이사는 반드시 면접위원으로 선출된다.
③ B과장이 면접위원으로 선출됐다면 반드시 K대리도 선출된다.
④ 과장은 두 명 이상 선출되었다.

29 다음은 M기업의 사채발행차금 상각 과정을 나타낸 자료이다. 이에 대한 설명으로 옳지 않은 것은?

〈사채발행차금 상각 과정〉

(단위 : 백만 원)

구분		연도 1차년도	2차년도	3차년도	4차년도
이자비용(A)[=(전년도 E)×0.1]		–	900	( )	( )
액면이자(B)		–	600	600	600
사채발행차금	상각액(C)[=(당해년도 A)−(당해년도 B)]	–	300	( )	( )
	미상각잔액(D)[=(전년도 D)−(당해년도 C)]	3,000	2,700	( )	( )
사채장부가액(E)[=(전년도 E)+(당해년도 C)]		9,000	9,300	( )	9,993

※ 1차년도의 미상각잔액(3,000백만 원)과 사채장부가액(9,000백만 원)은 주어진 값임

① 3차년도의 사채장부가액은 96억 원 이하이다.
② 3차년도, 4차년도의 상각액은 전년도 대비 매년 증가한다.
③ 3차년도, 4차년도의 이자비용은 전년도 대비 매년 증가한다.
④ 3차년도, 4차년도의 미상각잔액은 전년도 대비 매년 감소한다.

30 환경부의 인사실무 담당자는 환경정책과 관련된 특별위원회를 구성하는 과정에서 외부 환경전문가를 위촉하려 한다. 현재 거론되고 있는 외부 전문가는 A ~ F 6명으로, 인사실무 담당자는 다음 〈조건〉에 따라 외부 환경전문가를 위촉해야 한다. 만약 B가 위촉되지 않는다면, 총 몇 명의 환경전문가가 위촉되는가?

─〈조건〉─
• 만약 A가 위촉되면, B와 C도 위촉되어야 한다.
• 만약 A가 위촉되지 않는다면, D가 위촉되어야 한다.
• 만약 B가 위촉되지 않는다면, C나 E가 위촉되어야 한다.
• 만약 C와 E가 위촉되면, D는 위촉되지 않는다.
• 만약 D나 E가 위촉되면, F도 위촉되어야 한다.

① 1명
② 2명
③ 3명
④ 4명

31 다음은 15 ~ 24세의 청년을 대상으로 가장 선호하는 직장에 대해 조사한 통계 자료이다. 자료를 해석한 내용으로 옳지 않은 것은?

<15 ~ 24세가 가장 선호하는 직장>

(단위 : %)

구분		국가기관	공기업	대기업	벤처기업	외국계기업	전문직기업	중소기업	해외취업	자영업	기타
성별	남성	32.2	11.1	19.5	5	2.8	11.9	2.9	1.8	11.9	0.9
	여성	34.7	10.9	14.8	1.8	4.5	18.5	2	3.7	7.9	1.2
연령	청소년(15 ~ 18세)	35.9	8.1	18.4	4.1	3.1	17.2	2.2	2.7	7.1	1.2
	청소년(19 ~ 24세)	31.7	13.2	16	2.7	4.2	14	2.6	2.8	11.9	0.9
학력	중학교 재학	35.3	10.3	17.6	3.5	3.9	16.5	2	3.1	6.7	1.1
	고등학교 재학	35.9	7.8	18.5	4.3	3	17.5	2.1	2.8	6.8	1.3
	대학교 재학	34.3	14.4	15.9	2.3	5.4	14.6	1.9	3.8	6.5	0.9
	기타	30.4	12.1	16.1	3	3.3	13.5	3.1	2.3	15.3	0.9
가구소득	100만 원 미만	31.9	9.5	18.5	3.9	2.8	15	3	2.5	11.3	1.6
	100 ~ 200만 원 미만	32.6	10.4	19.1	3.5	3.1	14.2	2.6	2.2	11.4	0.9
	200 ~ 300만 원 미만	34.7	11.2	15.9	3.1	3.1	16.1	2.5	2.5	9.8	1.1
	300 ~ 400만 원 미만	36.5	12	15.3	3.6	4	14.5	2.1	3	8.2	0.8
	400 ~ 600만 원 미만	31.9	12	17	2.4	6.4	16.5	1.9	4.6	6.5	0.8
	600만 원 이상	29.1	11.1	15.5	2.8	6.1	18	1.7	3.5	10.5	1.7

① 가구소득이 많을수록 중소기업을 선호하는 비율은 줄어들고 있다.
② 연령을 기준으로 3번째로 선호하는 직장은 15 ~ 18세의 경우와 19 ~ 24세의 경우가 같다.
③ 국가기관은 모든 기준에서 가장 선호하는 직장임을 알 수 있다.
④ 남성과 여성 모두 국가기관에 대한 선호 비율은 공기업에 대한 선호 비율의 3배 이상이다.

32 무게가 모두 다른 6개의 추 A ~ F가 놓여 있다. 추의 무게가 다음 〈조건〉을 만족할 때 두 번째로 무거운 추는 무엇인가?

─〈조건〉─

- $A+C+E<2A$
- $A+2E<B+F$
- $B>D$
- $F>A$
- $A+D+F<C+E+2F$
- $A+F<B+C$

① B

② F

③ D

④ A

33 M금고는 핀테크 기술 도입을 위해 핀테크 협력업체를 선정하고자 한다. 다음 〈보기〉의 설명 중 주어진 상황에서 M금고의 핀테크전략팀이 취할 협상전략에 대한 설명으로 적절한 것을 모두 고르면?

M금고의 핀테크전략팀은 핀테크 관련 금융보안업체인 K사의 기술이전팀을 상대로 빅데이터 기반의 전략형 수신상품 출시를 위한 빅데이터 기술이전 협상을 진행 중이다. M금고는 사업전략상 반드시 보안수준이 높은 K사로부터 빅데이터 기술을 이전받고자 하며, 기술이전이 8월 전에 완료되기를 희망한다. 하지만 비록 K사가 제시한 비용이 부담 가능한 수준이더라도 타 경쟁사에 비해 과도하다고 판단하였다.

K사의 담당부서인 기술이전팀은 기술이전 사업에 소요되는 기간을 고려하면 8월 전에 완료하는 것은 불가능하며, 제시한 비용은 합리적 수준이라고 주장하고 있다.

M금고는 빅데이터 기술이전 이후에도 스마트신용조회 시스템 도입 또한 K사와 추진하기를 희망하고 있으며, K사는 이후에도 거래를 이어갈 만한 안정적인 수요처가 필요하나 M금고 외에는 적절한 수요처를 찾지 못하고 있는 상황이다.

─〈보기〉─

㉠ M금고 핀테크전략팀 입장에서는 기술이전 사업의 기한을 연장하고 K사와 계약을 체결하는 것이 합리적이다.

㉡ K사 기술이전팀으로서는 회피전략을 취하더라도 협상을 성사시킬 수 있는 가능성이 높다.

㉢ 기술이전이 전략상 반드시 필요한 M금고 핀테크전략팀으로서는 강압전략을 취함으로써 협상 성사 가능성을 극대화할 수 있다.

① ㉠

② ㉡

③ ㉠, ㉡

④ ㉡, ㉢

34 귀하는 M금고 영업점에서 외환업무 전문상담원으로 근무하고 있다. 다음은 ○월 ○일자 고시된 환율표이다. 귀하가 이해한 내용으로 옳지 않은 것은?

〈환율 전광판〉

(단위 : KRW)

통화명	매매기준율	현찰		송금	
		살 때	팔 때	보낼 때	받을 때
USD	1,191.70	1,212.55	1,170.85	1,203.30	1,180.10
JPY 100	1,052.00	1,070.41	1,033.59	1,062.30	1,041.70
EUR	1,344.71	1,362.18	1,317.96	1,358.15	1,331.27
CNY	182.10	194.84	173.00	183.92	180.28

※ 환전 수수료 등 기타비용은 발생하지 않는다고 가정함

① 전신환율과 현찰환율 등 거래 환율을 정하는 데 중심이 되는 환율은 매매기준율이다.
② 고객이 은행에서 외화를 원화로 교환할 때에는 전광판의 '팔 때' 환율이 적용된다.
③ 고객이 여행비를 마련하기 위해 달러가 필요하다면 1달러당 1,212.55원으로 은행에서 환전할 수 있다.
④ 고객이 보유하고 있는 위안화 ¥3,500을 은행에서 엔화로 환전하면 약 ¥565.67을 받을 수 있다.

35 G부서의 A부장은 직원들의 업무 효율성이 많이 떨어졌다는 생각이 들어, 각자의 의견을 들어 보고자 회의를 열었다. 다음 회의에서 나온 의견 중 적절하지 않은 것은?

① B대리 : 요즘 업무 외적인 통화에 시간을 낭비하는 경우가 많은 것 같습니다. 확실한 목표업무량을 세우고 목표량 달성 후 퇴근을 하는 시스템을 운영하면 개인 활동으로 낭비되는 시간이 줄어 생산성이 높아지지 않을까요?
② C주임 : 여유로운 일정이 주원인이라고 생각합니다. 1인당 최대 작업량을 잡아 업무를 진행하면 업무 효율성이 극대화될 것입니다.
③ D대리 : 계획을 짜면 업무를 체계적으로 진행할 수 있다는 의미에서 C주임의 말에 동의하지만, 갑자기 발생할 수 있는 일에 대해 대비해야 한다고 생각합니다. 어느 정도 여유 있게 계획을 짜는 게 좋지 않을까요?
④ E사원 : 목표량 설정 이외에도 업무 진행과정에서 체크리스트를 사용해 기록하고 전체적인 상황을 파악할 수 있게 하면 효율이 높아질 것입니다.

36 경영기획실에서 근무하는 귀하는 매년 부서별 사업계획을 정리하는 업무를 맡고 있다. 부서별 사업계획을 간략하게 정리한 다음 보고서를 보고 귀하가 할 수 있는 생각으로 가장 적절한 것은?

〈사업별 기간 및 소요예산〉

- A사업 : 총 사업기간은 2년으로, 첫해에는 1조 원, 둘째 해에는 4조 원의 예산이 필요하다.
- B사업 : 총 사업기간은 3년으로, 첫해에는 15조 원, 둘째 해에는 18조 원, 셋째 해에는 21조 원의 예산이 필요하다.
- C사업 : 총 사업기간은 1년으로, 총 소요예산은 15조 원이다.
- D사업 : 총 사업기간은 2년으로, 첫해에는 15조 원, 둘째 해에는 8조 원의 예산이 필요하다.
- E사업 : 총 사업기간은 3년으로, 첫해에는 6조 원, 둘째 해에는 12조 원, 셋째 해에는 24조 원의 예산이 필요하다.

올해를 포함한 향후 5년간 위의 5개 사업에 투자할 수 있는 예산은 다음과 같다.

〈연도별 가용예산〉

(단위 : 조 원)

1차 연도(올해)	2차 연도	3차 연도	4차 연도	5차 연도
20	24	28.8	34.5	41.5

〈규정〉

- 모든 사업은 한번 시작하면 완료될 때까지 중단할 수 없다.
- 예산은 당해 사업연도에 남아도 상관없다.
- 각 사업연도의 예산은 이월될 수 없다.
- 모든 사업을 향후 5년 이내에 반드시 완료한다.

① B사업을 세 번째 해에 시작하고 C사업을 최종연도에 시행한다.
② A사업과 D사업을 첫해에 동시에 시작한다.
③ 첫해에는 E사업만 시작한다.
④ D사업을 첫해에 시작한다.

상담사 : 안녕하십니까. M금고 상담사 □□□입니다.

고객 : 학자금 대출 이자 납입 건으로 문의할 게 있어서요.

상담사 : 네, 고객님 어떤 내용인지 말씀해 주시면 제가 도움을 드리겠습니다.

고객 : 제가 M금고로부터 대출을 받고 있는데 아무래도 대출 이자가 잘못 나간 것 같아서요. 안 그래도 바쁘고 시간도 없는데 이것 때문에 비 오는 날 우산도 없이 은행에 왔다 갔다 했네요. 도대체 일을 어떻게 처리하는 건지 ….

상담사 : 아 그러셨군요, 고객님. 먼저 본인확인 부탁드립니다. 성함과 전화번호를 말씀해주세요.

고객 : 네, △△△이구요, 전화번호는 000-0000-0000입니다.

상담사 : 확인해 주셔서 감사합니다. _____.

37 위 대화문에서 언급된 불만고객은 다음 중 어떤 유형의 불만고객에 해당하는가?

① 거만형   ② 의심형

③ 트집형   ④ 빨리빨리형

38 위 대화문에서 상담사의 마지막 발언 직후 빈칸에 들어갈 내용으로 적절한 것을 〈보기〉에서 모두 고르면?

───〈보기〉───

㉠ 어떤 해결방안을 제시해주는 것이 좋은지 고객에게 의견을 묻는다.

㉡ 고객 불만 사례를 동료에게 전달하겠다고 한다.

㉢ 고객이 불만을 느낀 상황에 대한 빠른 해결을 약속한다.

㉣ 대출 내역을 검토한 후 어떤 부분에 문제가 있었는지 확인하고 답변해 준다.

① ㉠, ㉡   ② ㉠, ㉢

③ ㉡, ㉢   ④ ㉢, ㉣

※ 귀하는 회사 내 직원복지제도 중 하나인 온라인 강의 및 도서 제공 서비스를 담당하고 있다. 이어지는 질문에 답하시오. [39~40]

〈FAQ〉

Q1. 도서 환불 규정
Q2. 동영상 프로그램 재설치 방법
Q3. 스트리밍서버에 접근 오류 대처방법
Q4. 플레이어 업데이트를 실패하였을 때 대처방법
Q5. 동영상 강좌 수강신청 방법
Q6. 수강 중인 강의의 수강 잔여일 또는 수강 종료일은 어디서 확인하나요?
Q7. 수강기간은 어떻게 되나요?
Q8. 동영상 환불 규정
Q9. 강좌의 수강 횟수가 정해져 있나요?
Q10. 동영상 플레이어 끊김 또는 화면이 안 나올 때 대처 방법

39 귀하는 인트라넷 개편에 따라 기존 정보를 분류하여 정리하려고 한다. ㉠과 ㉡에 들어갈 수 있는 질문으로 가장 적절한 것은?

Best FAQ		
환불	수강방법	동영상 오류
㉠	㉡	Q2, Q3, Q4

① ㉠ : Q1, Q5
② ㉠ : Q6, Q8
③ ㉡ : Q5, Q10
④ ㉡ : Q6, Q9

40 총무팀에 근무하는 B씨는 지난달 중국어 강의를 신청했지만, 새로운 프로젝트를 진행하게 되면서 강의를 거의 듣지 못했다. 프로젝트가 마무리 단계에 접어들자 저번에 신청했던 중국어 강의가 생각이 난 B씨는 직원복지팀의 귀하에게 아직 남은 수강일이 며칠인지, 수강기간이 얼마 남지 않았다면 강의를 취소하고 도서와 함께 환불받을 수 있는지 문의했다. 귀하가 B씨에게 참고하라고 알려줄 수 있는 경로는?

① [인트라넷] – [직원복지제도] – [온라인 강의] – [FAQ] – [Q1, Q6, Q8]
② [인트라넷] – [직원복지제도] – [온라인 강의] – [FAQ] – [Q2, Q4, Q5]
③ [인트라넷] – [직원복지제도] – [온라인 강의] – [FAQ] – [Q3, Q7, Q8]
④ [인트라넷] – [직원복지제도] – [온라인 강의] – [FAQ] – [Q6, Q8, Q10]

2권

제2회
MG새마을금고
지역본부 필기전형

www.sdedu.co.kr

〈문항 수 및 시험시간〉

영역		문항 수	시험시간	모바일 OMR 답안채점 / 성적분석 서비스
NCS 직업기초능력평가	의사소통능력 수리능력 문제해결능력 대인관계능력 조직이해능력	40문항	40분	

※ 문항 수 및 시험시간은 해당 채용 공고문을 참고하여 구성하였습니다.

※ 제한시간이 종료되고 OMR 답안카드에 마킹하거나 시험지를 넘기는 행동은 부정행위로 간주합니다.

제2회 모의고사

| 문항 수 : 40문항 |
| 시험시간 : 40분 |

01 다음 밑줄 친 단어 중 맞춤법이 옳지 않은 것은?(단, 띄어쓰기는 무시한다)

> ○○금융은 금융기술에 ⊙ 특화되고, 혁신기술로 고도화된 서비스를 ⓒ 포괄하는 금융서비스 제공을 지원하고 있습니다. 주요 사업으로는 금융정보시스템사업, 금융정보통신사업, 금융계통ICT사업, 미래성장동력사업이 있습니다. 최근 매출액은 6,256억 원을 ⓒ 달성하였습니다. 또한 동반성장형 R&D 사업화로는 빅데이터를 기반으로 한 금융 정보 및 신용 상태 진단 등 총 35과제로 700억 원의 사업화를 이룩하였습니다. 더불어 금융피해 예방설비 ② 장애률은 전년 대비 14.5% 감소된 1.496%를 달성하였습니다.

① ⊙   ② ⓒ

③ ⓒ   ④ ②

02 다음은 문제중심학습(PBL)에 대한 내용이다. 〈보기〉 다음에 이어질 문장을 순서대로 바르게 나열한 것은?

> ─────〈보기〉─────
>
> 개인의 일상생활은 물론 사회생활에서도 의사소통능력은 매우 중요하지만, 과거에는 이러한 중요성에도 불구하고 의사소통능력에 대해 단순 암기위주의 수업을 진행해왔다.

> ⊙ 이러한 문제중심학습(PBL)은 학생들로 하여금 학습에 더 능동적이게 참여하도록 할 뿐 아니라 자기주도적으로 문제를 해결할 수 있는 문제해결능력도 기를 수 있도록 도와준다.
> ⓒ 따라서 의사소통 능력에 관한 지식은 교수자가 단순히 기존에 확립되어 있는 지식을 학습자들에게 이해시키는 강의 교수법이 아닌, 실제 현장에서 일어나는 사례를 예로 들어 실제 현장에서 학습자들이 적용시킬 수 있는 문제중심학습(PBL)이 더 적절할 것이다.
> ⓒ 하지만 의사소통은 단순 암기위주로 배울 수 있는 특정한 장소와 시간에 관한 단편적인 지식이 아니다. 의사소통은 본래 실제 상황에서 발생하는 현상을 잘 관찰하고 이해를 해야만 얻어질 수 있는 고차원적인 지식이기 때문이다.
> ② 단, 이때 교수자는 학생들이 다양한 문제해결능력을 기를 수 있도록 자신의 생각이나 행동들을 객관적 기준으로 생각하지 않게 하는 것이 중요하다.

① ⊙－ⓒ－ⓒ－②   ② ⊙－②－ⓒ－ⓒ

③ ⓒ－ⓒ－⊙－②   ④ ⓒ－ⓒ－⊙－②

03 다음 글의 주장으로 가장 적절한 것은?

X-선 사진을 통해 폐질환 진단법을 배우고 있는 의과대학 학생을 생각해 보자. 그는 암실에서 환자의 가슴을 찍은 X-선 사진을 보면서 방사선 전문의의 강의를 듣고 있다. 그 학생은 가슴을 찍은 X-선 사진에서 늑골뿐만 아니라 그 밑에 있는 폐, 늑골의 음영, 그리고 그것들 사이에 있는 아주 작은 반점들을 볼 수 있다. 하지만 처음부터 그럴 수 있었던 것은 아니다. 첫 강의에서는 사진에 대한 전문의의 설명을 전혀 이해하지 못했다. 그가 가리키는 부분이 무엇인지, 희미한 반점이 과연 특정 질환의 흔적인지 전혀 알 수가 없었다. 전문의가 상상력을 동원해 어떤 가상적 이야기를 꾸며 내는 것처럼 느껴졌을 뿐이다. 그러나 몇 주 동안 이론을 배우고 실습을 하면서 생각이 달라졌다. 그는 X-선 사진에서 이제는 늑골뿐만 아니라 폐도 볼 수 있게 되었다. 그가 탐구심을 갖고 조금 더 노력한다면 폐와 관련된 생리적인 변화, 흉터나 만성 질환의 병리학적 변화, 급성 질환의 증세와 같은 다양한 현상들까지도 자세하게 관찰하고 알 수 있게 될 것이다. 그는 전문가로서의 새로운 세계에 들어섰고, 지금은 사진의 명확한 의미를 대부분 해석할 수 있게 되었다. 이론과 실습을 통해 새로운 세계를 볼 수 있게 된 것이다.

① 관찰은 배경지식에 의존한다.
② 관찰에는 오류가 있을 수 있다.
③ 과학 장비의 도움으로 관찰 가능한 영역은 확대된다.
④ 관찰 정보는 기본적으로 시각에 맺히는 상에 의해 결정된다.

04 다음 글에 대한 비판으로 가장 적절한 것은?

> 현대 사회에서 스타는 대중문화의 성격을 규정짓는 가장 중요한 열쇠이다. 스타가 생산, 관리, 활용, 거래, 소비되는 전체적인 순환 메커니즘이 바로 스타 시스템이다. 이것이 자본주의 대중문화의 가장 핵심적인 작동 원리로 자리 잡게 되면서 사람들은 스타가 되기를 열망하고, 또 스타 만들기에 진력하게 되었다.
>
> 스크린과 TV 화면에 보이는 스타는 화려하고 강하고 영웅적이며, 누구보다 매력적인 인간형으로 비춰진다. 사람들은 스타에 열광하는 순간 스타와 자신을 무의식적으로 동일시하며 그 환상적 이미지에 빠진다. 스타를 자신들이 스스로 결여되어 있다고 느끼는 부분을 대리 충족시켜 주는 대상으로 생각하기 때문이다. 그런 과정이 가장 전형적으로 드러나는 장르가 영화이다.
>
> 영화는 어떤 환상도 쉽게 먹혀들어 갈 수 있는 조건에서 상영되며 기술적으로 완벽한 이미지를 구현하여 압도적인 이미지로 관객을 끌어들인다. 컴컴한 극장 안에서 관객은 부동자세로 숨죽인 채 영화에 집중하게 되며 자연스럽게 영화가 제공하는 이미지에 매료된다. 그리고 그 순간 무의식적으로 자신을 영화 속의 주인공과 동일시하게 된다. 관객은 매력적인 대상과 자신을 동일시하면서 자신의 진짜 모습을 잊고 이상적인 인간형을 간접 체험하게 되는 것이다.
>
> 스크린과 TV 화면에 비친 대중이 선망하는 스타의 모습은 현실적인 이미지가 아니라 허구적인 이미지에 불과하다. 사람들은 스타 역시 어쩔 수 없는 약점과 한계를 안고 사는 한 인간일 수밖에 없다는 사실을 아주 쉽게 망각해 버리곤 한다. 이렇게 스타에 대한 열광의 성립은 대중과 스타의 관계가 기본적으로 익명적일 수밖에 없다는 데서 가능해진다.
>
> 자본주의의 특징 가운데 하나는 필요 이상의 물건을 생산하고 그것을 팔기 위해 갖은 방법으로 소비자들의 욕망을 부추긴다는 것이다. 스타는 그 과정에서 소비자들의 구매 욕구를 불러일으키는 가장 중요한 연결고리 역할을 함과 동시에 그들도 상품처럼 취급되어 소비되는 경향이 있다.
>
> 스타 시스템은 대중문화의 안과 밖에서 스타의 화려하고 소비적인 생활 패턴의 소개를 통해 사람들의 욕망을 자극하게 된다. 또한 스타들을 상품의 생산과 판매를 위한 도구로 이용하며, 끊임없이 오락과 소비의 영역을 확장하고 거기서 이윤을 발생시킨다. 이 모든 것이 가능한 것은 많은 대중이 스타를 닮고자 하는 욕구를 가지고 있어 스타의 패션과 스타일, 소비 패턴을 모방하기 때문이다.
>
> 스타 시스템을 건전한 대중문화의 작동 원리로 발전시키기 위해서는 우선 대중문화 산업에 종사하고 싶어하는 사람들을 위한 활동 공간과 유통 구조를 확보하여 실험적이고 독창적인 활동을 다양하게 벌일 수 있는 토양을 마련해 주어야 한다. 나아가 이러한 예술 인력을 스타 시스템과 연결하는 중간 메커니즘도 육성해야 할 것이다.

① 대중과 스타의 관계가 익명적 관계임을 근거로 대중과 스타의 관계를 무의미한 것으로 치부하고 있다.

② 스타 시스템이 대중문화를 대변하고 있다는 데 치중하여 스타 시스템의 부정적인 측면을 간과하고 있다.

③ 스타 시스템과 스타가 소비 대중에게 가져다 줄 전망만을 주로 다룸으로써 대책 없는 낙관주의에 빠져 있다.

④ 스타를 스타 시스템에 의해 조종되는 수동적인 존재로만 보고, 그들도 주체성을 지니고 행동한다는 사실을 간과하고 있다.

05 다음 글을 읽고 밑줄 친 ⊙과 같은 현상이 나타나게 된 이유로 적절하지 않은 것을 고르면?

고려와 조선은 국가적으로 금속화폐의 통용을 추진한 적이 있다. 화폐 주조권을 장악하여 세금을 효과적으로 징수하고 효율적으로 저장하려는 것이 그 목적이었다. 그러나 물품화폐에 익숙한 농민들은 금속화폐를 불편하게 여겼으므로 금속화폐의 유통 범위는 한정되고, 끝내는 삼베를 비롯한 물품화폐에 압도당하고 말았다. ⊙조선 태종 때와 세종 때에도 동전의 유통을 시도하였지만 실패하였다. 조선 전기 은화(銀貨)는 서울을 중심으로 유통되었는데, 주로 왕실과 관청, 지배층과 상인, 역관(譯官) 등이 이용한 '돈'이었다. 그러나 은화(銀貨)는 고액 화폐였다. 그 때문에 서민의 경제생활에서는 여전히 무명 옷감이 화폐의 기능을 담당하였다. 그러한 가운데서도 농업생산력의 발전과 인구의 증가, 17세기 이후 지방시장의 성장은 금속화폐 통용을 위한 여건이 마련되었음을 뜻하였다. 17세기 전반 이미 개성에서는 모든 거래가 동전으로 이루어지고 있었다. 이러한 여건 아래에서 1678년(숙종 4년)부터 강력한 통용책이 추진되면서 금속화폐가 널리 보급될 수 있었다. 동전인 상평통보 1개는 1푼(分)이었다. 10푼이 1전(錢), 10전이 1냥(兩), 10냥이 1관(貫)이다. 대원군이 집권할 때 주조된 당백전(當百錢)과 1883년 주조된 당오전(當五錢)은 1개가 각각 100푼과 5푼의 가치를 가지는 동전이었다. 동전 주조가 늘면서 그 유통 범위가 경기, 충청지방으로부터 점차 확산되어 18세기 초에는 전국에 미칠 정도였다. 동전을 시전(市廛)에 무이자로 대출하고, 관리의 녹봉을 동전으로 지급하고, 일부 세금을 동전으로 거두어들이는 등의 국가 정책도 동전의 통용을 촉진하였다. 화폐경제의 성장은 상업적 동기를 촉진시키고 경제생활, 나아가 사회생활에 변화를 주었다.

이러한 가운데 일부 위정자들은 화폐경제로 인한 부작용을 우려했는데 특히 농촌 고리대금업(高利貸金業)의 성행을 가장 심각한 문제로 생각했다. 그래서 동전의 폐지를 주장하는 이도 있었다. 1724년 등극한 영조는 이 주장을 받아들여 동전 주조를 정지하였다. 그런데 당시에 동전은 이미 일상생활로 퍼졌기 때문에 동전의 수요에 비해 공급이 부족한 현상이 일어나 동전주조의 정지는 화폐 유통질서와 상품경제에 타격을 가하였다. 돈이 매우 귀하여 농민과 상인의 교역에 불편을 가져다준 것이다. 또한 소수의 부유한 상인이 동전을 집중적으로 소유하여 고리대금업(高利貸金業) 활동을 강화함에 따라서 오히려 농민 몰락이 조장되었다. 결국 영조 7년 이후 동전은 다시 주조되기 시작했다.

① 화폐가 통용될 시장이 발달하지 않았다.
② 화폐가 주로 일부계층 위주로 통용되었다.
③ 백성들이 화폐보다 물품화폐를 선호하였다.
④ 국가가 수요량에 맞추어 화폐를 원활하게 공급하지 못했다.

06 다음 글을 읽고 이해한 내용으로 적절하지 않은 것은?

블록체인이 무엇일까. 일반적으로 블록체인은 '분산화된 거래장부' 방식의 시스템으로, 거래 정보를 개인 간 거래(P2P) 네트워크에 분산해 장부에 기록하고 참가자가 그 장부를 공동관리 함으로써 중앙집중형 거래 기록보관 방식보다 보안성이 높은 시스템이라고 정의한다. 보통 사람들은 모든 사용자가 동일한 장부를 보유하고 거래가 일어나면 한쪽에서 고친 내용이 네트워크를 타고 전체에 전파된다는 사실까지는 쉽게 이해하지만, 왜 이런 분산원장 방식이 중앙집중형 관리 방식보다 안전한지까지는 쉽사리 납득하지 못하고 있다. 이는 블록체인에 대한 중요한 특성 한 가지를 간과했기 때문인데 이것이 바로 합의(Consensus) 알고리즘이다. 블록체인 네트워크에서 '합의'는 모든 네트워크 참여자가 같은 결과값을 결정해 나아가는 과정을 뜻한다. 블록체인은 탈중앙화된 즉, 분산된 원장을 지니고 있는 개개인이 운영해나가는 시스템으로 개인들이 보유하고 있는 장부에 대한 절대 일치성(Conformity)이 매우 중요하며, 이를 위해 블록체인은 작업증명(Proof of Work)이라는 합의 알고리즘을 사용한다.

작업증명은 컴퓨터의 계산 능력을 활용하여 거래 장부(블록)를 생성하기 위한 특정 숫자 값을 산출하고 이를 네트워크에 참여한 사람에게 전파함으로써 장부를 확정한다. 여기서 특정 숫자 값을 산출하는 행위를 채굴이라 하고, 이 숫자 값을 가장 먼저 찾아내서 전파한 노드 참가자에게 비트코인과 같은 보상이 주어진다. 네트워크 참여자들은 장부를 확정하기 위한 특정 숫자 값을 찾아내려는 목적으로 지속적으로 경쟁하며, 한 명의 채굴자가 해답을 산출하여 블록을 생성 전파하면 타 채굴자는 해당 블록에 대한 채굴을 멈추고 전파된 블록을 연결하는 작업을 수행한다. 그렇다면 동시에 여러 블록들이 완성되어 전파된다면 어떤 일이 발생할까?

예를 들어 내가 100번 블록까지 연결된 체인을 가지고 있고, 101번째 블록을 채굴하고 있던 도중 이웃으로부터 101번(a)이라는 블록을 받아 채택한 후 102번째 블록을 채굴하고 있었다. 그런데 타 참가자로부터 101번(b)이라는 블록으로부터 생성된 102번째 블록이 완성되어 전파되었다. 이런 경우, 나는 102번째 블록과 103번째 블록을 한꺼번에 채굴하여 전파하지 않는 이상 101(a)를 포기하고 101(b)와 102번째 블록을 채택, 103번째 블록을 채굴하는 것이 가장 합리적이다.

블록체인의 일치성은 이처럼 개별 참여자가 자기의 이익을 최대로 얻기 위해 더 긴 블록체인으로 갈아타게 되면서 유지되는 것이다. 마치 선거를 하듯 노드 투표를 통해 과반수의 지지를 받은 블록체인이 살아남아 승자가 되는 방식으로 블록체인 네트워크 참여자들은 장부의 일치성을 유지시켜 나간다. 이 점 때문에 블록체인 네트워크에서 이미 기록이 완료된 장부를 조작하려면, 과반수 이상의 참여자가 가지고 있는 장부를 동시에 조작해야 하는데 실질적으로 이는 거의 불가능에 가까워 "분산원장 방식이 중앙집중형 방식보다 보안에 강하다."라는 주장이 도출되는 것이다.

① 작업증명에서 특정 숫자 값을 먼저 찾아내서 전파할 경우 보상이 주어진다.
② 블록체인의 일치성은 개별 참여자가 더 긴 블록체인으로 갈아타게 되면서 유지된다.
③ 거래장부 기록 방식은 분산원장 방식이 중앙집중형 관리 방식보다 안전하다.
④ 타인으로부터 특정 블록이 완성되어 전파된 경우, 특정 블록에 대해 경쟁하는 것이 합리적이다.

시중은행 대출금리가 가파르게 증가하자 경매에 넘어간 부동산이 2010년대 하락장 수준으로 증가하고 있다. 이는 대출금리의 인상으로 인한 이자 부담 가중으로 주택담보대출을 상환하지 못하는 경우와 이로 인한 부동산 경기 침체로 집값이 하락해 세입자의 보증금을 상환하지 못하는 경우가 대부분이다.

법원에 따르면 임의경매가 신청된 부동산은 2014년 10월 이후 최대치를, 강제경매가 신청된 부동산은 2020년 3월 이후 가장 많은 수치를 보이고 있다. 특히 이들 대부분은 집값 급등 시기에 대출을 받아 내 집을 마련한 이른바 '영끌족'이다. 하지만 이들이 계속된 고금리에 이자를 부담하기 어려워 집을 처분하려고 해도, 부동산 경기 침체로 인해 집을 사려는 사람이 없어 처분조차도 어려운 상황이다.

실제로 서울부동산정보광장에 따르면 지난 4월 3,000건을 상회하던 거래량이 지난달인 10월에는 1,923건으로 하락한 반면, 매물은 늘어나는데 거래가 줄면서 계속 매물이 쌓여 현재 매물은 올해 초 대비 50% 이상 증가했다.

① 대출금리 인상으로 무너지는 내 집 마련
② 대출금리 인상으로 집을 사지 못하는 사람들
③ 대출금리 인상으로 인해 늘어난 부동산 선택지
④ 대출금리 인상으로 활발해진 부동산 경매시장

08 다음 중 자동차 산업의 경쟁력 약화 요인에 대한 설명으로 적절하지 않은 것은?

국내 자동차산업이 내·외부적인 리스크에 직면해 있다. 8년 연속 자동차생산 세계 5위의 성과를 거두는 등 글로벌 시장에서 위상이 높아졌지만, 인구구조의 변화와 가계부채 확대 등 국내시장의 수요 정체와 판매 구성의 악화, 수입차 확대, 환율 변동 등 자동차 업체의 경쟁력 약화 요인 증가로 어려움이 가중되고 있다.

국내 자동차산업의 경쟁력 약화 요인으로는 먼저 인구구조의 고령화를 들 수 있다. 특히 최대 수요층으로 국내시장의 확대를 주도했던 베이비붐 세대의 은퇴가 본격적으로 진행되면서 이에 따른 소득 감소로 인하여 구매 여력이 감소하고, 생산 부문에도 부정적인 영향이 발생하고 있다.

또한 959조 원에 달하는 가계부채도 자동차 수요 위축을 가져올 수 있는 최대 잠재위험 요인이다. 가계부채가 주로 주택담보대출에 집중되어 있어 부동산 경기 침체로 인한 자산가격 하락과 금리상승에 의한 이자상환 부담 증가가 가계소비 감소를 가져오고 있기 때문이다.

또한 차급 구조가 경차와 SUV의 비중은 증가하는 반면, 준중형과 중형 승용의 점유율은 하락하는 등 판매 구성도 악화되고 있다. SUV 등 성장 차급도 소형 차급의 비중이 증가하고 있고, 대형차급에서도 수입차 비중이 커지는 등 국내업체의 수익성 악화가 예상된다. 여기에 수입차는 FTA 발효에 따른 가격 경쟁력 향상, 다양한 신차 출시, 구매에 대한 심리적 장벽 약화로 판매가 중소형 모델로까지 확대되고 있어 국산차의 위치가 위협받는 상황이다.

최근 환율 상황도 큰 문제이다. 2012년 말부터 시작된 엔/달러 환율 상승세와 원/달러 환율 하락세의 환율 흐름이 장기화될 경우 신흥시장에서 일본업체의 공세는 강화되어 직접 경쟁구도를 형성하고 있는 국내 업체의 수익성 악화가 부담으로 작용할 전망이다.

1990년대 이후 자국시장의 방어 실패와 생산기반 약화로 위기를 겪으며 침체가 지속되고 있는 이탈리아의 경험은 시사하는 바가 크다. 일본도 1990년대 초 부동산시장 침체로 촉발된 장기 침체가 고령화, 엔고, 정부 정책 등과 맞물리면서 자동차 판매 감소와 생산 경쟁력 약화가 빠르게 진행되었다. 이 시기 일본업체들은 수익성 악화에 대응하기 위해 해외 현지생산 규모를 확대하는 방식으로 돌파구를 마련했었다.

현재 국내 자동차산업은 새로운 도전에 직면해 있다. 산적해 있는 리스크 요인을 해소하고 성장을 지속하기 위해서는 협력적이고 생산적인 노사관계를 토대로 임금 및 노동 유연성과 생산성 제고 등을 통한 현장 경쟁력 제고가 절실하다. 이를 위해 정부, 기업, 노조 간의 생산적이고 협력적인 논의가 필요하며, 최근의 리스크 요인들을 경쟁력 강화의 계기로 삼아 변화와 혁신을 지속적으로 추진해야 할 것이다.

① 인구가 고령화되고 있다.
② 가계부채가 증가하고 있다.
③ 엔/달러 환율이 하락하고 원/달러 환율이 상승하고 있다.
④ 대형차급에서 수입차 비중이 증가하고 있다.

09 다음 글의 밑줄 친 시기에 대한 설명으로 적절한 것은?

하나의 패러다임 형성은 애초에 불완전하고, 다만 이후 연구의 방향을 제시하고 소수 특정 부분의 성공적인 결과를 약속할 수 있을 뿐이다. 그러나 패러다임의 정착은 연구의 정밀화, 집중화 등을 통하여 자기 지식을 확장해가며 차츰 폭넓은 이론 체계를 구축한다.

철학자 토마스 쿤은 이처럼 과학자들이 패러다임을 기반으로 하여 연구를 진척시키는 것을 '정상과학'이라고 부른다. 기초적인 전제가 확립되었으므로, 과학자들은 이 시기에 상당히 심오한 문제의 세밀한 영역들에 집중함으로써, 그렇지 않았더라면 상상조차 못했을 자연의 어느 부분을 깊이 있게 탐구하게 된다. 그에 따라 각종 실험 장치들도 정밀해지고 다양해지며, 문제를 해결해가는 특정 기법과 규칙들이 만들어진다. 연구는 이제 혼란으로서의 다양성이 아니라, 이론과 자연 현상을 일치시켜가는 지식의 확장으로서 다양성을 이루게 된다.

그러나 정상과학은 완성된 과학이 아니다. 과학적 사고방식과 관습, 기법 등이 하나의 기반으로 통일되어 있다는 것일 뿐 해결해야 할 과제는 무수하다. 패러다임이란 과학자들 사이의 세계관 통일이지, 세계에 대한 해석의 끝은 아니다.

그렇다면 <u>정상과학의 시기</u>에는 어떤 연구가 어떻게 이루어지는가? 정상과학의 시기에는 이미 이론의 핵심 부분들은 정립되어 있다. 따라서 과학자들의 연구는 근본적인 새로움을 좇아가지는 않으며, 다만 연구의 세부 내용이 좀 더 깊어지거나 넓어질 뿐이다. 이러한 시기에 과학자들의 열정과 헌신성은 무엇으로 유지될 수 있을까? 연구가 고작 예측된 결과를 좇아갈 뿐이고, 예측된 결과가 나오지 않으면 실패라고 규정되는 상태에서 과학의 발전은 어떻게 이루어지는가?

토마스 쿤은 이 물음에 대하여 '수수께끼 풀이'라는 대답을 제시한다. 어떤 현상의 결과가 충분히 예측된다 할지라도 정작 그 예측이 달성되는 세세한 과정은 대개 의문 속에 있게 마련이다. 자연 현상의 전 과정을 우리가 일목요연하게 알고 있는 것은 아니기 때문이다. 이론으로서의 예측 결과와 실제의 현상을 일치시키기 위해서는 여러 복합적인 기기적, 개념적, 수학적인 방법이 필요하다. 이것이 수수께끼 풀이이다.

① 패러다임을 기반으로 하여 연구를 진척하기 때문에 다양한 학설과 이론이 등장한다.
② 예측된 결과만을 좇을 수밖에 없기 때문에 과학자들의 열정과 헌신성은 낮아진다.
③ 기초적인 전제가 확립되었으므로 작은 범주의 영역에 대한 연구에 집중한다.
④ 과학자들 사이의 세계관이 통일된 시기이기 때문에 완성된 과학이라고 부를 수 있다.

10 다음 제시된 사례에 적용된 문제해결 방법 중 원인 파악 단계의 결과로 적절한 것은?

1980년대 초반, 헝가리 부다페스트 교통당국은 혼잡한 시간대에 대처하기 위해 한 노선에 버스를 여러 대씩 운행시켰다. 그러나 사람들은 45분씩 기다려야 했거나 버스 서너 대가 한꺼번에 온다고 짜증을 냈다. 사람들은 버스 운전사가 멍청하거나 아니면 악의적으로 배차를 그렇게 한다고 여겼다. 다행스럽게도 시 당국은 금방 문제의 원인을 파악했다. 버스 세 대 이상을 노선에 투입하고 간격을 똑같이 해 놓으면, 버스의 간격은 일정하게 유지되지 않는다. 앞서 가는 버스는 승객을 많이 태우게 되고, 따라서 정차 시간이 길어진다. 바로 뒤 따라가는 버스는 승객이 앞 차만큼 많지 않기 때문에 정차 시간이 짧아진다. 이러다 보면 어쩔 수 없이 뒤차가 앞차를 따라 잡아서 버스가 한참 안 오다가 줄줄이 두세 대씩 한꺼번에 몰려오게 된다. 버스들이 자기 조직화 때문에 한꺼번에 다니게 되는 것이다.

상황을 이해하고 나면 해결책도 나온다. 버스 관리자는 이 문제가 같은 노선의 버스는 절대로 앞차를 앞지르지 못하게 되어 있기 때문임을 인지했다. 이 문제를 없애기 위해 당국은 운전사들에게 새로운 규칙을 따르게 했다. 같은 노선의 버스가 서 있는 것을 보면 그 버스가 정류장의 승객을 다 태우지 못할 것 같아도 그냥 앞질러 가라는 것이다. 이렇게 하니 버스들이 한꺼번에 줄줄이 오는 것을 막게 되어 더 효율적으로 운행할 수 있었다.

① 버스 운전사의 운전 미숙
② 부다페스트의 열악한 도로 상황
③ 유연하지 못한 버스 운행 시스템
④ 정차된 같은 노선의 버스를 앞지르는 규칙

11 다음 글의 제목으로 가장 적절한 것은?

사회 방언은 지역 방언과 함께 2대 방언의 하나를 이룬다. 그러나 사회 방언은 지역 방언만큼 일찍부터 방언 학자의 주목을 받지는 못하였다. 어느 사회에나 사회 방언이 없지는 않으나, 일반적으로 사회 방언 간의 차이는 지역 방언들 사이의 그것만큼 뚜렷하지 않기 때문이었다. 가령 20대와 60대 사이에는 분명히 방언 차가 있지만 그 차이가 전라도 방언과 경상도 방언 사이의 그것만큼 현저하지는 않은 것이 일반적이며, 남자와 여자 사이의 방언 차 역시 마찬가지다. 사회 계층 간의 방언 차는 그 기준이 되는 사회에 따라 상당히 현격한 차이를 보여 일찍부터 논의의 대상이 되어 왔었다. 인도에서의 카스트에 의해 분화된 방언, 미국에서의 흑인 영어의 특이성, 우리나라 일부 지역에서 발견되는 양반 계층과 일반 계층 사이의 방언 차 등이 그 대표적인 예들이다. 이러한 사회 계층 간의 방언 분화는 최근 사회 언어학의 대두에 따라 점차 큰 관심의 대상이 되어 가고 있다.

① 2대 방언 – 지역 방언과 사회 방언
② 최근 두드러진 사회 방언에 대한 관심
③ 부각되는 계층 간의 방언 분화
④ 사회 언어학의 대두와 사회 방언

12 다음 빈칸에 들어갈 내용으로 가장 적절한 것은?

최근 경제·시사분야에서 빈번하게 등장하는 단어인 탄소배출권(CER; Certified Emission Reduction)에 대한 개념을 이해하기 위해서는 먼저 교토메커니즘(Kyoto Mechanism)과 탄소배출권거래제(Emission Trading)를 알아둘 필요가 있다.

교토메커니즘은 지구 온난화의 규제 및 방지를 위한 국제 협약인 기후변화협약의 수정안인 교토 의정서에서, 온실가스를 보다 효과적이고 경제적으로 줄이기 위해 도입한 세 가지 유연성체제 '공동이행제도', '청정개발체제', '탄소배출권거래제'를 묶어 부르는 것이다.

이 중 탄소배출권거래제는 교토의정서 6대 온실가스인 이산화탄소, 메테인, 아산화질소, 과불화탄소, 수소불화탄소, 육불화황의 배출량을 줄여야 하는 감축의무국가가 의무감축량을 초과 달성하였을 경우에 그 초과분을 다른 국가와 거래할 수 있는 제도로, _____

결국 탄소배출권이란 현금화가 가능한 일종의 자산이자 가시적인 자연보호성과인 셈이며, 이에 따라 많은 국가 및 기업에서 탄소배출을 줄임과 동시에 탄소감축활동을 통해 탄소배출권을 획득하기 위해 동분서주하고 있다. 특히 기업들은 탄소배출권을 확보하는 주요 수단인 청정개발체제 사업을 확대하는 추세인데, 청정개발체제 사업은 개발도상국에 기술과 자본을 투자해 탄소배출량을 줄였을 경우에 이를 탄소배출량 감축목표달성에 활용할 수 있도록 한 제도이다.

① 다른 국가를 도왔을 때, 그로 인해 줄어든 탄소배출량을 감축목표량에 더할 수 있는 것이 특징이다.
② 다른 감축의무국가를 도움으로써 획득한 탄소배출권이 사용되는 배경이 되는 제도이다.
③ 6대 온실가스 중에서도 특히 이산화탄소를 줄이기 위해 만들어진 제도이다.
④ 의무감축량을 준수하지 못한 경우에도 다른 국가로부터 감축량을 구입할 수 있는 것이 특징이다.

13 다음 (가), (나) 사례에 나타난 상대방 설득방법으로 적절하지 않은 것은?

(가) A사의 제품은 현재 매출 1위이며 소비자들의 긍정적인 평을 받고 있다. A사는 이 점을 내세워 B사와 다음 신제품과 관련한 계약을 맺고 싶어 하지만, B사는 A사의 주장을 믿지 않아 계약이 보류된 상황이다. A사는 최근 신제품에 필요한 기술을 확보하고 있는 B사가 꼭 필요한 협력업체이기 때문에 고심 중이다.

(나) 플라스틱을 제조하는 C사는 최근 테니스 라켓, 욕조, 배의 선체 등 다양한 곳에 사용되는 탄소섬유강화 플라스틱 사업의 전망이 밝다고 생각하여 탄소섬유를 다루는 D사와 함께 사업하길 원하고 있다. 하지만 D사는 C사의 사업 전망에 대해 믿지 못하고 있는 상황이어서 사업은 보류된 상태이다.

① (가)의 경우 B사에게 대기업인 점을 앞세워서 공격적으로 설득하는 것이 좋다.
② (가)의 경우 매출 1위와 관련된 데이터를 시각화하여 B사가 직접 보고 느끼게 해주는 게 좋다.
③ (나)의 경우 호혜관계를 설명하면서 D사가 얻을 수 있는 혜택도 설명해 주는 게 좋다.
④ (가)의 경우 A사 제품을 사용한 소비자들의 긍정적인 후기를 B사에게 보여주는 것이 좋다.

14 다음은 업무에서 사용되는 문서의 일부이다. 밑줄 친 단어를 어법에 맞게 수정할 때 옳지 않은 것은?

공고 제○○ - ○○호

입찰공고

1. 입찰에 <u>붙이는</u> 사항
   가. 입찰건명 : 미래<u>지향</u>적 경영체계 구축을 위한 조직진단
   나. 계약기간(용역기한) : 계약<u>채결</u>일부터 6개월
   다. 총사업예산 : 400,000,000원(VAT 등 모든 비용 포함)

2. 입찰방법 : 제한경쟁 / 협상에 의한 계약

〈입찰주의사항〉

- 입찰금액은 반드시 부가가치세 등 모든 비용을 포함한 금액으로 써내야 하며, 입찰결과 낙찰자가 면세사업자인 경우 낙찰금액에서 부가가치세 상당액을 <u>합산한</u> 금액을 계약금액으로 함
- 기한 내 미제출 업체의 입찰서는 무효처리함
- 접수된 서류는 일체 반환하지 않음

---

① 붙이는 → 부치는
② 지향 → 지양
③ 채결 → 체결
④ 합산한 → 차감한

15 다음 명제가 모두 참일 때, 옳지 않은 것은?

> • 사과 수확량이 감소하면, 사과 가격이 상승한다.
> • 사과 소비량이 감소하면, 사과 수확량이 감소한다.
> • 사과 수확량이 감소하지 않으면, 사과 주스 가격이 상승하지 않는다.

① 사과 주스의 가격이 상승하면, 사과 가격이 상승한다.
② 사과 가격이 상승하지 않으면, 사과 수확량이 감소하지 않는다.
③ 사과 소비량이 감소하지 않으면, 사과 주스 가격이 상승하지 않는다.
④ 사과 수확량이 감소하지 않으면, 사과 소비량이 감소하지 않는다.

16 S사의 기획팀에서 근무하고 있는 직원 A ~ D는 서로의 프로젝트 참여 여부에 관하여 다음과 같이 진술하였고, 이들 중 단 1명만이 진실을 말하였다. 이들 가운데 반드시 프로젝트에 참여하는 사람은 누구인가?

> • A : 나는 프로젝트에 참여하고, B는 프로젝트에 참여하지 않는다.
> • B : A와 C 중 적어도 1명은 프로젝트에 참여한다.
> • C : 나와 B 중 적어도 1명은 프로젝트에 참여하지 않는다.
> • D : B와 C 중 1명이라도 프로젝트에 참여한다면, 나도 프로젝트에 참여한다.

① A
② B
③ C
④ D

17 다음은 경영전략 추진과정을 나타낸 것이다. 경영전략 추진과정에서 (A) 부분에 대한 사례 중 그 성격이 다른 것은?

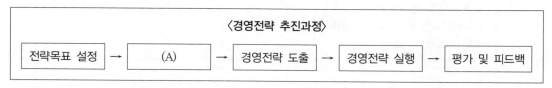

〈경영전략 추진과정〉

전략목표 설정 → (A) → 경영전략 도출 → 경영전략 실행 → 평가 및 피드백

① 제품 개발을 위해 예산의 현황을 파악하기
② 자사 제품의 시장 개척을 위해 법적으로 문제가 없는지 확인하기
③ 이번에 발표된 정부의 정책으로 자사 제품이 어떠한 영향을 받을 수 있는지 확인하기
④ 신제품 출시를 위해 경쟁사들의 동향을 파악하기

18 다음 조직도를 바르게 이해한 사람을 〈보기〉에서 모두 고르면?

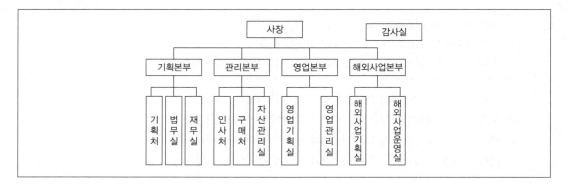

〈보기〉

A : 조직도를 보면 4개 본부, 3개의 처, 8개의 실로 구성돼 있어.
B : 사장 직속으로 4개의 본부가 있고, 그중 한 본부에서는 인사를 전담하고 있네.
C : 감사실은 사장 직속이지만 별도로 분리되어 있구나.
D : 해외사업기획실과 해외사업운영실은 둘 다 해외사업과 관련이 있으니까 해외사업본부에 소속되어 있는 것이 맞아.

① A, B
② A, D
③ B, C
④ B, D

19 다음은 발명 기법인 SCAMPER 발상법의 7단계이다. 〈보기〉와 같은 사례는 어느 단계에 속하는가?

〈SCAMPER〉						
S	C	A	M	P	E	R
대체하기	결합하기	조절하기	수정·확대·축소하기	용도 바꾸기	제거하기	역발상·재정리하기

〈보기〉

㉠ 짚신 → 고무신 → 구두
㉡ 스마트폰＝컴퓨터＋휴대폰＋카메라
㉢ 화약 : 폭죽 → 총

	㉠	㉡	㉢
①	A	E	E
②	S	C	P
③	M	C	C
④	A	P	P

20 다음 업무수행 시트에서 볼 수 있는 고유한 특징으로 가장 적절한 것은?

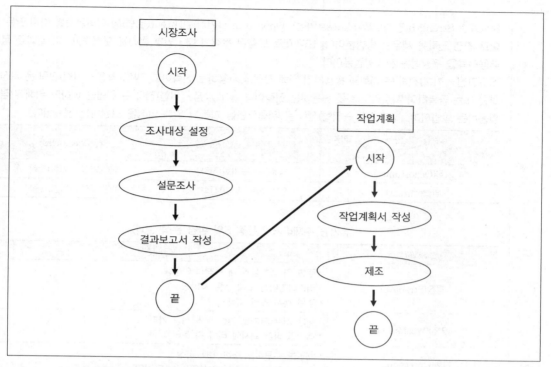

① 관찰도구나 질문지로 활용되기 용이하다.

② 작업 목적에 부합하는 항목들로 구성되어야 한다.

③ 주된 작업과 부차적인 작업을 구분해서 표현할 수 있다.

④ 특별한 이유가 없다면 중복되는 내용이 없도록 항목을 배타적으로 구성해야 한다.

21 다음은 SWOT 분석에 관한 설명이다. 설명을 읽고 주어진 분석결과에 따른 전략이 가장 적절한 것을 고르면?

> SWOT는 Strength(강점), Weakness(약점), Opportunity(기회), Threat(위협)의 머리글자를 따서 만든 단어로 경영 전략을 세우는 방법론이다. SWOT로 도출된 조직의 내·외부 환경을 분석하고, 이 결과를 통해 대응전략을 구상하는 분석방법론이다.
> 'SO(강점 – 기회)전략'은 기회를 활용하기 위해 강점을 사용하는 전략이고, 'WO(약점 – 기회)전략'은 약점을 보완 또는 극복하여 시장의 기회를 활용하는 전략이다. 'ST(강점 – 위협)전략'은 위협을 피하기 위해 강점을 활용하는 방법이며, 'WT(약점 – 위협)전략'은 위협요인을 피하기 위해 약점을 보완하는 전략이다.

내부 외부	강점(Strength)	약점(Weakness)
기회(Opportunity)	SO(강점 – 기회)전략	WO(약점 – 기회)전략
위협(Threat)	ST(강점 – 위협)전략	WT(약점 – 위협)전략

〈유기농 수제버거 전문점 S의 환경 분석 결과〉

SWOT	환경 분석	
강점(Strength)	• 주변 외식업 상권 내 독창적 아이템 • 커스터마이징 고객 주문 서비스 • 주문 즉시 조리 시작	
약점(Weakness)	• 높은 재료 단가로 인한 비싼 상품 가격 • 대기업 버거 회사에 비해 긴 조리 과정	
기회(Opportunity)	• 웰빙을 추구하는 소비 행태 확산 • 치즈 제품을 선호하는 여성들의 니즈 반영	
위협(Threat)	• 제품 특성상 테이크아웃 및 배달 서비스 불가	

① ST전략 : 테이크아웃이 가능하도록 버거의 사이즈를 조금 줄이고 사이드 메뉴를 서비스로 제공한다.
② SO전략 : 주변 상권의 프랜차이즈 샌드위치 전문업체의 제품을 벤치마킹해 샌드위치도 함께 판매한다.
③ WO전략 : 유기농 채소와 유기농이 아닌 채소를 함께 사용하여 단가를 낮추고 가격을 내린다.
④ WT전략 : 조리과정을 단축시키기 위해 커스터마이징 형식의 고객 주문 서비스 방식을 없애고, 미리 조리해놓은 버거를 배달 제품으로 판매한다.

22 업무수행과정에서 발생하는 문제를 발생형, 탐색형, 설정형의 세 가지 문제 유형으로 분류한다고 할 때, 다음 〈보기〉의 ㉠～㉽을 문제 유형에 따라 바르게 분류한 것은?

〈보기〉

㉠ 제품을 배송하는 과정에서 고객의 개인정보를 잘못 기입하는 바람에 배송이 지연되고 있다.

㉡ 제약업계는 개발의 효율성 및 성과를 위해 매출액 가운데 상당 부분을 연구·개발에 투자하고 있으나, 기대만큼의 성과를 도출하지 못하고 있다.

㉢ 제품에서 기준치를 초과한 발암물질이 검출됨에 따라 회사는 전 제품에 대한 리콜을 고민하고 있다.

㉣ 연구팀은 제품 개발에 필수적인 제작 과정을 획기적으로 줄일 수 있는 기술을 개발할 것을 요청받았다.

㉤ 회사는 10대 전략 과제를 선정하고 부서별 역할과 세부추진계획을 점검하기로 하였다.

㉥ 정부의 사업 허가 기준이 강화될 것이라는 예측에 따라 새로운 사업 계획서 작성 방향에 대해 기업의 고민도 커질 것으로 예상된다.

	발생형	탐색형	설정형
①	㉠, ㉢	㉡, ㉣	㉤, ㉥
②	㉡, ㉢	㉠, ㉣	㉤, ㉥
③	㉢, ㉣	㉠, ㉤	㉡, ㉥
④	㉣, ㉤	㉡, ㉥	㉠, ㉢

23 부서들이 신청한 물품 구매를 위해 총무팀은 인터넷으로 테이프와 볼펜, 메모지를 주문하려고 한다. 한 개당 테이프는 1,100원, 볼펜은 500원, 메모지는 1,300원이었다. 예산은 총 15만 원이며, 예산 범위 내에서 각각 40개 이상씩 구입할 계획이다. 구매물품 중 볼펜을 가장 많이 구입할 때, 구입 가능한 볼펜의 최소 개수는?

① 51개

② 53개

③ 55개

④ 57개

24 눈금이 없는 17L 생수 통과 14L 생수 통만을 가지고 9L의 생수를 만들려고 한다. 각 통을 제외한 다른 생수 통은 존재하지 않는다고 할 때, 가장 최소한으로 이동하여 9L를 만들려면 몇 번의 이동이 필요한가?(단, 물을 추가하거나 버리는 것이 가능하며, 물을 추가하거나 버리는 것은 횟수에 포함시키지 않는다)

① 3번

② 4번

③ 5번

④ 6번

25 현재 1,000만 원을 보유한 A씨는 매년 이자가 10%인 M금고 예금상품에 3년 동안 전액을 예치하려 한다. 예금방식으로 단리식과 복리식이 있을 때, 두 경우의 원리합계 합은 얼마인가?(단, 연 복리를 적용하고, $(1.1)^3 = 1.331$이다)

> • 단리예금 : 목돈을 원하는 만큼 맡기고, 원금과 원금에 대해서만 이자를 산정하여 만기 시까지 추가 입금이 불가한 금융상품
> • 복리예금 : 원금과 이자에 대한 이자를 받을 수 있고, 만기 시까지 추가 입금이 불가하며, 이자 지급기간에 따라 연 복리, 월 복리, 일 복리로 구분하는 금융상품

① 2,122만 원 ② 2,331만 원
③ 2,482만 원 ④ 2,631만 원

26 다음 대화 내용과 원/100엔 환율 정보를 참고하였을 때, 빈칸에 들어갈 A사원의 대답으로 가장 적절한 것은?

> A사원 : 팀장님, 한 달 뒤에 2박 3일간 일본에서 해외교육연수가 있다는 것을 알고 있으시죠? 그런데 숙박 요금이 어떻게 될지 ….
> B팀장 : 무엇이 문제지? 예전에 1박당 13,000엔으로 숙박 당일에 현찰 지불한다고 예약해 두지 않았나?
> A사원 : 네, 맞습니다. 그런데 그곳에 다시 전화해 보니 오늘까지 전액을 송금하면 10% 할인을 해 준다고 합니다. 하지만 문제는 환율입니다. 오늘 뉴스에서 원/100엔 환율이 하락하는 추세로 향후 지속된다고 합니다.
> B팀장 : 그럼 서로 비교해 보면 되지 않은가? 어떤 방안이 얼마나 더 절약할 수 있지?
> A사원 : _____

〈원/100엔 환율 정보〉

구분	매매기준율(원)	현찰(원)		송금(원)	
		살 때	팔 때	보낼 때	받을 때
오늘	1,110	1,130	1,090	1,120	1,100
한 달 뒤	990	1,010	970	1,000	980

※ 환전 시 소수점 아래 금액은 절사함

① 비교해 보니 오늘 결제하는 것이 260원 더 저렴합니다.
② 비교해 보니 오늘 결제하는 것이 520원 더 저렴합니다.
③ 비교해 보니 한 달 뒤에 결제하는 것이 260원 더 저렴합니다.
④ 비교해 보니 한 달 뒤에 결제하는 것이 520원 더 저렴합니다.

27 다음은 연령별 인구에 대한 자료이다. 이에 대한 설명으로 옳지 않은 것은?(단, 2030년부터는 예상 수치이다)

〈연령별 인구수 및 구성비〉

(단위 : 천 명, %)

구분		2000년	2010년	2020년	2030년	2040년	2050년
인구수	0 ~ 14세	9,911	7,907	6,118	5,525	4,777	3,763
	15 ~ 64세	33,702	35,611	35,506	31,299	26,525	22,424
	65세 이상	3,395	5,357	7,701	11,811	15,041	16,156
구성비	0 ~ 14세	21.1	16.2	12.4	11.4	10.3	8.9
	15 ~ 64세	71.7	72.9	72	64.4	57.2	53
	65세 이상	7.2	11	15.6	24.3	32.5	38.2

① 저출산으로 인해, 14세 이하의 인구는 점점 감소하고 있다.

② 15 ~ 64세 인구는 2000년 이후 계속 감소하고 있다.

③ 65세 이상 인구의 구성비는 2000년과 비교했을 때, 2050년에는 5배 이상이 될 것이다.

④ 15 ~ 64세 인구의 구성비가 가장 높은 해와 낮은 해의 차이는 19.9%p이다.

28 A는 개인사유로 인해 5년간 재직했던 회사를 그만두게 되었다. A에게 지급된 퇴직금이 1,900만 원일 때, A의 평균연봉을 바르게 계산한 것은?(단, 평균연봉은 1일 평균임금으로 계산하며 평균임금 계산 시 천의 자리에서 반올림한다)

〈퇴직금 산정방법〉

• 고용주는 퇴직하는 근로자에게 계속근로기간 1년에 대해 30일분 이상의 평균임금을 퇴직금으로 지급해야 한다.
  – '평균임금'이란 이를 산정해야 할 사유가 발생한 날 이전 3개월 동안에 해당 근로자에게 지급된 임금의 총액을 그 기간의 총 일수로 나눈 금액을 말한다.
  – 평균임금이 근로자의 통상임금보다 적으면 그 통상임금을 평균임금으로 한다.
• 퇴직금 산정공식
  (퇴직금)=[(1일 평균임금)×30일×(총 계속근로기간)]÷365

① 4,110만 원

② 4,452만 원

③ 4,650만 원

④ 4,745만 원

※ 다음은 금융기관별·개인신용 등급별 햇살론 보증잔액 현황에 관한 자료이다. 이어지는 질문에 답하시오.
[29~30]

〈금융기관별·개인신용 등급별 햇살론 보증잔액 현황〉

(단위 : 백만 원)

구분	A은행	B은행	C은행	D은행	E은행	F은행	계
1등급	2,425	119	51	4,932	7,783	3,785	19,095
2등급	6,609	372	77	14,816	22,511	16,477	60,862
3등급	8,226	492	176	18,249	24,333	27,133	78,609
4등급	20,199	971	319	44,905	53,858	72,692	192,944
5등급	41,137	2,506	859	85,086	100,591	220,535	450,714
6등급	77,749	5,441	1,909	147,907	177,734	629,846	1,040,586
7등급	58,340	5,528	2,578	130,777	127,705	610,921	935,849
8등급	11,587	1,995	738	37,906	42,630	149,409	244,265
9등급	1,216	212	75	1,854	3,066	1,637	8,060
10등급	291	97	2	279	539	161	1,369
계	227,779	17,733	6,784	486,711	560,750	1,732,596	3,032,353

29 다음 중 자료에 대한 설명으로 옳지 않은 것은?

① E은행의 개인신용 1등급 햇살론 보증잔액은 전체 개인신용 1등급 햇살론 보증잔액의 약 40.8%를 차지한다.

② B은행의 햇살론 보증잔액 중 개인신용 1~3등급의 비율은 C의 햇살론 보증잔액 중 개인신용 1~3등급의 비율보다 크다.

③ D은행의 햇살론 보증잔액은 A은행의 햇살론 보증잔액의 2배 이상이다.

④ 가장 많은 햇살론 보증잔액을 가지고 있는 금융기관과 두 번째로 햇살론 보증잔액을 많이 가지고 있는 금융기관에서 보증잔액 차이가 가장 큰 등급은 6등급이다.

30 위의 자료를 이용하여 A은행의 개인신용 등급별 햇살론 보증잔액 구성비를 나타낸 것으로 옳은 것은?(단, 소수점 둘째 자리에서 반올림한다)

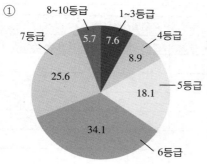

①

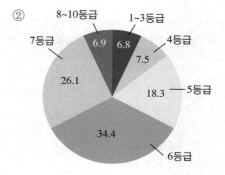

②

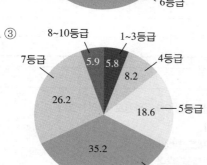

③

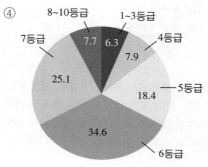

④

31 다음은 M사 직무전결표의 일부분이다. 이에 따라 문서를 처리한 것 중 바르게 처리되지 못한 것을 〈보기〉에서 모두 고르면?

직무내용	대표이사	위임전결권자		
		전무	이사	부서장
직원 채용 승인	○			
직원 채용 결과 통보				○
교육훈련 대상자 선정			○	
교육훈련 프로그램 승인		○		
직원 국내 출장 승인			○	
직원 해외 출장 승인		○		
임원 국내 출장 승인		○		
임원 해외 출장 승인	○			

〈보기〉

㉠ 전무가 출장 중이어서 교육훈련 프로그램 승인을 위해서 일단 이사 전결로 처리하였다.
㉡ 인사부장 명의로 영업부 직원 채용 결과서를 통보하였다.
㉢ 영업부 대리의 국내 출장을 승인받기 위해서 이사의 결재를 받았다.
㉣ 기획부의 교육 대상자를 선정하기 위해서 기획부장의 결재를 받아 처리하였다.

① ㉠, ㉡
② ㉠, ㉡, ㉢
③ ㉠, ㉡, ㉣
④ ㉠, ㉢, ㉣

32 M금고에서 체육대회를 개최한다. 지점별로 출전선수를 선발하는데, W지점 직원들(A ~ J)은 각자 2종목씩 필수로 출전해야 한다. 다음 중 계주에 꼭 출전해야 하는 사람을 고르면?

〈지점별 참가 인원〉

(단위 : 명)

훌라후프	계주	줄넘기	줄다리기	2인 3각
1	4	5	8	2

〈W지점의 직원별 참가가능 종목〉

(단위 : 명)

구분	훌라후프	계주	줄넘기	줄다리기	2인 3각
A	×	×	○	○	○
B	×	○	○	○	×
C	○	○	○	×	×
D	○	×	×	○	×
E	×	○	×	○	×
F	×	×	○	○	×
G	×	×	×	○	○
H	○	○	○	○	×
I	×	○	○	×	×
J	×	○	○	×	×

① C, E, J

② C, E, H

③ D, E, J

④ D, G, I

33 다음은 도서에 부여되는 ISBN의 끝자리 숫자를 생성하는 과정을 나타낸 것이다. 최종 결괏값 (가)로 옳은 것은?

- 과정 1 : ISBN의 '−'을 제외한 12개 숫자의 홀수 번째에는 1을, 짝수 번째에는 3을 곱한 후 그 값들을 모두 더한다.
- 과정 2 : [과정 1]에서 구한 값을 10으로 나누어 나머지를 얻는다(단, 나머지가 0인 경우 [과정 3]은 생략한다).
- 과정 3 : [과정 2]에서 얻은 나머지를 2로 나눈다.

① 0   ② 1

③ 2   ④ 3

34 M사 총무팀 7명이 중국집에 점심식사를 하러 가서 짜장면 2개, 짬뽕 3개, 볶음밥 2개를 주문했다. 직원들이 제시된 〈조건〉과 같이 주문하였을 때, 다음 중 옳지 않은 것은?

─〈조건〉─

- 팀원은 A팀장, K과장, S과장, N대리, J대리, D사원, P사원이다.
- 1인당 1가지 메뉴를 시켰는데, 좋아하는 메뉴는 반드시 시키고, 싫어하는 메뉴는 반드시 시키지 않았으며, 같은 직급끼리는 같은 메뉴를 시키지 않았다.
- A팀장은 볶음밥을 좋아한다.
- J대리는 짜장면을 싫어한다.
- D사원은 대리와 같은 메뉴를 시키지 않았다.
- S과장은 짬뽕을 싫어한다.
- K과장은 사원과 같은 메뉴를 시켰다.
- N대리는 볶음밥을 싫어한다.

① S과장은 반드시 짜장면을 시킨다.
② A팀장은 모든 직급의 팀원들과 같은 메뉴를 시킬 수 있다.
③ K과장은 반드시 짬뽕을 시킨다.
④ J대리가 볶음밥을 시키면 N대리는 짬뽕을 시킨다.

35 M사의 평가지원팀 A팀장, B대리, C대리, D주임, E주임, F주임, G사원, H사원 8명은 기차를 이용해 대전으로 출장을 가려고 한다. 다음 〈조건〉에 따라 직원들의 좌석이 배정될 때, 〈보기〉 중 팀원들이 앉을 좌석에 대한 설명으로 옳지 않은 것을 모두 고르면?(단, 이웃하여 앉는다는 것은 두 사람 사이에 복도를 두지 않고 양옆으로 붙어 앉는 것을 의미한다)

〈기차 좌석표〉

앞

창가	1가	1나	복도	1다	1라	창가
	2가	2나		2다	2라	

뒤

〈조건〉
- 팀장은 반드시 두 번째 줄에 앉는다.
- D주임은 2다 석에 앉는다.
- 주임끼리는 이웃하여 앉지 않는다.
- 사원은 나 열 혹은 다 열에만 앉을 수 있다.
- 팀장은 대리와 이웃하여 앉는다.
- F주임은 업무상 지시를 위해 H사원과 이웃하여 앉아야 한다.
- B대리는 창가 쪽 자리에 앉는다.

〈보기〉
㉠ E주임은 1가 석에 앉는다.
㉡ C대리는 라 열에 앉는다.
㉢ G사원은 E주임과 이웃하여 앉는다.
㉣ A팀장의 앞좌석에는 G사원 혹은 H사원이 앉는다.

① ㉠
② ㉠, ㉣
③ ㉡, ㉢
④ ㉠, ㉡, ㉣

36 귀하는 부하직원 A ~ E 5명을 대상으로 마케팅 전략에 대한 찬반 의견을 물었고, 부하직원들은 다음 〈조건〉에 따라 찬성과 반대 둘 중 하나의 의견을 제시하였다. 항상 옳은 것은?

――〈조건〉――
- A 또는 D 둘 중 적어도 한 명이 반대하면, C는 찬성하고 E는 반대한다.
- B가 반대하면, A는 찬성하고 D는 반대한다.
- D가 반대하면 C도 반대한다.
- E가 반대하면 B도 반대한다.
- 적어도 한 사람은 반대한다.

① A는 찬성하고 B는 반대한다.
② A는 찬성하고 E는 반대한다.
③ B와 D는 반대한다.
④ C는 반대하고 D는 찬성한다.

37 다음은 M사 직원들의 이번 주 추가근무 계획표이다. 하루에 3명 이상 추가근무를 할 수 없고, 직원들은 각자 일주일에 6시간을 초과하여 추가근무를 할 수 없다. 추가근무 일정을 수정해야 하는 사람은 누구인가?

〈일주일 추가근무 일정〉

성명	추가근무 일정	성명	추가근무 일정
유진실	금요일 3시간	민윤기	월요일 2시간
김은선	월요일 6시간	김남준	일요일 4시간, 화요일 3시간
이영희	토요일 4시간	전정국	토요일 6시간
최유화	목요일 1시간	정호석	화요일 4시간, 금요일 1시간
김석진	화요일 5시간	김태형	수요일 6시간
박지민	수요일 3시간, 일요일 2시간	박시혁	목요일 1시간

① 김남준
② 김석진
③ 박지민
④ 최유화

38 다음은 M금고의 고객 신용등급 변화 확률 자료이다. 이에 대한 설명으로 옳은 것을 〈보기〉에서 모두 고르면?

〈고객 신용등급 변화 확률〉

(단위 : 원, %)

구분		(t+1)년			
		A	B	C	D
t년	A	0.7	0.2	0.08	0.02
	B	0.14	0.65	0.16	0.05
	C	0.05	0.15	0.55	0.25

※ 고객 신용등급은 매년 1월 1일 0시에 연 1회 산정되며, A등급이 가장 높고 B, C, D 순임
※ 한 번 D등급이 되면 고객 신용등급은 5년 동안 D등급을 유지함
※ 고객 신용등급 변화 확률은 매년 동일함

─────〈보기〉─────

㉠ 2023년에 B등급이었던 고객이 2025년까지 D등급이 될 확률은 0.08 이상이다.
㉡ 2023년에 C등급이었던 고객의 신용등급이 2026년까지 변화할 수 있는 경로는 모두 40가지이다.
㉢ B등급 고객의 신용등급이 1년 뒤에 하락할 확률은 C등급 고객의 신용등급이 1년 뒤에 상승할 확률보다 낮다.

① ㉠
② ㉢
③ ㉠, ㉡
④ ㉡, ㉢

39 행원인 귀하는 새로 입사한 A가 은행 업무에 잘 적응할 수 있도록 근무 지도를 하고 있다. 다음 상황을 토대로 귀하가 A에게 지도할 사항으로 적절하지 않은 것은?

> A : 안녕하십니까? 고객님. 어떤 업무를 도와드릴까요?(자리에서 앉아 컴퓨터 모니터를 응시한 채로 고객을 반김)
> 고객 : 지난 한 달간 제가 거래한 내역이 필요해서요. 발급이 가능한가요?
> A : 네, 지난 한 달간 은행 입출금 거래내역서 발급을 도와드리겠습니다. 신분증을 확인할 수 있을까요?
> 고객 : 여기 있습니다.
> A : 네, 감사합니다(응대용 접시에서 신분증만 회수함). 1월 1일부터 1월 30일까지 거래내역을 조회해드리면 될까요?
> 고객 : 네. 그리고 체크카드 신청도….
> A : 우선 먼저 요청하신 거래내역서를 발급해드리고 다른 업무를 도와드리겠습니다.
> 고객 : 알겠습니다.
> A : (거래내역서 인쇄 중) 거래내역서 발급 시에는 2천 원의 수수료가 발생합니다.

① 고객이 다가오면 하는 일을 멈추고 고객을 응시해야 한다.
② 고객을 맞이할 때에는 되도록이면 자리에서 일어나 밝은 모습으로 반기도록 한다.
③ 고객과 대화할 때에는 고객의 말을 끊지 않도록 한다.
④ 업무 처리와 관련하여 고객이 알아야 할 모든 사항은 업무가 완료된 후에 전달해야 한다.

40 어느 날 A사원은 상사인 B부장에게서 업무와는 관련이 없는 심부름을 부탁받았다. B부장이 부탁한 물건을 사기 위해 A사원은 가게를 몇 군데나 돌아다녀야 했다. 회사에서 한참이나 떨어진 가게에서 비로소 물건을 발견했지만, B부장이 말했던 가격보다 훨씬 비싸서 B부장이 준 돈 이외에도 자신의 돈을 보태서 물건을 사야 할 상황이다. 당신이 A사원이라면 어떻게 할 것인가?

① B부장에게 불만을 토로하며 다시는 잔심부름을 시키지 않을 것임을 약속하도록 한다.
② B부장의 책상 위에 영수증과 물건을 덩그러니 놓아둔다.
③ 있었던 일을 사실대로 말하고, 자신이 보탠 만큼의 돈을 다시 받도록 한다.
④ 물건을 사지 말고 그대로 돌아와 B부장에게 물건이 없었다고 거짓말한다.

3권

제3회
MG새마을금고
지역본부 필기전형

www.sdedu.co.kr

〈문항 수 및 시험시간〉

영역		문항 수	시험시간	모바일 OMR 답안채점 / 성적분석 서비스
NCS 직업기초능력평가	의사소통능력 수리능력 문제해결능력 대인관계능력 조직이해능력	40문항	40분	

※ 문항 수 및 시험시간은 해당 채용 공고문을 참고하여 구성하였습니다.
※ 제한시간이 종료되고 OMR 답안카드에 마킹하거나 시험지를 넘기는 행동은 부정행위로 간주합니다.

제3회 모의고사

| 문항 수 : 40문항 |
| 시험시간 : 40분 |

01 다음 글의 빈칸 (가) ~ (라)에 들어갈 내용으로 적절하지 않은 것은?

"언론의 잘못된 보도나 마음에 들지 않는 논조조차도 그것이 토론되는 과정에서 옳은 방향으로 흘러가게끔 하는 것이 옳은 방향이다." 한 야당 정치인이 서울외신기자클럽(SFCC) 토론회에 나와 마이크에 대고 밝힌 공개 입장이다. 언론은 ____(가)____ 해야 한다. 이것이 지역 신문이라 할지라도 언론이 표준어를 사용하는 이유이다.

언론중재법 개정안이 국회 본회의를 통과할 것이 확실시되었을 때 정부는 침묵으로 일관했었다. 청와대 핵심 관계자들은 이 개정안에 대한 입장을 묻는 국내 일부 매체에 영어 표현인 "None of My Business"라는 답을 내놨다고 한다.

그사이 이 개정안에 대한 국제 사회의 ____(나)____ 는 높아지고 있다. 이 개정안이 시대착오적이며 정권의 오남용이고 더 나아가 아이들에게 좋지 않은 영향을 줄 수 있다는 것이 논란의 요지이다. SFCC는 이사회 전체 명의로 성명을 냈다. 그 내용을 그대로 옮기자면 다음과 같다. "____(다)____ 내용을 담은 언론중재법 개정안을 국회에서 강행 처리하려는 움직임에 깊은 우려를 표한다."며 "이 법안이 국회에서 전광석화로 처리되기보다 '돌다리도 두들겨 보고 건너라.'는 한국 속담처럼 심사숙고하며 ____(라)____ 을 기대한다."고 밝혔다.

다만, 언론이 우리 사회에서 발생하는 다양한 전투만을 중계하는 것으로 기능하는 건 바람직하지 않다. 우리나라뿐만 아니라 일본 헌법, 독일 헌법 등에서 공통적으로 말하는 것처럼 언론이 자유를 가지고 대중에게 생각할 거리를 끊임없이 던져주어야 한다. 이러한 언론의 기능을 잘 수행하기 위해서는 언론의 힘과 언론에 가해지는 규제의 정도가 항상 적절하도록 절제하는 법칙이 필요하다.

① (가) - 모두가 읽기 쉽고 편향된 어조를 사용하는 것을 지향
② (나) - 규탄의 목소리
③ (다) - 언론의 자유를 심각하게 위축시킬 수 있는
④ (라) - 보편화된 언어 사용

02 다음은 표준어 규정 중의 일부를 제시한 것이다. ㉠~㉣에 대한 구체적 예시로 옳지 않은 것은?

<표준어 규정>

㉠ 기술자에게는 '-장이', 그 외에는 '-쟁이'가 붙는 형태를 표준어로 삼는다.
㉡ 준말이 널리 쓰이고 본말이 잘 쓰이지 않는 경우에는, 준말만을 표준어로 삼는다.
㉢ '웃-' 및 '윗-'은 명사 '위'에 맞추어 '윗-'으로 통일하지만, '아래, 위'의 대립이 없는 단어는 '웃-'으로 발음되는 형태를 표준어로 삼는다.
㉣ 양성 모음이 음성 모음으로 바뀌어 굳어진 단어는 음성 모음 형태를 표준어로 삼는다.

① ㉠ - '소금쟁이'를 표준어로 삼고, '소금장이'를 버림
② ㉡ - '솔개'를 표준어로 삼고, '소리개'를 버림
③ ㉢ - '웃도리'를 표준어로 삼고, '윗도리'를 버림
④ ㉣ - '깡충깡충'을 표준어로 삼고, '깡총깡총'을 버림

03 다음 글에서 설명하는 의사소통을 저해하는 요인은?

일상생활에서는 물론 사회생활에서 우리는 종종 말하고 싶은 대로 말하고, 듣고 싶은 대로 듣는 경우가 있다. 이로 인해 같은 내용이라도 말하는 자와 듣는 자가 서로 다른 내용으로 기억하곤 한다. 이는 말하는 사람은 그가 전달하고자 하는 내용이 듣는 사람에게 잘 전달되었는지를, 듣는 사람은 내가 들은 내용이 말하고자 하는 내용을 바르게 이해한 것인지를 서로 확인하지 않기 때문에 발생하는 일이다.

① 의사소통 과정에서의 상호작용 부족
② 엇갈린 정보에 대한 책임 회피
③ 말하고자 하는 내용에 지나치게 많은 정보를 담는 복잡한 메시지
④ 서로 모순되는 내용을 가진 경쟁적인 메시지

04 다음 글의 주제로 가장 적절한 것은?

> 금융당국은 은행의 과점체제를 해소하고, 은행과 비은행의 경쟁을 촉진시키는 방안으로 은행의 고유 전유물이었던 통장을 보험 및 카드 업계로의 도입을 검토하겠다고 밝혔다.
>
> 이는 전자금융거래법을 개정해 대금결제업, 자금이체업, 결제대행업 등 모든 전자금융업 업무를 관리하는 종합지금결제사업자를 제도화하여 비은행에 도입한다는 것으로, 이를 통해 비은행권은 간편결제·송금 외에도 은행 수준의 보편적 지급결제 서비스가 가능해지는 것이다.
>
> 특히 금융당국이 은행업 경쟁촉진 방안으로 검토 중인 은행업 추가 인가나 소규모 특화은행 도입 등 여러 방안 중에서 종합지금결제사업자 제도를 중점으로 검토 중인 이유는 은행의 유효경쟁을 촉진시킴으로써 은행의 과점 이슈를 가장 빠르게 완화할 수 있을 것으로 판단되기 때문이다.
>
> 이는 소비자 측면에서도 기대효과가 있는데, 은행 계좌가 없는 금융소외계층은 종합지금결제사업자 제도를 통해 금융 서비스를 제공받을 수 있고, 기존 방식에서 각 은행에 지불하던 지급결제 수수료가 절약돼 그만큼 보험료가 인하될 가능성도 기대해 볼 수 있기 때문이다. 보험사 및 카드사 측면에서도 기존 방식에서는 은행을 통해 진행했던 방식이 해당 제도가 확립된다면 직접 처리할 수 있게 되어 방식이 간소화될 수 있다는 장점이 있다.
>
> 하지만 이 또한 현실적으로 많은 문제들이 제기되는데, 그중 하나가 소비자보호 사각지대의 발생이다. 비은행권은 은행권과 달리 예금보험제도가 적용되지 않을 뿐더러 은행권에 비해 규제 수준이 상대적으로 낮기 때문에 금융소비자 보호 등 리스크 관리가 우려되기 때문이다. 또한 종합지금결제업 자체가 사실상 은행업과 크게 다르지 않기 때문에 은행권의 극심한 반발도 예상된다.

① 은행의 과점체제 해소를 위한 방안
② 종합지금결제사업자 제도의 득과 실
③ 은행의 권리를 침해하는 비은행 업계
④ 은행과 비은행 경쟁 속 소비자의 실익

05 다음은 우리나라 예금의 역사를 설명한 기사이다. 이를 읽고 이해한 내용으로 적절하지 않은 것은?

우리나라에서 예금업무를 보는 민족계 은행이 설립되기 시작한 것은 1894년(고종 31)의 갑오경장 이후이다. 그런데 우리나라에서는 민족계 은행이 설립된 뒤에도 예금이라는 용어는 사용되지 않았으며, 그 대신 임치(任置)라는 말이 사용되고 있었다. 이를테면 1906년 3월에 우리나라에서 제정된 최초의 조례로 은행법의 모체가 되는 '은행 조례'가 공포되었다. 은행 조례에서 '임치'라는 말이 사용되었으며, 당시 예금자는 임주(任主)라고 불렀다.

1912년 3월 은행설립에 관한 법령을 일원화하기 위하여 '은행령'이 공포되었는데, 여기서 임치 대신 예금이라는 용어가 처음 등장하게 되었다. 일제강점기에는 중앙은행격인 조선은행이나 장기신용은행이라 할 수 있는 조선식산은행도 일반은행과 예금수수에 있어 경쟁적인 관계에 있었다.

1939년 이후 통계는 작성되지 않았으나, 일반은행의 예금에서 동업자·공공예금을 뺀 일반예금에 있어 1910~1938년간의 평균구성비를 보면 대체로 우리나라 사람이 21.6% 그리고 일본인이 74.4%, 그리고 기타 외국인이 4.0%를 차지하고 있었다. 이와 같이 우리 민족의 예금이 차지하는 구성비는 상대적으로 미약한 상태였다.

1945년 광복 이후 1950년대 초까지는 정치적·사회적 혼란과 경제적 무질서 그리고 극심한 인플레이션뿐만 아니라 일반 국민의 소득도 적었고 은행금리가 실세금리보다 낮았기 때문에 예금실적은 미미한 상태였다. 1954년 '은행법'이 시행되었으며, 1961년 7월 예금금리의 인상과 예금이자에 대하여 면세조치가 이루어지고, 1965년 9월 금리기능의 회복을 도모하고 자금의 합리적인 배분을 도모하는 각종 조치가 수반됨에 따라 은행예금은 저축성예금을 위주로 증가하였다.

특히, 1960년대 경제개발계획의 추진으로 인하여 물자 동원에 예금이 중요한 비중을 차지한 관계로 각종 조치에 따라 1965년에 783억 원이던 예금은행의 총예금이 1970년에는 7,881억 원으로 증가하였다. 1970년대에는 통화공급억제와 몇 차례의 금리인하로 증가세가 다소 둔화되었다. 그런데 1972년 8월 '경제의 안정과 성장에 관한 긴급명령'에 따른 8·3조치로 사채동결, 금리대폭인하, 특별금융조처 등 대폭적인 개혁이 이루어져 1974년과 1979년을 제외하고 대체로 30% 이상의 신장세를 유지하였다.

1980년대에는 물가안정과 각종 우대금리의 확대에 따라 예금은행의 총예금이 1980년에 12조 4,219억 원, 1985년에는 31조 226억 원 그리고 1990년에는 84조 2,655억 원에 이르렀다. 1991년부터 4단계로 나누어 실시된 금리자유화 조치와 1992년에 실시된 금융실명제는 금융자산의 흐름을 비금융권으로부터 금융권으로 바꾸어 놓아 1995년에는 예금은행의 총예금이 154조 3,064억 원으로 크게 신장되었다.

① 1945년 광복 이후 1950년대 초까지는 은행금리가 실세금리보다 낮았다.
② 예금 이전에 임치라는 용어가 은행 조례에서 사용되었다.
③ 물가안정과 각종 우대금리 확대로 1980년대에는 총예금이 지속적으로 증가했다.
④ 1972년 8월 8·3조처로 1970년대에 총예금은 매년 30% 이상의 신장세를 유지하였다.

06 다음 글로 미루어 ⊙의 구체적 내용을 가장 적절하게 추론한 것은?

1억 6천만 년 동안 지구를 지배해오던 공룡이 6천5백만 년 전 갑자기 지구에서 사라졌다. 왜 공룡들이 갑자기 사라졌을까? 이러한 미스터리는 1820년대 공룡 화석이 처음 발견된 후 지금까지 여전히 풀리지 않고 있다. 그동안 공룡 멸종의 원인을 밝혀보려는 노력은 수없이 많았지만, 여러 멸종 이론 중 어느 것도 공룡이 왜 지구상에서 자취를 감추었는지 명쾌하게 설명하지 못했다. 하지만 대부분의 과학자는 거대한 운석이 지구에 부딪힌 사건을 공룡 멸종의 가장 큰 이유로 꼽고 있다.

과학자들은 멕시코의 유카탄 반도에서 지름이 180km나 되는 커다란 운석 구덩이의 연대를 측정했는데, 이 운석 구덩이의 생성 연대가 공룡이 멸종한 시기와 일치한다는 사실을 확인하였다. 하지만 운석이 지구와 충돌하면서 생긴 직접적 충격으로 인해 공룡을 비롯한 수많은 종(種)이 갑자기 멸종된 것이라고 보기는 어려우며, 그 충돌 때문에 발생한 이차적 영향들이 있었을 것으로 짐작하고 있다. 그처럼 거대한 구덩이가 생길 정도의 파괴력이면 물리적 충격은 물론 지구의 대기를 비롯한 생존 환경에 장기간 ⊙ 엄청난 영향을 주었을 것이고, 그로 인해 생명체들이 멸종될 수 있다는 결론을 내린 것이다.

실제로 최근 뉴질랜드 국립 지리·핵과학 연구소(GNS)의 조사팀은 운석과 충돌한 지점과 반대편에 있는 '사우스'섬의 서부 해안에서 발견된 '탄화된 작은 꽃가루들'에 대해 연구하였다. 이 연구를 통해 환경의 변화가 운석과의 충돌 지점뿐만 아니라 전 지구적으로 진행되었음을 밝혔다. 또한, 6천5백만 년 전의 지층인 K－T 퇴적층에서는 지구에는 없는 원소인 팔라듐이 다량 발견되었고, 운석에 많이 함유된 이리듐(Ir)의 함량이 지구의 어느 암석보다 높다는 사실도 밝혀졌는데, 이것 역시 '운석에 의한 충돌설'을 뒷받침한다. 그뿐만 아니라 공룡이 멸종됐던 백악기 말과 신생대 제3기 사이에 바다에 녹아있던 탄산칼슘의 용해 정도가 갑자기 증가한 것도 당시 지구에 급속한 기온의 변화가 있었다는 증거가 되고 있다.

이렇게 운석에 의한 공룡의 멸종설은 점점 설득력 있게 받아들여지고 있다. 문제는 그러한 상황에서도 살아남은 생물들이 있다는 것이다. 씨앗으로 동면(冬眠)할 수 있는 식물들과 비교적 조그만 동물들이, 대기권을 가득 메운 먼지로 인해 닥친 '길고 긴 겨울'의 추위를 견디고 생존하였다. 거대한 몸집의 공룡보다는 은신처와 먹잇감이 상대적으로 많았을 것이며, 생존에 필요한 기초 활동들이 공룡보다는 용이했을 것이기 때문이다. 공룡이 멸종하게 된 직접적인 이유가 운석과의 충돌에 있다고 할지라도, 결국 인간이나 공룡을 비롯한 지구상의 모든 종(種)이 갑작스럽게 멸종하느냐 진화하면서 생존하느냐의 여부는 '자연에 대한 적응력'에 달려있다고 보인다. 이것이 생존의 조건인 셈인데, 환경에 대한 적응력이 뛰어나면 당연히 더 많은 생존 가능성을 가지게 되고 새로운 환경에 적응하며 번성할 수도 있다. 적응력이 뛰어난 어떤 돌연변이의 후손들은 새로운 종으로 진화하며 생존하기도 한다. 그런데 환경의 변화가 급격한 시기에는 생명체 대부분이 변화에 적응하기가 매우 어렵다. 만일 공룡이 급변하는 환경에 대한 적응력이 뛰어났다면 살아남을 가능성이 훨씬 높았을 것이고, 그렇다면 지금껏 지구를 지배하고 있었을지도 모른다.

① 운석과의 충돌은 반대쪽에도 엄청난 반사 충격파를 전달하여 전 지구적인 화산 활동을 초래하였다.
② 운석과의 충돌은 지구의 공전궤도에 변화를 주어, 밤낮의 길이나 계절이 바뀌는 등의 환경 변화가 일어났다.
③ 운석 충돌로 발생한 먼지가 지구 대기를 완전히 뒤덮어 햇빛이 차단되었고, 따라서 기온이 급속히 내려갔다.
④ 운석과의 충돌은 엄청난 양의 유독 가스를 발생시켜, 생명체의 생존에 필요한 산소가 부족하게 되었다.

07 다음 글의 내용을 뒷받침하는 내용으로 적절하지 않은 것은?

지구와 태양 사이의 거리와 지구가 태양 주위를 도는 방식은 인간의 생존에 유리한 여러 특징을 지니고 있다. 인간을 비롯한 생명이 생존하려면 행성을 액체 상태의 물을 포함하면서 너무 뜨겁거나 차갑지 않아야 한다. 이를 위해 행성은 태양과 같은 별에서 적당히 떨어져 있어야 한다. 이 적당한 영역을 '골디락스 영역'이라고 한다. 또한, 지구가 태양의 중력장 주위를 도는 타원 궤도는 충분히 원에 가깝다. 따라서 연중 태양에서 오는 열에너지가 비교적 일정하게 유지될 수 있다. 만약 태양과의 거리가 일정하지 않았다면 지구는 여름에는 바다가 모두 끓어 넘치고 겨울에는 거대한 얼음덩어리가 되는 불모의 행성이었을 것이다.

우리 우주에 작용하는 근본적인 힘의 세기나 물리법칙도 인간을 비롯한 생명의 탄생에 유리하도록 미세하게 조정되어 있다. 예를 들어 근본적인 힘인 강한 핵력이나 전기력의 크기가 현재 값에서 조금만 달랐다면, 별의 내부에서 탄소처럼 무거운 원소는 만들어질 수 없었고 행성도 만들어질 수 없었을 것이다. 최근 들어 물리학자들은 이들 힘을 지배하는 법칙이 현재와 다르다면 우주는 구체적으로 어떤 모습이 될지 컴퓨터 모형으로 계산했다. 그 결과를 보면 강한 핵력의 강도가 겨우 0.5% 다르거나 전기력의 강도가 겨우 4% 다를 경우에도 탄소나 산소는 우주에서 합성되지 않는다. 따라서 생명 탄생의 가능성도 사라진다. 결국, 강한 핵력이나 전기력을 지배하는 법칙들을 조금이라도 건드리면 우리가 존재할 가능성은 사라지는 것이다.

결론적으로 지구 주위 환경뿐만 아니라 보편적 자연법칙까지도 인류와 같은 생명이 진화해 살아가기에 알맞은 범위 안에 제한되어 있다고 할 수 있다. 만일 그러한 제한이 없었다면 태양계나 지구가 탄생할 수 없었을 뿐만 아니라 생명 또한 진화할 수 없었을 것이다. 우리가 아는 행성이나 생명이 탄생할 가능성을 열어두면서 물리법칙을 변경할 수 있는 폭은 매우 좁다.

① 탄소가 없는 상황에서도 생명은 자연적으로 진화할 수 있다.
② 중력법칙이 현재와 조금만 달라도 지구는 태양으로 빨려 들어간다.
③ 원자핵의 질량이 현재보다 조금 더 크다면 우리 몸을 이루는 원소는 합성되지 않는다.
④ 별 주위의 '골디락스 영역'에 행성이 위치할 확률은 매우 낮지만, 지구는 그 영역에 위치한다.

08 다음 글의 주장에 대한 반박으로 가장 적절한 것은?

최근 불안감을 느끼는 현대인들이 점점 많아져 사회 문제로 대두되고 되고 있다. 경쟁이 심화된 성과 중심의 사회에서 사람들은 직장 내 다른 사람과 자신을 비교하면서 혹시 자신이 뒤처지고 있는 것은 아닌지 불안해한다. 심지어 사람들은 일어나지도 않을 일에 대해 불안감을 느끼기도 한다. 청소년도 예외는 아니다. 성장기에 있는 청소년들은 다양한 고민을 하게 되는데, 이것이 심해져 불안감을 느끼는 원인이 되곤 한다. 특히 학업에 대한 지나친 고민으로 생긴 과도한 불안은 학업에 집중하는 것을 방해하여, 도리어 학업 수행에 부정적으로 작용한다.

① 상대적 평가 방식은 청소년이 불안감을 느끼는 원인이 된다.
② 친구나 부모와의 상담을 통해 고민을 해결해야 한다.
③ 청소년기의 지나친 고민은 건강을 해칠 수 있다.
④ 시험 기간에 느끼는 약간의 불안감은 성적이 향상되는 결과를 내는 경우도 있다.

09 다음 글의 내용으로 적절한 것은?

지진해일은 지진, 해저 화산폭발 등으로 바다에서 발생하는 파장이 긴 파도이다. 지진에 의해 바다 밑바닥이 솟아오르거나 가라앉으면 바로 위의 바닷물이 갑자기 상승 또는 하강하게 된다. 이 영향으로 지진해일파가 빠른 속도로 퍼져나가 해안가에 엄청난 위험과 피해를 일으킬 수 있다.

전 세계의 모든 해안 지역이 지진해일의 피해를 받을 수 있지만, 우리에게 피해를 주는 지진해일의 대부분은 태평양과 주변해역에서 발생한다. 이는 태평양의 규모가 거대하고 이 지역에서 대규모 지진이 많이 발생하기 때문이다. 태평양에서 발생한 지진해일은 발생 하루 만에 발생지점에서 지구의 반대편까지 이동할 수 있으며, 수심이 깊을 경우 파고가 낮고 주기가 길기 때문에 선박이나 비행기에서도 관측할 수 없다.

먼바다에서 지진해일 파고는 해수면으로부터 수십 cm 이하이지만, 얕은 바다에서는 급격하게 높아진다. 수심이 6,000m 이상인 곳에서 지진해일은 비행기의 속도와 비슷한 시속 800km로 이동할 수 있다. 지진해일은 얕은 바다에서 파고가 급격히 높아짐에 따라 그 속도가 느려지며, 지진해일이 해안가의 수심이 얕은 지역에 도달할 때 그 속도는 시속 45 ~ 60km까지 느려지면서 파도가 강해진다. 이것이 해안을 강타함에 따라 파도의 에너지는 더 짧고 더 얕은 곳으로 모여 무시무시한 파괴력을 가져 우리의 생명을 위협하는 파도로 발달하게 된다. 최악의 경우 파고가 15m 이상으로 높아지고, 지진의 진앙 근처에서 발생한 지진해일의 경우 파고가 30m를 넘을 수도 있다. 파고가 3 ~ 6m 높이가 되면 많은 사상자와 피해를 일으키는 파괴적인 지진해일이 될 수 있다.

지진해일의 파도 높이와 피해 정도는 에너지의 양, 지진해일의 전파 경로, 앞바다와 해안선의 모양 등으로 결정된다. 또한 암초, 항만, 하구나 해저의 모양, 해안의 경사 등의 모든 것이 지진해일을 변형시키는 요인이 된다.

① 지진해일은 파장이 짧으며, 화산폭발 등으로 인해 발생한다.
② 태평양 인근에서 발생한 지진해일은 대부분 한 달에 걸쳐 지구 반대편으로 이동하게 된다.
③ 바다가 얕을수록 지진해일의 파고가 높아진다.
④ 지진해일이 해안가에 도달할수록 파도가 강해지며 속도는 800km에 달한다.

탁월함은 어떻게 습득되며, 그것을 가르칠 수 있는가? 이 물음에 대하여 아리스토텔레스는 지성의 탁월함은 가르칠 수 있지만, 성품의 탁월함은 비이성적인 것이어서 가르칠 수 없고 훈련을 통해서 얻을 수 있다고 대답한다.

그는 좋은 성품을 얻는 것을 기술을 습득하는 것에 비유한다. 아리스토텔레스에 따르면, 리라(Lyra)를 켬으로써 리라를 켜는 법을 배우며 말을 탐으로써 말을 타는 법을 배운다. 어떤 기술을 얻고자 할 때 처음에는 교사의 지시대로 행동한다. 그리고 반복 연습을 통하여 그 행동이 점점 더 수행하기 쉽게 되고 마침내 제2의 천성이 된다. 이와 마찬가지로 어린아이는 어떤 상황에서 어떻게 행동해야 진실되고 관대하며 예의를 차리게 되는지 일일이 배워야 한다. 훈련과 반복을 통하여 그런 행위들을 연마하다 보면 그것들을 점점 더 쉽게 하게 되고, 결국에는 스스로 판단할 수 있게 된다.

그는 올바른 훈련이란 강제가 아니고 그 자체가 즐거움이 되어야 한다고 지적한다. 또한 그렇게 훈련받은 사람은 일을 바르게 처리하는 것을 즐기게 되고, 일을 바르게 처리하고 싶어하게 되며, 올바른 일을 하는 것을 어려워하지 않게 된다. 이처럼 성품의 탁월함이란 사람들이 '하는 것'만이 아니라 사람들이 '하고 싶어 하는 것'과도 관련된다. 그리고 한두 번 관대한 행동을 한 것으로는 충분하지 않으며, 늘 관대한 행동을 하고 그런 행동에 감정적으로 끌리는 성향을 갖고 있어야 비로소 관대함에 관하여 성품의 탁월함을 갖고 있다고 할 수 있다.

다음과 같은 예를 통해 아리스토텔레스의 견해를 생각해 보자. 갑돌이는 성품이 곧고 자신감이 충만하다. 그가 한 모임에 참석하였는데, 거기서 다수의 사람들이 옳지 않은 행동을 한다고 생각했을 때 그는 다수의 행동에 대하여 비판의 목소리를 낼 것이며 그렇게 하는 데에 별 어려움을 느끼지 않을 것이다. 한편, 수줍어하고 우유부단한 병식이도 한 모임에 참석하였는데, 그 역시 다수의 행동이 잘못되었다는 판단을 했다고 하자. 이런 경우에 병식이는 일어나서 다수의 행동이 잘못되었다고 말할 수 있겠지만, 그렇게 하려면 엄청난 의지를 발휘해야 할 것이고 자신과 힘든 싸움도 해야 할 것이다. 그런데도 병식이가 그렇게 행동했다면 우리는 병식이가 용기있게 행동하였다고 칭찬할 것이다. 그러나 아리스토텔레스가 보기에 성품의 탁월함을 가진 사람은 갑돌이다. 왜냐하면 _____ '어떤 사람을 존경할 것인가'가 아니라, '우리 아이를 어떤 사람으로 키우고 싶은가'라는 질문을 받는다면 우리는 아리스토텔레스의 견해에 가까워질 것이다. 왜냐하면 우리는 우리 아이들을 갑돌이와 같은 사람으로 키우고 싶어 할 것이기 때문이다.

① 그는 내적인 갈등 없이 옳은 일을 하기 때문이다.
② 그는 옳은 일을 하는 천성을 타고났기 때문이다.
③ 그는 주체적 판단에 따라 옳은 일을 하기 때문이다.
④ 그는 자신이 옳다는 확신을 가지고 옳은 일을 하기 때문이다.

11 다음 글을 읽고 추론한 내용으로 옳은 것을 〈보기〉에서 모두 고르면?

> 가정부 로봇에 대한 갑, 을, 병의 판단을 기준으로 하여, 몇 가지 가상 사례들에 대하여 동일성 여부를 판단해 보았다.
>
> 철수는 시점 t1에 가정부 로봇을 하나 구입하였다. 인공지능 회로에 고장이 나서 t2에 같은 종류의 새 부품으로 교체하였으며, t3에 새로운 소프트웨어로 로봇을 업그레이드 하였고, t4에 로봇의 외형을 새로운 모습으로 바꾸었다. 화재로 t4의 로봇이 망가지자 철수는 t4 시점의 로봇을 복제한 새 로봇을 t5에 구입하였다. 시점 t1에서 t5에 이르는 로봇의 동일성 여부에 대하여 갑, 을, 병은 각기 다른 기준에 따라 다음과 같이 판단하였다.
>
> • 갑 : 시점 t1과 t4의 로봇은 동일하지만, t5의 로봇은 이들과 동일하지 않다.
> • 을 : 시점 t2와 t3의 로봇은 동일하지만, t1의 로봇은 이들과 동일하지 않다.
> • 병 : 시점 t3과 t5의 로봇은 동일하지만, t2의 로봇은 이들과 동일하지 않다.
>
> 우리는 인간의 신체와 정신의 관계에 대하여 다음 가정을 받아들이기로 한다.
>
> • 신체와 정신의 관계는 하드웨어와 소프트웨어의 관계와 같다. 두뇌를 포함한 인간의 신체가 하드웨어라면, 정신은 신체를 제어하는 소프트웨어이다.
> • 두뇌가 복제되면 정신도 함께 복제된다.

〈보기〉

㉠ 왕자와 거지의 정신이 바뀌어서 왕자의 정신과 거지의 몸이 결합된 사람을 을은 거지라고, 병은 왕자라고 판단할 것이다.

㉡ 사고로 두뇌와 신체를 크게 다친 철수는 첨단 기술의 도움으로 인간과 기계가 결합된 사이보그가 되었다. 갑과 을은 둘 다 원래의 철수와 사이보그가 된 철수를 다른 사람이라고 판단할 것이다.

㉢ 한 개인의 신체에 관한 모든 정보를 다른 장소로 원격 전송한 다음에, 인근에 있는 분자를 이용하여 그 정보에 따라 신체를 똑같이 조합하였다. 원래의 존재와 조합된 존재를 갑은 다르다고, 병은 같다고 판단할 것이다.

① ㉠　　　　　　　　　　　　　　② ㉡

③ ㉠, ㉢　　　　　　　　　　　　④ ㉡, ㉢

12 다음 문단을 논리적 순서대로 바르게 나열한 것은?

> (가) 그런데 자연의 일양성은 선험적으로 알 수 있는 것이 아니라 경험에 기대어야 알 수 있는 것이다. 즉, '귀납이 정당한 추론이다.'라는 주장은 '자연은 일양적이다.'라는 다른 지식을 전제로 하는데, 그 지식은 다시 귀납에 의해 정당화되어야 하는 경험 지식이므로 귀납의 정당화는 순환 논리에 빠져 버린다는 것이다. 이것이 귀납의 정당화 문제이다.
>
> (나) 귀납은 논리학에서 연역이 아닌 모든 추론, 즉 전제가 결론을 개연적으로 뒷받침하는 모든 추론을 가리킨다. 귀납은 기존의 정보나 관찰 증거 등을 근거로 새로운 사실을 추가하는 지식 확장적 특성을 지닌다.
>
> (다) 이와 관련하여 철학자이자 역사가인 데이비드 흄은 과거의 경험을 근거로 미래를 예측하는 귀납이 정당한 추론이 되려면 미래의 세계가 과거에 우리가 경험해 온 세계와 동일하다는 자연의 일양성, 곧 한결같음이 가정되어야 한다고 보았다.
>
> (라) 이 특성으로 인해 귀납은 근대 과학 발전의 방법적 토대가 되었지만, 한편으로 귀납 자체의 논리 한계를 지적하는 문제들에 부딪히기도 한다.

① (나) – (라) – (다) – (가) ② (나) – (가) – (다) – (라)
③ (나) – (다) – (가) – (라) ④ (나) – (다) – (라) – (가)

13 다음과 같은 조직의 구분에 따라 〈보기〉 중 비영리조직에 해당하는 것을 모두 고르면?

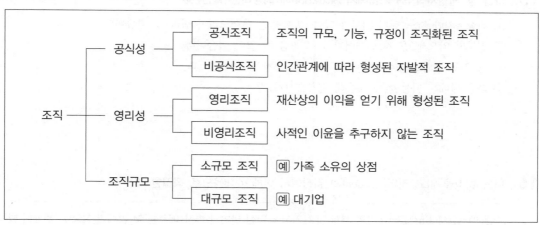

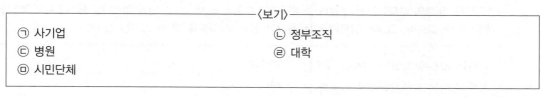

〈보기〉

⊙ 사기업   ⓒ 정부조직
ⓒ 병원   ② 대학
◎ 시민단체

① ⊙, ⓒ   ② ⊙, ⓒ, ②
③ ⓒ, ②, ◎   ④ ⓒ, ⓒ, ②, ◎

14 M사는 자율출퇴근제를 시행하고 있다. 출근시간은 12시 이전에 자유롭게 할 수 있으며 본인 업무량에 비례하여 근무하고 바로 퇴근한다. 다음 1월 28일의 업무에 대한 〈조건〉을 고려하였을 때 항상 참인 것은?

---〈조건〉---
- 점심시간은 12시부터 1시까지이며 점심시간에는 업무를 하지 않는다.
- 업무 1개당 1시간이 소요되며, 출근하자마자 업무를 시작하여 쉬는 시간 없이 근무한다.
- M사에 근무 중인 K팀의 A, B, C, D는 1월 28일에 전원 출근했다.
- A와 B는 오전 10시에 출근했다.
- B와 D는 오후 3시에 퇴근했다.
- C는 팀에서 업무가 가장 적어 가장 늦게 출근하여 가장 빨리 퇴근했다.
- D는 B보다 업무가 1개 더 많았다.
- A는 C보다 업무가 3개 더 많았고, A는 팀에서 가장 늦게 퇴근했다.
- 이날 K팀은 가장 늦게 출근한 사람과 가장 늦게 퇴근한 사람을 기준으로, 오전 11시에 모두 출근하였으며 오후 4시에 모두 퇴근한 것으로 보고되었다.

① A는 4개의 업무를 하고 퇴근했다.
② B의 업무는 A의 업무보다 많았다.
③ C는 오후 2시에 퇴근했다.
④ A와 B는 팀에서 가장 빨리 출근했다.

15 다음 중 맥킨지의 3S 기법에서 Situation에 해당하는 발언은?

① 죄송하지만 저도 현재 업무가 많아 그 부탁은 들어드리기 힘들 것 같습니다.
② 힘들지 않으세요? 저도 겪어봐서 그 마음 잘 알고 있습니다.
③ 그 일을 도와드릴 수 있는 다른 사람을 추천해드리겠습니다.
④ 다음 달에는 가능할 것 같은데 괜찮으신가요?

16 다음 법칙을 읽고 리더(Leader)의 입장에서 이해한 내용으로 적절한 것은?

존 맥스웰(John Maxwell)의 저서 『121가지 리더십 불변의 법칙』에서는 첫 번째 법칙으로 '뚜껑의 법칙'이 소개된다. 뚜껑의 법칙이란 용기(容器)를 키우려면 뚜껑의 크기도 그에 맞게 키워야만 용기로서의 역할을 제대로 할 수 있으며, 그렇지 않으면 병목 현상이 생겨 제 역할을 할 수 없다는 것이다.

① 리더는 자신에 적합한 인재를 등용할 수 있어야 한다.
② 참된 리더는 부하직원에게 기회를 줄 수 있어야 한다.
③ 리더는 부하직원의 실수도 포용할 수 있어야 한다.
④ 크고 작은 조직의 성과는 리더의 역량에 달려 있다.

17 다음 밑줄 친 단어를 어법에 따라 수정할 때, 적절하지 않은 것은?

나는 내가 <u>시작된</u> 일은 반드시 내가 마무리 지어야 한다는 사명감을 가지고 있었다. 그래서 이번 문제 역시 다른 사람의 도움 없이 스스로 해결해야겠다고 다짐했었다. 그러나 일은 생각만큼 쉽게 풀리지 <u>못했다</u>. 이번에 새로 올린 기획안이 사장님의 <u>제가</u>를 받기 어려울 것이라는 이야기가 들렸다. 같은 팀의 박대리는 내게 사사로운 감정을 기획안에 <u>투영하지</u> 말라는 충고를 전하면서 커피를 건넸고, 화가 난 나는 뜨거운 커피를 그대로 마시다가 하얀 셔츠에 모두 쏟고 말았다. 오늘 회사 내에서 만나는 사람마다 모두 커피를 쏟은 내 셔츠의 사정에 관해 물었고, 그들에 의해 나는 오늘 온종일 칠칠한 사람이 되어야만 했다.

① 시작된 → 시작한
② 못했다 → 않았다
③ 제가 → 재가
④ 투영하지 → 투영시키지

18 다음은 업무 수행 과정에서 발생하는 문제의 유형 3가지를 소개한 자료이다. 자료에서 설명하는 문제의 유형에 대하여 〈보기〉의 사례가 적절하게 연결된 것은?

〈문제의 유형〉	
발생형 문제	현재 직면한 문제로, 어떤 기준에 대하여 일탈 또는 미달함으로써 발생하는 문제이다.
탐색형 문제	탐색하지 않으면 나타나지 않는 문제로, 현재 상황을 개선하거나 효율을 더 높이기 위해 발생하는 문제이다.
설정형 문제	미래지향적인 새로운 과제 또는 목표를 설정하면서 발생하는 문제이다.

─〈보기〉─

(가) A회사는 초콜릿 과자에서 애벌레로 보이는 곤충 사체가 발견되어 과자 제조과정에 대해 고민하고 있다.
(나) B회사는 점차 다가오는 초고령사회에 대비하여 노인들을 위한 애플리케이션을 개발하기로 했다.
(다) C회사는 현재의 충전지보다 더 많은 전압을 회복시킬 수 있는 충전지를 연구하고 있다.
(라) D회사는 발전하고 있는 드론시대를 위해 드론센터를 건립하기로 결정했다.
(마) E회사는 업무 효율을 높이기 위해 근로시간을 단축하기로 결정했다.
(바) F회사는 올해 개발한 침대에 방사능이 검출되어 안전기준에 부적합 판정을 받았다.

	발생형 문제	탐색형 문제	설정형 문제
①	(가), (바)	(다), (마)	(나), (라)
②	(가), (마)	(나), (라)	(다), (바)
③	(가), (나)	(다), (바)	(라), (마)
④	(가), (나)	(마), (바)	(다), (라)

19 다음은 트리즈의 3가지 분리 원칙이다. 자료를 참고할 때, 〈보기〉와 같은 원칙을 적용한 것은?

〈트리즈의 3가지 분리 원칙〉

트리즈는 하나의 특성이 서로 상충되는 상태를 요구받는 물리적 모순이 발생할 경우 이를 극복하기 위한 방법으로 다음의 3가지 분리 원칙을 개발하였다.
1) 시간에 의한 분리
2) 공간에 의한 분리
3) 전체와 부분에 의한 분리
즉, 트리즈는 모순되는 요구를 시간, 공간, 전체와 부분에 따라 분리함으로써 상반되는 요구를 모두 만족시키고자 하였다.

〈보기〉

군사용 레이더 장치를 제작하는 M사는 수신전용 안테나를 납품하기 위해 정부의 입찰에 참여했다. 안테나를 설치할 지역은 기온이 영하 20도 이하로 내려가는 추운 지역인 데다가 바람도 거센 곳이었다. 따라서 안테나는 별도의 사후 노력 없이도 강풍과 추위에 견딜 수 있을 만큼 단단해야 했다. 또한, 전략적 요충지에 설치되어야 하기에 도보로 운반할 수 있을 정도의 가벼운 무게를 지녀야 했다.
M사는 정부의 입찰 계약을 따내는 데 성공했고, 이는 회사의 엔지니어들이 기존과 다른 새로운 해결 방법을 고안했기에 가능했다. 이들은 안테나 전체가 아닌 안테나 기둥을 단단하게 만들고자 안테나 기둥의 표면을 거칠게 만들어 눈이 내리면 기둥에 눈이 쉽게 달라붙도록 하였고, 추운 날씨에 눈이 기둥에 얼어붙어 자동적으로 지지대를 보강하게 한 것이다. 이러한 방법은 별도의 장치를 추가할 필요가 없었으므로 안테나의 무게를 늘리지 않고도 지지대를 강화할 수 있었다.

---

① 튼튼하면서도 유연함을 유지해야 하는 자전거 체인
② 이·착륙 시 사용했다가 이륙 이후 접어 넣는 비행기 바퀴
③ 고층 건물 내 일정한 층을 분리하여 설치한 엘리베이터
④ 배가 지나갈 때, 다리의 한쪽이나 양쪽을 들어 올려 배의 통행을 가능하게 한 다리

20 S전자회사의 기획팀에 근무 중인 K사원은 자사에 대한 마케팅 전략 보고서를 작성하려고 한다. K사원이 SWOT 분석을 한 결과가 다음과 같을 때, 분석 결과에 대응하는 전략과 그 내용의 연결이 적절하지 않은 것은?

<S전자회사 환경 분석 결과>

강점(Strength)	약점(Weakness)
• 세계 판매량 1위의 높은 시장 점유율 • 제품의 뛰어난 내구성 • 다수의 특허 확보	• 보수적 기업 이미지 • 타사 제품에 비해 높은 가격 • 경쟁업체 제품과의 차별성 약화
기회(Opportunity)	위협(Threat)
• 경쟁업체 제품의 결함 발생 • 해외 신규시장의 등장 • 인공지능, 사물인터넷 등 새로운 기술 등장	• 중국 업체의 성장으로 가격 경쟁 심화 • 미·중 무역전쟁 등 시장의 불확실성 증가에 따른 소비 위축

① SO전략 – 뛰어난 내구성을 강조한 마케팅 전략 수립
② SO전략 – 확보한 특허 기술을 바탕으로 사물인터넷 기반의 신사업 추진
③ WO전략 – 안정적 기업 이미지를 활용한 홍보 전략으로 해외 신규시장 진출
④ ST전략 – 해외 공장 설립으로 원가 절감을 통한 가격 경쟁력 확보

21 고객 만족도 센터에서 고객이 만족하면 +3, 불만족하면 −4점이 적용된다. 100명의 고객에게 만족도를 조사했을 때, 고객관리 점수를 80점 이상 받으려면 최대 몇 명의 고객에게 불만족을 받으면 되는가?

① 17명
② 20명
③ 31명
④ 32명

22 수진이는 이자를 포함해 4년 후 2,000만 원을 갚기로 하고 은행에서 돈을 빌리고자 한다. 연이율 8%가 적용된다면 단리일 때와 복리일 때 빌릴 수 있는 금액의 차이는 얼마인가?(단, 1.08^4는 1.36으로 계산하고, 금액은 천의 자리에서 반올림한다)

① 43만 원
② 44만 원
③ 45만 원
④ 46만 원

23 상우는 사과와 감을 사려고 한다. 사과는 하나에 700원, 감은 400원일 때 10,000원을 가지고 과일을 총 20개 사려면 감은 최소 몇 개를 사야 하는가?

① 10개   ② 12개
③ 14개   ④ 16개

24 B씨는 정원이 12명이고 개인 회비가 1인당 20,000원인 모임의 총무이다. 정기 모임을 카페에서 열기로 했는데 음료를 1잔씩 주문하고 음료와 곁들일 디저트도 2인에 한 개씩 시킬 예정이다. 〈조건〉에 따라 가장 저렴하게 먹을 수 있는 방법으로 메뉴를 주문한 후 남는 돈은?(단, 2명은 커피를 마시지 못한다)

COFFEE		NON – COFFEE		DESSERT	
아메리카노	3,500원	그린티라테	4,500원	베이글	3,500원
카페라테	4,100원	밀크티라테	4,800원	치즈케이크	4,500원
카푸치노	4,300원	초코라테	5,300원	초코케이크	4,700원
카페모카	4,300원	곡물라테	5,500원	티라미수	5,500원

〈조건〉

• 음료와 디저트를 함께 구매하면 세트 할인이 되어 해당 메뉴 금액의 10%가 할인된다.
• 10잔 이상의 음료(세트 할인 받는 경우도 포함)를 구매하면 4,500원 이하의 음료 2잔이 무료로 제공된다.

① 188,200원   ② 187,500원
③ 180,500원   ④ 178,500원

25 은행 출장을 간 A사원과 B팀장은 은행 직원의 추천으로 각각 다른 상품에 가입하였다. 다음 정보를 고려할 때, A사원과 B팀장 중 만기 시 받는 세전 총 이자금액을 더 많이 받는 사람은 누구인가?(단, 백 원 단위에서 반올림한다)

〈정보〉

- A사원
  - 5개월 만기 연이율 12% 월복리 적금상품 가입
  - 매월 초 10만 원 납입
- B팀장
  - 1년 만기 연이율 2% 단리 예금상품 가입
  - 원금 200만 원

---

① A사원, 15,000원   ② A사원, 25,000원

③ B팀장, 15,000원   ④ B팀장, 25,000원

26 다음은 민간분야 사이버 침해사고 발생현황에 대한 자료이다. 기타 해킹이 가장 많았던 연도의 전체 사이버 침해사고 건수의 전년 대비 증감률은 얼마인가?

〈민간분야 사이버 침해사고 발생현황〉

(단위 : 건)

구분	2019년	2020년	2021년	2022년
홈페이지 변조	6,490	10,148	5,216	3,727
스팸릴레이	1,163	988	731	365
기타 해킹	3,175	2,743	4,126	2,961
단순침입시도	2,908	3,031	3,019	2,783
피싱 경유지	2,204	4,320	3,043	1,854
합계	15,940	21,230	16,135	11,690

① -26%   ② -25%

③ -24%   ④ -23%

제3회 모의고사

27 인재개발원에서 근무하는 L사원은 IT전략실의 K주임에게 대관 문의를 받았다. 문의내용과 인재개발원 대관안내 자료를 참고해 K주임에게 안내할 대관료를 바르게 구한 것은?

> K주임 : 안녕하세요. IT전략실 IT운영처에서 근무하는 K주임입니다. 다름이 아니라 다음 달 첫째 주 토요일에 인재개발원에서 IT전략실 세미나 행사를 진행하려고 하는데, 대관료 안내를 받으려고 연락드렸습니다. IT기획처와 IT개발처는 같은 곳에서 세미나를 진행하고, IT운영실은 별도로 진행하려고 하는데, 면적이 가장 큰 교육시설과 면적이 2번째로 작은 교육시설을 각각 3시간씩 대관하고 싶습니다. 세미나가 끝난 후에는 친목도모를 위한 레크리에이션 행사를 3시간 진행하려고 하는데, 다목적홀, 이벤트홀, 체육관 중 가장 저렴한 가격으로 이용할 수 있는 곳을 대관했으면 좋겠습니다. 이렇게 했을 때 대관료는 얼마일까요?

〈인재개발원 대관안내〉

구분		면적	대관료(원)		비고
			기본사용료	1시간당 추가사용료	
교육시설	강의실(대)	$177.81m^2$	129,000	64,500	• 기본 2시간 사용 원칙 • 토, 일, 공휴일 10% 할증
	강의실(중)	$89.27m^2$	65,000	32,500	
	강의실(소)	$59.48m^2$	44,000	22,000	
	세미나실	$132.51m^2$	110,000	55,000	
다목적홀		$492.25m^2$	585,000	195,000	• 기본 3시간 사용 원칙 • 토, 일, 공휴일 10% 할증 • 토, 일, 공휴일 이벤트홀 휴관
이벤트홀		$273.42m^2$	330,000	110,000	
체육관		$479.95m^2$	122,000	61,000	• 기본 2시간 사용 원칙

① 463,810원

② 473,630원

③ 493,450원

④ 503,100원

28 다음 표는 국가별 자동차 보유 대수를 나타낸 것이다. 이를 해석한 내용으로 옳은 것은?

〈국가별 자동차 보유 대수〉

(단위 : 천 대)

구분	전체	승용차	트럭 · 버스
미국	129,943	104,898	25,045
독일	18,481	17,356	1,125
프랑스	17,434	15,100	2,334
영국	15,864	13,948	1,916
이탈리아	15,400	14,259	1,414
캐나다	10,029	7,823	2,206
호주	5,577	4,506	1,071
네덜란드	3,585	3,230	355

① 자동차 보유 대수에서 승용차가 차지하는 비율이 가장 높은 나라는 프랑스이다.

② 유럽 국가는 미국, 캐나다, 호주와 비교했을 때, 자동차 보유 대수에서 승용차가 차지하는 비율이 높다.

③ 자동차 보유 대수에서 트럭 · 버스가 차지하는 비율이 가장 높은 나라는 미국이다.

④ 호주의 자동차 보유 대수에서 승용차가 차지하는 비율은 90%를 넘는다.

29 다음은 농·임업 생산액과 부가가치 현황에 대한 자료이다. 이에 대한 〈보기〉의 설명 중 옳은 것을 모두 고르면?

〈농·임업 생산액 현황〉

(단위 : 십억 원, %)

구분		2017년	2018년	2019년	2020년	2021년	2022년
농·임업 생산액		39,663	42,995	43,523	43,214	46,357	46,648
분야별 비중	곡물	23.6	20.2	15.6	18.5	17.5	18.3
	화훼	28.0	27.7	29.4	30.1	31.7	32.1
	과수	34.3	38.3	40.2	34.7	34.6	34.8

※ 분야별 비중은 농·임업 생산액 대비 해당 분야의 생산액 비중임
※ 곡물, 화훼, 과수는 농·임업 일부 분야임

〈농·임업 부가가치 현황〉

(단위 : 십억 원, %)

구분		2017년	2018년	2019년	2020년	2021년	2022년
농·임업 부가가치		22,587	23,540	24,872	26,721	27,359	27,376
GDP 대비 비중	농업	2.1	2.1	2.0	2.1	2.0	2.0
	임업	0.1	0.1	0.2	0.1	0.2	0.2

※ GDP 대비 비중은 GDP 대비 해당 분야의 부가가치 비중임
※ 농·임업은 농업과 임업으로만 구성됨

──────〈보기〉──────

㉠ 농·임업 생산액이 전년보다 작은 해에는 농·임업 부가가치도 전년보다 작다.
㉡ 화훼 생산액은 매년 증가한다.
㉢ 매년 곡물 생산액은 과수 생산액의 50% 이상이다.
㉣ 매년 농업 부가가치는 농·임업 부가가치의 85% 이상이다.

① ㉠, ㉡
② ㉠, ㉢
③ ㉡, ㉢
④ ㉡, ㉣

30 다음은 M국의 직종별 임금수준을 나타낸 자료이다. 이에 대한 설명으로 옳은 것을 〈보기〉에서 모두 고르면?

〈직종별 임금수준〉

(단위 : 원, %)

직종 \ 구성	임금총액	정액급여	초과급여	특별급여
고위임직원 및 관리자	2,926,734(13.4)	2,524,456(9.6)	254,278(6.8)	148,000(33.1)
전문직	2,230,152(21.7)	1,678,256(15.3)	89,746(27.7)	462,150(28.4)
기술공 및 준전문가	1,892,107(9.8)	1,548,324(11.0)	48,724(−7.7)	295,059(42.4)
사무 종사자	1,529,637(7.5)	1,254,365(5.6)	25,468(13.4)	249,804(22.2)
서비스 종사자	1,181,811(8.8)	982,546(8.6)	14,233(24.5)	185,032(−5.4)
판매 종사자	1,388,254(12.2)	1,082,365(9.8)	25,466(7.8)	280,423(27.2)
농업, 임업 및 어업 숙련종사자	1,456,094(13.8)	1,254,832(2.6)	12,456(14.0)	188,806(35.8)
기능원 및 관련기능 종사자	1,477,112(10.8)	1,325,876(9.6)	22,546(3.3)	128,690(12.5)
장치, 기계조작 및 조립 종사자	1,425,276(12.7)	1,254,632(9.0)	33,254(8.9)	137,390(29.5)
단순노무 종사자	970,234(11.7)	824,564(3.7)	12,546(14.2)	133,124(36.9)

※ 괄호 안은 전년 대비 증감률이다.

〈보기〉

㉠ 전년 대비 특별급여 증감률이 가장 높은 직종에서 초과급여는 전년에 비해 감소하였다.
㉡ 전년 대비 임금총액 증감률이 10% 미만인 직종은 기술공 및 준전문가, 사무종사자, 서비스 종사자이다.
㉢ 전 직종에서 전년 대비 정액급여와 특별급여는 모두 증가하였다.
㉣ 임금총액이 가장 높은 직종에서 초과급여가 가장 높다.

① ㉠, ㉡
② ㉠, ㉢
③ ㉢, ㉣
④ ㉠, ㉡, ㉣

※ 다음은 외국인 직접투자의 투자건수 비율과 투자금액 비율을 투자규모별로 나타낸 자료이다. 이어지는 질문에 답하시오. [31~32]

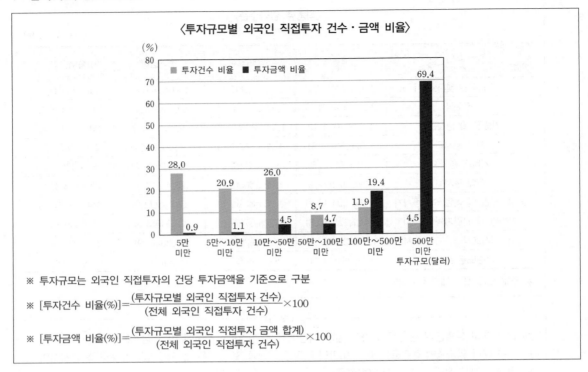

〈투자규모별 외국인 직접투자 건수 · 금액 비율〉

※ 투자규모는 외국인 직접투자의 건당 투자금액을 기준으로 구분

※ [투자건수 비율(%)]=$\dfrac{(투자규모별\ 외국인\ 직접투자\ 건수)}{(전체\ 외국인\ 직접투자\ 건수)}$×100

※ [투자금액 비율(%)]=$\dfrac{(투자규모별\ 외국인\ 직접투자\ 금액\ 합계)}{(전체\ 외국인\ 직접투자\ 건수)}$×100

31 다음 중 투자규모가 50만 달러 미만인 투자건수 비율은?

① 83.6% ② 74.9%
③ 68.6% ④ 62.8%

32 다음 중 100만 달러 이상의 투자건수 비율은?

① 16.4% ② 19.6%
③ 23.5% ④ 26.1%

33 M금고에서는 동절기에 인력을 감축하여 운영한다. 다음의 〈조건〉을 고려할 때, 동절기 업무시간 단축 대상자는 누구인가?

〈동절기 업무시간 단축 대상자 현황〉

성명	업무성과 평가	통근거리	자녀 유무
최나래	C	3km	×
박희영	B	5km	○
이지규	B	52km	×
박슬기	A	55km	○
황보연	D	30km	○
김성배	B	75km	×
이상윤	C	60km	○
이준서	B	70km	○
김태란	A	68km	○
한지혜	C	50km	×

─〈조건〉─

- M금고의 동절기 업무시간 단축 대상자는 총 2명이다.
- 업무성과 평가에서 상위 40% 이내에 드는 경우 동절기 업무시간 단축 대상 후보자가 된다.
  (단, 평가는 A＞B＞C＞D로 매기고, 동순위자 발생 시 동순위자를 모두 고려한다)
- 통근거리가 50km 이상인 경우에만 동절기 업무시간 단축 대상자가 될 수 있다.
- 동순위자 발생 시 자녀가 있는 경우에는 동절기 업무시간 단축 대상 우선순위를 준다.
- 위의 조건에서 대상자가 정해지지 않은 경우, 통근거리가 가장 먼 직원부터 대상자로 선정한다.

① 황보연, 이상윤　　　　　　② 박슬기, 김태란
③ 이준서, 김태란　　　　　　④ 이준서, 김성배

34 다음과 같이 M야구단의 락커룸 8개가 준비되어 있다. 8명의 새로 영입된 선수들이 주어진 〈조건〉에 따라 각각 하나의 락커룸을 배정받을 때, 배정받을 수 있는 경우의 수는 모두 몇 가지인가?

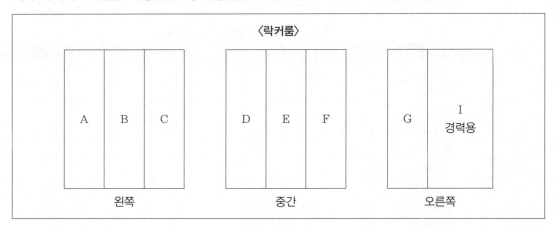

〈조건〉
• 락커룸은 그림과 같이 왼쪽 3개, 중간에 3개 오른쪽에 2개가 준비되어 있고, 영입선수 중 2명은 경력선수이고, 나머지는 신입선수이다.
• 오른쪽 끝 락커룸 I에는 경력 선수 2명 중 1명만 배정될 수 있다.
• 왼쪽 락커룸 A, B, C에는 신입선수 2명이 신청하였다.
• 중간 락커룸에 D, E, F에는 신입선수 1명이 신청하였다.
• 굳이 신청 의사가 없는 선수는 임의로 배정받아도 된다.

① 72가지   ② 96가지
③ 632가지   ④ 864가지

35 국제영화제 행사에 참석한 영희는 A ~ F영화를 다음 〈조건〉에 맞춰 5월 1일부터 5월 6일까지 하루에 한 편씩 보려고 한다. 항상 옳은 것은?

---〈조건〉---
- F영화는 3일과 4일 중 하루만 상영된다.
- D영화는 C영화가 상영된 날 이틀 후에 상영된다.
- B영화는 C, D영화보다 먼저 상영된다.
- 첫째 날 B영화를 본다면, 5일에 반드시 A영화를 본다.

① A영화는 C영화보다 먼저 상영될 수 없다.
② C영화는 E영화보다 먼저 상영된다.
③ D영화는 5일이나 폐막작으로 상영될 수 없다.
④ B영화는 1일 또는 2일에 상영된다.

36 M금고의 A행원은 K고객에게 적금 만기 문자를 통보하려고 한다. K고객에 대한 정보가 다음과 같을 때 K고객에게 안내할 금액은 얼마인가?

- 상품명 : M금고 나라도움적금
- 가입자 : 본인
- 가입기간 : 24개월(만기)
- 가입금액 : 매월 초 100,000원 납입
- 금리 : 기본금리(연 2.3%)+우대금리(최대 연 1.1%p)
- 저축방법 : 정기적립식
- 이자지급방식 : 만기일시지급(단리식)
- 우대금리
  ⓐ 월 저축금액 10만 원 이상 시 연 0.1%p 가산
  ⓑ 당행 나라도움 카드 소지 시 증빙서류 제출자에 한하여 연 0.6%p 가산
  ⓒ 급여이체 실적이 있을 시 연 0.4%p 가산(단, 신규 상품 가입 시 상품 가입 전 최초 급여이체 후 최소 3일이 경과해야 우대가 적용)
- 기타사항
  ⓐ K고객은 급여이체가 들어온 당일 계좌를 개설하였음
  ⓑ M금고의 나라도움 카드를 소지하고 있으며 증빙서류를 제출하여 은행에서 확인받음

① 2,475,000원
② 2,472,000원
③ 2,460,000원
④ 2,426,000원

37 다음 중 업무수행 성과를 높이기 위한 행동전략을 잘못 사용하고 있는 사람은?

> A사원 : 저는 해야 할 일이 생기면 미루지 않고 그 즉시 바로 처리하려고 노력합니다.
> B사원 : 저는 여러 가지 일이 생기면 비슷한 업무끼리 묶어서 한 번에 처리하곤 합니다.
> C대리 : 저는 다른 사람이 일하는 방식과 다른 방식으로 생각하여 더 좋은 해결책을 발견하기도 합니다.
> D대리 : 저도 C대리의 의견과 비슷합니다. 저는 저희 팀의 업무 지침이 마음에 들지 않아 저만의 방식을 찾고자 합니다.

① A사원   ② B사원
③ C대리   ④ D대리

38 다음은 새로 부임한 김과장에 대한 직원들의 대화내용이다. 키슬러의 대인관계 의사소통에 따를 때, 김과장에게 해줄 조언으로 가장 적절한 것은?

> A직원 : 최과장님이 본사로 발령 나시면서 홍보팀에 과장님이 새로 부임하셨다며, 어떠셔? 계속 지방에 출장 중이어서 이번에 처음 뵙는데 궁금하네.
> B직원 : 김과장님? 음. 되게 능력이 있으시다고 들었어. 회사에서 상당한 연봉을 제시해 직접 스카웃 하셨다고 들었거든. 근데, 좀 직원들에게 관심이 너무 많으셔.
> C직원 : 맞아. 최과장님은 업무를 지시하시고 나서는 우리가 보고할 때까지 아무 간섭 안 하시고 보고 후에 피드백을 주셔서 일하는 중에는 부담이 덜했잖아. 근데, 새로 온 김과장님은 업무 중간 중간에 어디까지 했냐? 어떻게 처리되었냐? 이렇게 해야 한다. 저렇게 해야 한다. 계속 말씀하셔서 너무 눈치 보여. 물론 바로바로 피드백을 받을 수 있어 수정이 수월하긴 하지만 말이야.
> B직원 : 맞아. 그것도 그거지만 나는 회식 때마다 이전 회사에서 했던 프로젝트에 대해 계속 자랑하셔서 이젠 그 대사도 외울 지경이야. 물론 김과장님의 능력이 출중하다는 건 우리도 알기는 하지만….

① 독단적으로 결정하시면 대인 갈등을 겪으실 수도 있으니 직원들과의 상의가 필요합니다.
② 자신만 생각하지 마시고, 타인에게 관심을 갖고 배려해주세요.
③ 직원들과 어울리지 않으시고 혼자 있는 것만 선호하시면 대인관계를 유지하기 어려워요.
④ 타인에 대한 높은 관심과 인정받고자 하는 욕구는 낮출 필요성이 있어요.

39 다음 회의록을 참고할 때, 고객지원팀의 강대리가 해야 할 일로 적절하지 않은 것은?

<회의록>

회의일시	2024년 8월 1일	부서	기획팀, 시스템개발팀, 고객지원팀
참석자	기획팀 김팀장, 박대리 / 시스템개발팀 이팀장, 김대리 / 고객지원팀 유팀장, 강대리		
회의안건	홈페이지 내 이벤트 신청 시 발생하는 오류로 인한 고객 불만에 따른 대처방안		
회의내용	• 홈페이지 고객센터 게시판 내 이벤트 신청 오류 관련 불만 글 확인 • 이벤트 페이지 내 오류 발생 원인에 대한 확인 필요 • 상담원의 미숙한 대응으로 고객들의 불만 증가(대응 매뉴얼 부재) • 홈페이지 고객센터 게시판에 사과문 게시 • 고객 불만 대응 매뉴얼 작성 및 이벤트 신청 시스템 개선 • 추후 유사한 이벤트 기획 시 기획안 공유 필요		

① 오류 발생 원인 확인 및 신청 시스템 개선
② 상담원 대상으로 CS 교육 실시
③ 홈페이지 내 사과문 게시
④ 민원 처리 및 대응 매뉴얼 작성

40 다음 상황에 대하여 K부장에게 조언할 수 있는 말로 가장 적절한 것은?

K부장은 얼마 전에 자신의 부서에 들어온 두 명의 신입사원 때문에 고민 중이다. 신입사원 A씨는 꼼꼼하고 차분하지만 대인관계가 서투르며, 신입사원 B씨는 사람들과 금방 친해지는 친화력을 가졌으나, 업무에 세심하지 못한 모습을 보여주고 있다. 이러한 성격으로 인해 A씨는 현재 영업 업무를 맡아 자신에게 어려운 대인관계로 인해 스트레스를 받고 있으며, B씨는 재고 관리 업무에 대해 재고 기록을 누락시키는 등의 실수를 반복하고 있다.

① 조직 구조를 이해시켜야 한다.
② 개인의 강점을 활용해야 한다.
③ 의견의 불일치를 해결해야 한다.
④ 주관적인 결정을 내려야 한다.

4권

제4회
MG새마을금고
지역본부 필기전형

www.sdedu.co.kr

〈문항 수 및 시험시간〉

영역		문항 수	시험시간	모바일 OMR 답안채점 / 성적분석 서비스
NCS 직업기초능력평가	의사소통능력 수리능력 문제해결능력 대인관계능력 조직이해능력	40문항	40분	

※ 문항 수 및 시험시간은 해당 채용 공고문을 참고하여 구성하였습니다.

※ 제한시간이 종료되고 OMR 답안카드에 마킹하거나 시험지를 넘기는 행동은 부정행위로 간주합니다.

제4회 모의고사

문항 수 : 40문항
시험시간 : 40분

01 다음 글의 빈칸에 들어갈 접속어로 적절한 것은?

M금고는 소중한 가족의 부동산을 안전하고 효과적으로 승계하기 위한 신탁 솔루션인 '가족부동산 지킴신탁'을 출시했다고 밝혔다.

가족부동산 지킴신탁은 부동산을 안전하게 관리하기 위해 은행과 신탁계약을 체결하는 상품이다. 부동산 처분을 위해 계약을 해지하고자 하는 경우 사전에 지정한 보호자의 동의를 거쳐야 하므로, 부동산이 임의로 처분되지 않도록 보호할 수 있다. 부동산을 증여하고 싶지만 자녀의 변심이 우려되거나 의사능력 미약으로 소유 부동산에 대한 보호가 필요한 경우 가족부동산 지킴신탁을 통해 고민을 해결할 수 있다. _____ 가족부동산 지킴신탁 이용 고객은 보유 부동산의 증여를 통해 종합부동산세 등 보유세를 절감하거나 사전 증여를 통해 가족자산의 세금 부담도 경감시킬 수 있다. 이외에도 상담 시 전문가 그룹의 상속·증여 종합 컨설팅을 통해 해당 부동산을 포함하는 고객 맞춤 여생관리 설계 서비스를 이용할 수 있다.

M금고 관계자는 "가족부동산 지킴신탁은 고령화 사회의 당면과제인 다음 세대로의 슬기로운 '부의 이전'을 위한 솔루션을 제시하기 위해 준비했다."며, "자녀를 걱정하는 부모, 부모를 걱정하는 자녀 모두에게 꼭 필요한 신탁 솔루션이 될 것이다."라고 밝혔다.

① 그러나
② 또한
③ 따라서
④ 그래서

02 다음은 청년도약계좌의 상품설명서이다. 이에 대한 내용으로 적절하지 않은 것은?

<그림 청년도약계좌 상품설명서>

구분	내용
가입대상	• 거주자로서 다음 각호의 요건을 모두 충족하는 실명의 개인 　① 나이요건 : 가입일 현재 만 19세 이상 만 34세 이하인 사람(국내 거주 외국인 포함) 　② 개인소득요건 : 가입일 현재 다음 각 목 중 하나의 개인소득기준을 충족하는 사람 　　가. 직전 과세기간의 총급여액이 7,500만 원 이하 　　나. 직전 과세기간의 종합소득금액이 6,300만 원 이하
가입제한	• 전 금융기관 1인 1계좌 • 청년희망적금 보유자 가입 불가(청년희망적금 해지 전 가입신청은 가능) • 개인사업자 및 서류 미제출 임의단체 가입 불가, 공동명의 불가 • 외국인의 경우 실명확인증표는 외국인등록증만 사용 가능
상품유형	자유적립식 예금
계약기간	60개월
저축금액	회차별 최소 1천 원 이상, 1천 원 단위로 매월(월 초일부터 말일까지) 70만 원 이하
최종금리	• 기본금리 : 연 4.5% • 우대금리 : 최고 연 1.5%p 　- 급여이체 : 연 0.6%p 　- 자동납부 : 연 0.3%p 　- 거래감사 : 연 0.1%p 　- 소득플러스 : 최고 연 0.5%p(1년 주기로 소득요건을 확인하여 충족할 경우 0.1%p씩 증가)
이자지급시기	만기일시지급식 : 만기 (후) 또는 중도해지 요청 시 이자를 지급
정부기여금	• 정부기여금은 만기해지 시 이자소득과 함께 지급(단, 외국인에게는 정부기여금 미지급) • 유의사항 　① 정부기여금은 서민금융진흥원이 정부예산으로 지급하는 지원금으로 정책 및 관련 법률 등이 변경될 경우 지급이 중단될 수 있음 　② 정부기여금의 이자는 서민금융진흥원이 은행에 입금한 날부터 만기일 전일까지의 기간 동안 기본이율을 적용하여 계산함 　③ 중도해지 시 정부기여금을 지급하지 않으며, 중도해지 후 재가입하는 경우 정부 정책 등에 따라 받을 수 있는 정부기여금의 규모가 축소될 수 있음 　④ 계약기간 동안 추심, 상계 등으로 가입자가 본인 납입금을 수령할 수 없는 경우 정부기여금을 지급하지 않음 　⑤ 가입자에게 지급하는 정부기여금이 공공재정 부정청구 금지 및 부정이익 환수 등에 관한 법률에 따른 부정이익으로 확인되는 경우에는 같은 법에 따라 부정이익 환수 등의 제재를 받을 수 있음

① 중도해지 후 재가입을 한 경우 정부기여금을 지급받을 수 없다.

② 저축 가능한 최고 금액은 4,200만 원이다.

③ 청년도약계좌는 국내 외국인 거주자도 가입할 수 있다.

④ 청년도약계좌에 가입 후 다른 은행의 청년도약계좌를 가입할 수 없다.

(가) 경영학 측면에서도 메기 효과는 한국, 중국 등 고도 경쟁사회인 동아시아 지역에서만 제한적으로 사용되며 영미권에서는 거의 사용되지 않는다. 기획재정부의 조사에 따르면 메기에 해당하는 해외 대형 가구업체인 이케아(IKEA)가 국내에 들어오면서 청어에 해당하는 중소 가구업체의 입지가 더욱 좁아졌다고 한다. 이처럼 경영학 측면에서 보아도 메기 효과는 과학적으로 검증되지 않은 가설이다.

(나) 결국 메기 효과는 과학적으로 증명되진 않았지만 '경쟁'의 양면성을 보여주는 가설이다. 기업의 경영에서 위협이 발생하였을 때, 위기감에 의한 성장 동력을 발현시킬 수는 있을 것이다. 그러나 무한 경쟁사회에서 규제 등의 방법으로 적정 수준을 유지하지 못한다면 거미의 등장으로 인해 폐사한 메뚜기와 토양처럼 거대한 위협이 기업과 사회를 항상 좋은 방향으로 이끌어 나가지는 않을 것이다.

(다) 그러나 메기 효과가 전혀 시사점이 없는 것은 아니다. 이케아가 국내에 들어오면서 도산할 것으로 예상되었던 일부 국내 가구 업체들이 오히려 성장하는 현상 또한 관찰되고 있다. 강자의 등장으로 약자의 성장 동력이 어느 정도는 발현되었다는 것을 보여주는 사례라고 할 수 있다.

(라) 그러나 최근에는 메기 효과가 검증되지 않고 과장되어 사용되거나 심지어 거짓이라고 주장하는 사람들이 있다. 먼저 메기 효과의 기원부터 의문점이 있다. 메기는 민물고기로 바닷물고기인 청어는 메기와 연관점이 없으며, 실제로 북유럽의 어부들이 수조에 메기를 넣어 효과가 있었는지 검증 되지 않았다. 실제로 2012년 『사이언스』에서 제한된 공간에 메뚜기와 거미를 두었을 때 메뚜기들은 포식자인 거미로 인해 스트레스의 수치가 증가하고 체내 질소 함량이 줄어들었고, 죽은 메뚜기에 포함된 질소 함량이 줄어들면서 토양 미생물이 줄고 황폐화되었다.

(마) 우리나라에서 '경쟁'과 관련된 이론 중 가장 유명한 것은 영국의 역사가 아널드 토인비가 주장했다고 하는 '메기 효과(Catfish Effect)이다.' 메기 효과란 냉장시설이 없었던 과거에 북유럽의 어부들이 잡은 청어를 싱싱하게 운반하기 위하여 수조 속에 천적인 메기를 넣어 끊임없이 움직이게 했다는 것이다. 이 가설은 경영학계에서 비유적으로 사용되어 기업의 경쟁력을 키우기 위해서는 적절한 위협과 자극이 필요하다고 주장하고 있다.

03 윗글의 문단을 논리적 순서대로 바르게 나열한 것은?

① (가) – (라) – (나) – (다) – (마)
② (다) – (마) – (가) – (나) – (라)
③ (마) – (가) – (라) – (다) – (나)
④ (마) – (라) – (가) – (다) – (나)

04 다음 중 윗글을 이해한 내용으로 옳지 않은 것은?

① 거대기업의 출현은 해당 시장의 생태계를 파괴할 수도 있다.

② 메기 효과는 과학적으로 검증되지 않았으므로 낭설에 불과하다.

③ 발전을 위해서는 기업 간 경쟁을 적정 수준으로 유지해야 한다.

④ 메기 효과는 경쟁을 장려하는 사회에서 널리 사용되고 있다.

05 다음 글에서 맞춤법이 옳지 않은 단어의 개수는?(단, 띄어쓰기는 무시한다)

> 프랑스 리옹대학 심리학과 스테파니 마차 교수팀은 학습 시간 사이에 잠을 자면 복습 시간이 줄어들고 공부한 내용을 더 오랜동안 기억할 수 있다는 점을 발명했다고 발표했다. 마차 교수팀은 성인 40명을 두 집단으로 나누어 단어 학습과 기억력을 검사했는데, 한 집단은 오전에 1차 학습을 한 후 오후에 복습을 시키고 다른 한 집단은 저녁에 1차 학습을 한 후 잠을 자고 다음날 오전 복습을 시킨 결과 수면 집단이 비수면 집단에 비해 획기적으로 학습 효과가 올라간 것을 볼 수 있었다. 이는 수면 집단이 상대적으로 짧은 시간에 좋은 성과를 얻은 것으로, 마차 교수팀은 '수면이 기억을 어떤 방식으로인가 전환한 것으로 보인다.'고 설명했다. 학령기 자녀를 둔 부모라면 수면과 학습 효과의 상관성을 더욱 관심 있게 지켜봐야 할 것이다.

① 없음

② 1개

③ 2개

④ 3개

06 다음 중 그래프의 (a) ~ (d)에 대한 설명으로 적절하지 않은 것은?

1970년, 일본의 로봇공학자인 모리 마사히로 교수는 로봇이나 인간이 아닌 존재가 인간과 닮을수록 오히려 인간은 불쾌함을 느낀다는 '불쾌한 골짜기(Uncanny Valley)' 이론을 소개했다. 모리에 따르면 인간은 로봇이 인간과 비슷한 모양을 하고 있을수록 호감을 느낀다. 인간이 아닌 존재로부터 인간성을 발견하기 때문이다. 하지만 그 정도가 특정 수준에 다다르게 되면 사람들은 오히려 갑작스러운 불쾌감을 느낀다. 인간 같은 로봇에게서 실제의 인간과는 다른 불완전성이 부각되어 이상하다고 느끼기 때문이다. 그러나 그 수준을 넘어 로봇의 외모와 행동이 인간과 구별하기 어려울 만큼 많이 닮는다면 호감도는 다시 상승하여 인간에게 느끼는 감정과 같아진다. 이렇게 인간의 호감도를 그래프로 그렸을 때 호감도가 계속해서 상승하다가 급격하게 하강하는 지점, 다시 말해 불쾌감으로 변화하는 지점이 마치 골짜기 모양과 같아 '불쾌한 골짜기'라는 이름이 붙여졌다.

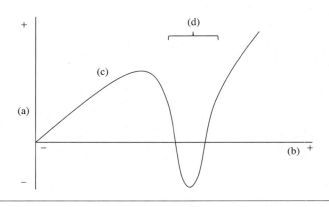

① (a) : 로봇이나 인간이 아닌 존재에 대해 느끼는 인간의 호감도를 의미한다.
② (b) : 인간의 신체와 유사한 형태를 지닌 휴머노이드 로봇보다 산업용 로봇에서 더 높게 나타난다.
③ (c) : 로봇이나 인간이 아닌 존재로부터 인간성을 발견한다.
④ (d) : '불쾌한 골짜기' 구간에 해당한다.

조선시대의 금속활자는 제작 방법이나 비용의 문제로 민간에서 제작하기도 어려웠지만, 민간의 제작 및 소유가 엄격히 금지되었다. 때문에 금속활자는 왕실의 위엄과 권위를 상징하는 것이었고 조선의 왕들은 금속활자 제작에 각별한 관심을 가졌다. 태종이 1403년 최초의 금속활자인 계미자(癸未字)를 주조한 것을 시작으로 조선은 왕의 주도하에 수십 차례에 걸쳐 활자를 제작하였고, 특히 정조는 금속활자 제작에 많은 공을 들였다. 세손 시절 영조에게 건의하여 임진자(壬辰字) 15만 자를 제작하였고, 즉위 후에도 정유자(丁酉字), 한구자(韓構字), 생생자(生生字) 등을 만들었으며 이들 활자를 합하면 100만 자가 넘는다. 정조가 많은 활자를 만들고 관리하는 데 신경을 쓴 것 역시 권위와 관련이 있다. 정조가 만든 수많은 활자 중에서도 정리자(整理字)는 이러한 측면을 가장 잘 보여주는 활자라 할 수 있다. 정리(整理)라는 말은 조선 시대에 국왕이 바깥으로 행차할 때 호조에서 국왕이 머물 행궁을 정돈하고 수리해서 새롭게 만드는 일을 의미한다. 1795년 정조는 어머니인 혜경궁 홍씨의 회갑을 기념하기 위해 대대적인 화성 행차를 계획하였다. 행사를 마친 후 행사와 관련된 여러 사항을 기록한 의궤를 『원행을묘정리의궤(園幸乙卯整理儀軌)』라 이름하였고, 이를 인쇄하기 위해 제작한 활자가 바로 정리자이다. 왕실의 행사를 기록한 의궤를 금속활자로 간행했다는 것은 그만큼 이 책을 널리 보급하겠다는 뜻이며, 왕실의 위엄을 널리 알리겠다는 것으로 받아들여진다. 이후 정리자는 『화성성역의궤(華城城役儀軌)』, 『진작의궤(進爵儀軌)』, 『진찬의궤(進饌儀軌)』의 간행에 사용되어 왕실의 위엄과 권위를 널리 알리는 효과를 발휘하였다. 정리자가 주조된 이후에도 고종 이전에는 과거 합격자를 기록한 『사마방목(司馬榜目)』을 대부분 임진자로 간행하였는데, 화성 행차가 있었던 을묘년 식년시의 방목만은 유독 정리자로 간행하였다. 이 역시 화성 행차의 의미를 부각하고자 했던 것으로 생각된다. 정조가 세상을 떠난 후 출간된 그의 문집 『홍재전서(弘齋全書)』를 정리자로 간행한 것은 아마도 이 활자가 _____

① 정조를 가장 잘 나타내기 때문이 아닐까?
② 정조가 가장 중시하고 분신처럼 여겼던 활자이기 때문이 아닐까?
③ 문집 제작에 적절한 서체였기 때문이 아닐까?
④ 문집 제작에 널리 쓰였기 때문이 아닐까?

08 다음 글의 내용으로 가장 적절한 것은?

미국 로체스터대 교수 겸 노화연구센터 공동책임자인 베라 고부노바는 KAIST 글로벌전략연구소가 '포스트 코로나, 포스트 휴먼 – 의료・바이오 혁명'을 주제로 개최한 제3차 온라인 국제포럼에서 "대다수 포유동물보다 긴 수명을 가진 박쥐는 바이러스를 체내에 보유하고 있으면서도 염증 반응이 일어나지 않는다."며 "박쥐의 염증 억제 전략을 생물학적으로 이해하면 코로나19는 물론 자가면역질환 등 다양한 염증 질환 치료제에 활용할 수 있을 것"이라고 말했다.

박쥐는 밀도가 높은 군집 생활을 한다. 또한, 포유류 중 유일하게 날개를 지닌 생물로서 뛰어난 비행 능력과 비행 중에도 고온의 체온을 유지하는 것 등의 능력으로 먼 거리까지 무리를 지어 날아다니기 때문에 쉽게 질병에 노출되기도 한다. 그럼에도 오랜 기간 지구상에 존재하며 바이러스에 대항하는 면역 기능이 발달된 것으로 추정된다. 박쥐는 에볼라나 코로나바이러스에 감염돼도 염증 반응이 일어나지 않기 때문에 대표적인 바이러스 숙주로 지목되고 있다.

고부노바 교수는 "인간이 도시에 모여 산 것도, 비행기를 타고 돌아다닌 것도 사실상 약 100년 정도로 오래되지 않아 박쥐만큼 바이러스 대항 능력이 강하지 않다."며 "박쥐처럼 약 6,000 ~ 7,000만 년에 걸쳐 진화할 수도 없다."고 설명했다. 그러면서 "박쥐 연구를 통해 박쥐의 면역체계를 이해하고 바이러스에 따른 다양한 염증 반응 치료제를 개발하는 전략이 필요하다."고 강조했다.

고부노바 교수는 "이같은 비교생물학을 통해 노화를 억제하고 퇴행성 질환에 대응하기 위한 방법을 찾을 수 있다."며 "안전성이 확인된 연구 결과물들을 임상에 적용해 더욱 발전해 나가는 것이 필요하다."고 밝혔다.

① 박쥐의 수명은 긴 편이지만 평균적인 포유류 생물의 수명보다는 짧다.
② 박쥐는 날개가 있는 유일한 포유류지만 짧은 거리만 날아서 이동이 가능하다.
③ 박쥐는 현재까지도 바이러스에 취약한 생물이지만 긴 기간 지구상에 존재할 수 있었다.
④ 박쥐가 많은 바이러스를 보유하고 있는 것은 무리생활과 더불어 수명과도 관련이 있다.

09 다음 글을 읽고 '스마트 그리드'에 대한 설명으로 적절한 것을 고르면?

주니퍼 리서치(Juniper Research)는 글로벌 스마트 그리드 구축으로 인해 전 세계는 2021년 316TW/h(테라와트시)를 시작으로 2026년에는 연간 1,060TW/h의 에너지를 절약하게 될 것이라는 내용의 보고서를 발표했다. 이는 영국 런던의 보로오브 브렌트에 위치한 웸블리 스타디움에서 90분 동안 진행되는 축구 경기 4,200만 회 이상을 개최하는 에너지에 해당한다.

홈페이지에 게재한 보도자료에서 주니퍼 리서치는 '스마트 그리드; 산업 및 경쟁 동향, 시장 전망 2021 ∼ 2026(Smart Grid; Industry Trends, Competitor Leaderboard and Market Forecasts 2021 ∼ 2026)' 보고서 출판 사실을 공지하고 스마트 그리드가 에너지 시장의 지속 가능성을 확보하는 데 중요한 역할을 수행할 것이라고 예상했다.

이 보고서는 에너지 운영 회사에 최적의 운영 방법론을 제공한다. 저렴한 센서 및 연결성을 가장 잘 결합하는 에너지 공급업체가 앞으로 가장 큰 성공을 거둘 것이라는 예측이다. 스마트 그리드는 적절한 분석을 제공하며, 네트워크는 수요에 자동으로 반응한다. 재생 에너지 중심의 미래에 지속 가능한 에너지 보안을 제공한다는 것이다.

보고서에 따르면 실시간으로 에너지 사용량을 분석하여 유틸리티 회사의 응답 기능을 지원하는 스마트 그리드 소프트웨어는 에너지 및 비용 절감을 제공하는 중요한 역할을 수행한다.

이러한 장점으로 인해 스마트 그리드 소프트웨어 시장은 2021년 120억 달러에서 2026년에는 연간 380억 달러 이상의 시장으로 성장할 전망이다. 5년 동안 3배 이상 확대된다는 예상이다.

연구를 수행한 책임자 댐라 샛은 "기후 목표를 달성하고 전력 회사의 급증하는 운영비용을 줄이려면 스마트 그리드로 빠르게 진화해야 한다. 연결성을 활용하고 대규모 분석을 통해 그리드를 운영하는 것은 진정한 수요 응답형 그리드를 달성하는 데 매우 중요하다."고 강조했다.

연구에 따르면 스마트 계량기의 출시도 크게 증가하고 있다. 서비스 중인 글로벌 스마트 계량기는 2021년 11억 개에서 2026년 20억 개 이상에 도달할 것으로 예상된다. 현재 라틴 아메리카와 아프리카 및 중동 등의 시장은 서유럽과 극동 및 중국의 선두 주자들에 비해 크게 뒤떨어져 있다. 이들 지역을 중심으로 공급이 증가할 것으로 보인다.

① 스마트 그리드 소프트웨어는 비용은 더 많이 들지만 뛰어난 효용 덕분에 주목받고 있다.
② 기후 변화 위기에 대처하는 데에 스마트 그리드 기술은 도움이 된다.
③ 스마트 그리드 소프트웨어 시장은 확대되고 있지만, 스마트 계량기는 큰 인기를 끌지 못하고 있다.
④ 현재의 스마트 그리드 기술로는 에너지를 절약할 수 없지만, 추후 많은 에너지를 절약할 수 있을 것으로 기대된다.

10 다음 글을 읽고 추론한 내용으로 가장 적절한 것은?

> 지식의 본성을 다루는 학문인 인식론은 흔히 지식의 유형을 나누는 데에서 이야기를 시작한다. 지식의 유형은 '안다'라는 말의 다양한 용례들이 보여주는 의미 차이를 통해서 드러나기도 한다. 예컨대 '그는 자전거를 탈 줄 안다.'와 '그는 이 사과가 둥글다는 것을 안다.'에서 '안다'가 바로 그런 경우이다. 전자의 '안다'는 능력의 소유를 의미하는 것으로 '절차적 지식'이라 부르고, 후자의 '안다'는 정보의 소유를 의미하는 것으로 '표상적 지식'이라고 부른다.
>
> 어떤 사람이 자전거에 대해서 많은 정보를 갖고 있다고 해서 자전거를 탈 수 있게 되는 것은 아니며, 자전거를 탈 줄 알기 위해서 반드시 자전거에 대해서 많은 정보를 갖고 있어야 하는 것도 아니다. 아무 정보 없이 그저 넘어지거나 다치거나 하는 과정을 거쳐 자전거를 탈 줄 알게 될 수도 있다. 자전거 타기와 같은 절차적 지식을 갖기 위해서는 훈련을 통하여 몸과 마음을 특정한 방식으로 조직화해야 한다. 그러나 정보를 마음에 떠올릴 필요는 없다.
>
> 반면, '이 사과는 둥글다.'는 것을 알기 위해서는 둥근 사과의 이미지가 되었건 '이 사과는 둥글다.'는 명제가 되었건 어떤 정보를 마음 속에 떠올려야 한다. '마음속에 떠올린 정보'를 표상이라고 할 수 있으므로, 이러한 지식을 표상적 지식이라고 부른다. 그런데 어떤 표상적 지식을 새로 얻게 됨으로써 이전에 할 수 없었던 어떤 것을 하게 될지는 분명하지 않다. 이런 점에서 표상적 지식은 절차적 지식과 달리 특정한 일을 수행하는 능력과 직접 연결되어 있지 않다.

① 표상적 지식은 특정 능력의 습득에 전혀 도움을 주지 못한다.
② '이 사과는 둥글다.'라는 지식은 이미지 정보에만 해당한다.
③ 절차적 지식은 정보가 없이도 습득할 수 있다.
④ 인식론은 머릿속에서 처리되는 정보의 유형만을 다루는 학문이다.

11 C사원은 사보 담당자인 G주임에게 다음 달 기고할 사설 원고를 전달하였다. G주임은 문단마다 소제목을 붙였으면 좋겠다는 의견을 보냈다. C사원이 G주임의 의견을 반영하여 소제목을 붙였을 때, 적절하지 않은 것은?

> (가) 떨어질 줄 모르는 음주율은 정신건강 지표와도 연결된다. 아무래도 생활에서 스트레스를 많이 느끼는 사람들이 음주를 통해 긴장을 풀고자 하는 욕구가 많기 때문이다. 특히 퇴근 후 혼자 한적하고 조용한 술집을 찾아 맥주 1~2캔을 즐기는 '혼술 문화'는 젊은 연령층에서 급속히 퍼지고 있는 트렌드이기도 하다. 이렇게 혼술 문화가 대중적으로 널리 퍼지게 된 원인은 1인 가구의 증가와 사회적 관계망이 헐거워진 데 있다는 것이 지배적인 분석이다.
>
> (나) 혼술은 간단하게 한 잔하면 긴장을 푸는 데 더없이 좋은 효과를 주기도 하지만, 그 이면에는 '음주 습관의 생활화'라는 문제가 있다. 혼술이 습관화되면 알코올중독으로 병원 신세를 질 가능성이 9배 늘어난다는 최근 연구결과도 있다. 실제로 가톨릭대 알코올 의존치료센터에 따르면 5년 동안 알코올 의존 상담환자 중 응답자 75.4%가 평소 혼술을 즐겼다고 답했다.
>
> (다) 2016년 보건복지부와 국립암센터에서는 국민 암 예방 수칙의 하나인 '술은 하루 2잔 이내로 마시기' 수칙을 '하루 한두 잔의 소량 음주도 피하기'로 개정했다. 뉴질랜드 오타고대 연구진의 최신 연구에 따르면 술이 7종 암과 직접적 관련이 있는 것으로 밝혀졌고 이런 영향력은 적당한 음주에도 예외가 아닌 것으로 나타났다. 연구를 이끈 제니 코너 박사는 "음주 습관은 소량에서 적당량을 섭취했을 때도 몸에 상당한 부담으로 작용한다."고 밝혔다.
>
> (라) 흡연과 함께 하는 음주는 1군 발암요인이기도 하다. 몸속에서 알코올과 니코틴 등의 독성물질이 만나면 더 큰 부작용과 합병증을 일으키기 때문이다. 일본 도쿄대 나카무라 유스케 교수는 '체질과 생활습관에 따른 식도암 발병률'이라는 논문에서 하루에 캔 맥주 1개 이상을 마시고 흡연을 같이할 경우 유해물질이 인체에서 상승작용을 한다는 것을 밝혀냈다. 또한 술, 담배를 함께 하는 사람의 식도암 발병 위험이 다른 사람들에 비해 190배나 높은 것으로 나타났다. 우리나라는 세계적으로도 식도암 발병률이 높은 나라이기도 하다. 이것이 우리가 음주습관 형성에 특히 주의를 기울여야 하는 이유다.

① (가) : 1인 가구, 혼술 문화의 유행
② (나) : 혼술습관, 알코올중독으로 발전할 수 있어
③ (다) : 가벼운 음주, 대사 촉진에 도움이 돼
④ (라) : 흡연과 음주를 동시에 즐기면 식도암 위험률 190배

12 M회사에 근무 중인 A ~ D사원 4명 중 1명이 주임으로 승진하였다. 다음 대화에서 A ~ D 중 1명만 진실을 말하고 있을 때, 주임으로 승진한 사람은 누구인가?

- A : B가 주임으로 승진하였어.
- B : A가 주임으로 승진하였어.
- C : D의 말은 참이야.
- D : C와 B 중 1명 이상이 주임으로 승진하였어.

① A사원
② B사원
③ C사원
④ D사원

13 다음은 대화 과정에서 지켜야 할 협력의 원리에 대한 설명이다. 이를 참고할 때, 〈보기〉의 사례에 대한 해석으로 옳은 것은?

협력의 원리란 대화 참여자가 대화의 목적에 최대한 기여할 수 있도록 서로 협력해야 한다는 것으로, 듣는 사람이 요구하지 않은 정보를 불필요하게 많이 제공하거나 대화의 목적이나 주제에 맞지 않는 내용을 말하는 것은 바람직하지 않다. 협력의 원리를 지키기 위해서는 다음과 같은 사항을 고려해야 한다.
- 양의 격률 : 필요한 만큼만 정보를 제공해야 한다.
- 질의 격률 : 타당한 근거를 들어 진실한 정보를 제공해야 한다.
- 관련성의 격률 : 대화의 목적이나 주제와 관련된 것을 말해야 한다.
- 태도의 격률 : 모호하거나 중의적인 표현을 피하고, 간결하고 조리 있게 말해야 한다.

───〈보기〉───
A사원 : 오늘 점심은 어디로 갈까요?
B대리 : 아무거나 먹읍시다. 오전에 간식을 먹었더니 배가 별로 고프진 않은데, 아무 데나 괜찮습니다.

① B대리는 불필요한 정보를 제공하고 있으므로 양의 격률을 지키지 않았다.
② B대리는 거짓된 정보를 제공하고 있으므로 질의 격률을 지키지 않았다.
③ B대리는 질문에 적합하지 않은 대답을 하고 있으므로 관련성의 격률을 지키지 않았다.
④ B대리는 대답을 명료하게 하지 않고 있으므로 태도의 격률을 지키지 않았다.

14 다음 중 A부서가 직면한 상황에서 대안으로 제시될 팀워크(Teamwork) 유형의 핵심 가치로 옳은 것을 〈보기〉에서 모두 고르면?

A부서는 최근 도전적인 프로젝트 진행을 위해 새로운 팀워크 유형을 모델로 삼으려고 한다. 빠른 실천과 피드백이 필요한 만큼, 구성원 개인이 거쳐야 하는 결재 절차를 간소화하는 방향의 팀워크 유형을 적용하여 조직 구조를 변화시키고자 한다.

─〈보기〉─

㉠ 일관성
㉡ 개인적 책임
㉢ 유연성
㉣ 제한된 조망

① ㉠, ㉡
② ㉠, ㉢
③ ㉡, ㉢
④ ㉡, ㉣

15 안전본부 사고분석 개선처에 근무하는 B대리는 혁신우수 연구대회에 출전하여 첨단장비를 활용한 차종별 보행자 사고 모형개발 자료를 발표했다. 연구 추진방향을 도출하기 위해 SWOT 분석을 한 결과가 다음과 같을 때, 분석 결과에 대응하는 전략과 그 내용이 바르게 연결되지 않은 것은?

〈차종별 보행자 사고 모형개발 연구 환경 분석〉

강점(Strength)	약점(Weakness)
10년 이상 지속적인 교육과 연구로 신기술 개발을 위한 인프라 구축	보행자 사고 모형개발을 위한 예산 및 실차 실험을 위한 연구소 부재
기회(Opportunity)	위협(Threat)
첨단 과학장비(3D스캐너, MADYMO) 도입으로 정밀 시뮬레이션 분석 가능	교통사고에 대한 국민의 관심과 분석수준 향상으로 공단의 사고분석 질적 제고 필요

① SO전략 : 과학장비를 통한 정밀 시뮬레이션 분석을 토대로 국내 차량의 전면부 형상을 취득하고 보행자 사고를 분석해 신기술 개발에 도움
② WO전략 : 실차 실험 대신 과학장비를 통한 시뮬레이션 연구로 모형개발
③ ST전략 : 지속적 교육과 연구로 쌓아온 데이터를 바탕으로 사고분석 프로그램 신기술 개발을 통해 사고분석 질적 향상에 기여
④ WT전략 : 신기술 개발을 위한 연구대회를 개최해 인프라를 더욱 탄탄히 구축

16 업무를 수행할 때 발생하는 문제는 일반적으로 창의적 문제와 분석적 문제로 구분할 수 있다. 다음 중 분석적 문제에 대한 설명으로 옳지 않은 것은?

① 문제 자체가 명확하지 않은 창의적 문제와 달리 분석적 문제는 문제 자체가 명확하다.
② 분석적 문제에 대한 해답은 창의적 문제에 대한 해답보다 많다.
③ 분석적 문제는 논리, 귀납과 같은 논리적 방법을 통해 해결할 수 있다.
④ 주관적·직관적·감각적인 창의적 문제와 달리 분석적 문제는 객관적·논리적·이성적이다.

17 다음 기사에 나타난 문제 유형을 바르게 설명한 것은?

> 도색이 완전히 벗겨진 차선과 지워지기 직전의 흐릿한 차선이 서울 강남의 도로 여기저기서 발견되고 있다. 알고 보니 규격 미달의 불량 도료 때문이었다. 시공 능력이 없는 업체들이 서울시가 발주한 도색 공사를 따낸 뒤, 브로커를 통해 전문 업체에 공사를 넘겼고, 이 과정에서 수수료를 떼인 전문 업체들은 손해를 만회하기 위해 값싼 도료를 사용한 것이다. 차선용 도료에 값싼 일반용 도료를 섞다 보니 야간에 차선이 잘 보이도록 하는 유리알이 제대로 붙어있지 못해 차선 마모는 더욱 심해졌다. 지난 4년간 서울 전역에서는 74건의 부실 시공이 이뤄졌고, 공사 대금은 총 183억 원에 달하는 것으로 밝혀졌다.

① 발생형 문제로, 일탈 문제에 해당한다.
② 발생형 문제로, 미달 문제에 해당한다.
③ 탐색형 문제로, 잠재 문제에 해당한다.
④ 탐색형 문제로, 예측 문제에 해당한다.

18 다음은 갈등의 유형 중 하나인 '불필요한 갈등'에 대한 설명이다. 이에 대한 이해로 적절하지 않은 것은?

> 개개인이 저마다의 문제를 다르게 인식하거나 정보가 부족한 경우, 또한 편견 때문에 발생한 의견 불일치로 적대적 감정이 생길 때 '불필요한 갈등'이 일어난다.

① 근심, 걱정, 스트레스, 분노 등의 부정적인 감정으로 나타날 수 있다.
② 두 사람의 정반대되는 욕구나 목표, 가치, 이해를 통해 발생할 수 있다.
③ 잘못 이해하거나 부족한 정보 등 전달이 불분명한 커뮤니케이션으로 나타날 수 있다.
④ 변화에 대한 저항, 항상 해오던 방식에 대한 거부감 등에서 나오는 의견 불일치가 원인이 될 수 있다.

19 다음 중 '고객만족관리'의 필요성에 대한 설명으로 적절하지 않은 것은?

① 고객만족은 기업의 단골 증대로 이어지며 공생의 개념과 관계가 있다.

② 경제성장으로 인해 고객의 욕구는 더욱 진화하였으며, 기대수준 또한 높아졌다.

③ 기업의 제품이나 서비스에 대해 만족한 고객의 구전이 신규고객의 창출로 이어진다.

④ 기업의 제품이나 서비스의 불만족은 고객이탈로 이어지지 않으나 기업 이미지에 큰 영향을 미친다.

20 M화장품 회사의 기획팀에 근무 중인 A ~ E직원은 신제품 개발 프로젝트와 관련하여 회의를 진행하였으나, 별다른 해결 방안을 얻지 못했다. 다음 회의 내용을 바탕으로 할 때, A ~ E직원의 문제 해결을 방해하는 요소의 연결이 적절하지 않은 것은?

> A직원 : 이번 제품의 타깃층인 10대들이 선호하는 스타일을 조사해보았습니다. 스트릿 패션이나 편한 캐주얼 룩을 좋아하면서도 유행에 민감한 모습을 보이는 것으로 나타났습니다. 물론 화장품에 대한 관심은 계속해서 높아지고 있음을 알 수 있었습니다.
>
> B직원 : 10대들의 패션보다는 화장품에 대한 관심이 이번 회의에 중요하지 않을까요? 이번에 고등학교에 올라가는 제 조카는 귀여운 디자인의 화장품을 좋아하던데요. 아무래도 귀여운 디자인으로 승부를 보는 게 좋을 것 같아요.
>
> C직원 : 아! 제가 지금 좋은 생각이 떠올랐어요! 10대들의 지나친 화장품 사용을 걱정하는 학부모들을 위해 자사의 친환경적인 브랜드 이미지를 강조하는 것은 어떨까요?
>
> D직원 : 제 생각에는 구매력이 낮은 10대보다는 만족을 중시하는 '욜로' 소비성향을 보이는 20 ~ 30대를 위한 마케팅이 필요할 것 같아요.

① A직원 – 너무 많은 자료를 수집하려고 노력하는 경우

② B직원 – 고정관념에 얽매이는 경우

③ C직원 – 쉽게 떠오르는 단순한 정보에 의지하는 경우

④ D직원 – 문제를 철저하게 분석하지 않는 경우

21 다음은 M금고의 강팀장이 이사원에게 남긴 음성메시지이다. 이사원이 가장 먼저 처리해야 할 일은?

> 이○○씨, 나 강팀장이에요. 지금 업무 때문에 본사에 나와 있는데, 전화를 안 받아서 음성메시지 남겨요. 내가 중요한 서류를 안 가져왔어요. 미안한데 점심시간에 서류 좀 갖다 줄 수 있어요? 아, 그리고 최팀장한테 퇴근 전에 전화 좀 달라고 해줘요. 급한 건 아닌데 확인할 게 있어서 그래요. 나는 오늘 여기서 퇴근할 거니까 회사로 연락 오는 거 있으면 정리해서 오후에 알려주고. 오전에 거래처 김○○ 과장이 문의사항이 있어서 방문하기로 했으니까 응대 잘 할수 있도록 해요. 김○○ 과장이 문의한 사항은 관련 서류 정리해서 내 책상에 두었으니까 미리 읽어보고, 궁금한 사항 있으면 연락 주세요.

① 김○○ 과장 응대하기
② 강팀장 책상의 서류 읽어보기
③ 회사로 온 연락 강팀장에게 알려주기
④ 최팀장에게 전화달라고 전하기

22 M금고의 연금 상품에 가입한 고객 C는 올해부터 10년 동안 연초에 물가상승률이 연 10%가 적용되는 연금을 받기로 하였으며, 올해 말에는 $500(1+0.1)$만 원이 나온다고 한다. 갑자기 사정이 생겨 목돈이 필요한 고객 C는 이 연금을 올해 초에 일시불로 받으려고 은행을 찾았다면, 고객 C가 일시불로 받을 수 있는 금액은 얼마인가?(단, 만의 자리 미만은 버리고 $1.1^{10}=2.5$로 계산한다)

① 2,300만 원 ② 2,800만 원
③ 3,000만 원 ④ 3,300만 원

23 황대리는 자동차업계 매출현황에 대한 보고서를 작성 중이었다. 그런데 실수로 커피를 쏟아 매출평균 부분이 얼룩지게 되었다. 황대리가 기억하는 총매출은 246억 원이고, 3분기까지의 평균은 22억 원이었다. 남아 있는 매출현황을 보고 4분기의 평균을 바르게 구한 것은?

〈월별 매출현황〉

(단위 : 억 원)

1월	2월	3월	4월	5월	6월	7월	8월	9월	10월	11월	12월
–	–	–	16	–	–	12	–	18	–	20	–

① 16억 원

② 18억 원

③ 20억 원

④ 22억 원

24 다음은 우리나라의 2022년도 하반기 달러, 유로, 엔화의 월별 환율 변동을 나타낸 표이다. 이를 바르게 분석한 것은?(단, 변화량은 절댓값으로 비교한다)

〈하반기 월별 환율 현황〉

구분	원/달러	원/유로	원/100엔
7월	1,205.0	1,300.5	1,034.0
8월	1,180.0	1,320.0	1,012.0
9월	1,112.0	1,350.0	1,048.0
10월	1,141.0	1,350.0	1,049.0
11월	1,142.0	1,400.0	1,060.0
12월	1,154.0	1,470.0	1,080.0

① 2022년도 하반기 전월 대비 원/달러 변화량의 최댓값은 원/100엔 변화량의 최댓값보다 작다.

② 유로/달러의 경우 8월의 값이 12월의 값보다 크다.

③ 12월의 원/유로 환율은 7월 대비 18% 이상 증가하였다.

④ 8월부터 12월까지 원/달러와 원/100엔의 전월 대비 증감추이는 항상 동일하다.

25 다음은 M금고의 신용대출 상품에 대한 대출금리를 설명하는 자료이다. 자료를 참고하여 아래 M금고 고객들의 최종금리를 계산한 값으로 적절한 것은?

〈M금고 신용대출 대출금리 안내〉

(1) 기준금리 : 고객별 기준금리는 고객님들의 신용등급에 따라 차등 적용됩니다.

1~2등급	3~4등급	5~6등급	7~8등급	9~10등급
1.77%	1.80%	1.88%	1.95%	1.97%

(2) 가산금리 : 고객별 가산금리는 고객님들의 신용등급에 따라 차등 적용됩니다.

1~2등급	3~4등급	5~6등급	7~8등급	9~10등급
2.18%	3.35%	4.88%	6.34%	8.74%

(3) 우대금리 : 최고 연 1.4%p 우대
　① 실적연동 우대금리 : 최고 연 0.9%p
　　– M금고 신용카드 이용실적 우대 : 연 0.1%p ~ 0.3%p
　　　: 결제계좌를 M금고로 지정하고 최근 3개월간 30만 원 이상(연 0.1%p), 60만 원 이상(연 0.2%p), 90만 원 이상(연 0.3%p)의 이용실적이 있는 경우
　　– 급여(연금)이체 실적 우대 : 연 0.3%p
　　– 자동이체 거래실적 우대(3건 이상) : 연 0.1%p
　　　: 아파트관리비 / 지로 / 금융결제원CMS / 펌뱅킹
　　– M금고 스타뱅킹 이용실적 우대 : 연 0.1%p
　　　: M금고 스타뱅킹을 통한 이체실적이 있는 경우
　　– 적립식예금 30만 원 이상 계좌 보유 우대 : 연 0.1%p
　② M금고 스타클럽 우대금리 : 최고 연 0.5%p(스타클럽 고객등급에 따라 차등 적용)
　　– MVP스타 : 연 0.5%p
　　– 로얄스타 : 연 0.3%p
　　– 골드스타 : 연 0.2%p
　　※ 우대금리는 각 항목의 우대조건 충족여부에 따라 대출신규 3개월 이후 매월 재산정되어 적용됩니다.

(4) 종합통장자동대출 한도소진율에 의한 우대금리 : 최고 연 0.4%p 우대
　: 종합통장자동대출의 경우 '한도소진율 우대금리(최고 연 0.4%p)'가 대출신규일로부터 1개월간 적용되며, 이후 한도소진율에 따라 매월 변경 적용됩니다.

(5) 최종금리 : 고객별 최종금리는 고객님들의 신용등급에 따라 산출된 기준금리와 가산금리, 우대금리에 따라 차등 적용됩니다(최종금리＝기준금리＋가산금리－우대금리).

구분	신용등급	우대금리 적용 평가사항	최종금리
A씨	4	• M금고 신용카드 3개월간 107만 원 사용 • 자동이체 거래실적 : 아파트, 지로, 펌뱅킹 • 적립식예금 100만 원 계좌 보유 • M금고 스타클럽 등급 : 로얄스타	4.23%
B씨	3	• 급여(연금)이체 실적 우대 • M금고 스타뱅킹 이체실적 있음 • M금고 스타클럽 등급 : MVP스타	4.36%
C씨	7	• M금고 신용카드 3개월간 72만 원 이상 사용 • 급여(연금)이체 실적 우대 • 적립식예금 25만 원 계좌 보유	7.69%
D씨	2	• 자동이체 거래실적 : 금융결제원CMS, 펌뱅킹 • 적립식예금 53만 원 계좌 보유 • M금고 스타클럽 등급 : 골드스타	3.65%

① A씨

③ C씨

② B씨

④ D씨

26 M회사에서는 업무효율을 높이기 위해 근무여건 개선방안에 대하여 논의하고자 한다. 귀하는 논의 자료를 위하여 전 직원의 야간근무 현황을 조사하였다. 다음 중 옳지 않은 것은?

〈야간근무 현황(주 단위)〉

(단위 : 일, 시간)

구분	임원	부장	과장	대리	사원
평균 야간근무 빈도	1.2	2.2	2.4	1.8	1.4
평균 야간근무 시간	1.8	3.3	4.8	6.3	4.2

※ 60분의 3분의 2 이상을 채울 시 1시간으로 야간근무 수당을 계산한다.

① 과장은 한 주에 평균적으로 2.4일 정도 야간근무를 한다.

② 전 직원의 주 평균 야간근무 빈도는 1.8일이다.

③ 사원은 한 주 동안 평균 4시간 12분 정도 야간근무를 하고 있다.

④ 1회 야간근무 시 평균적으로 가장 긴 시간 동안 일하는 직원은 대리이다.

27 다음은 M금고의 어느 금융상품에 대한 설명이다. M주거래우대적금 신규 가입 고객에 대한 정보가 〈보기〉와 같을 때, 고객이 만기해지 시 받을 수 있는 이자는 얼마인가?

〈M주거래우대적금〉

- 상품특징
  - 은행 거래실적에 따라 우대금리를 제공하는 단리식 적립 상품
- 가입기간 : 12개월 이상 36개월 이내(월 단위)
- 가입금액 : 초입금 및 매회 입금 1만 원 이상, 1인당 분기별 3백만 원 이내 자유적립
- 기본금리

가입기간	금리
12개월 이상 24개월 미만	1.25%
24개월 이상 36개월 미만	1.30%
36개월 이상	1.35%

※ 단, 만기일 이후 30일 이내에 예금을 인출하지 않으면 만기 후 금리를 적용한다.

- 우대금리 : 다음 우대조건을 만족하는 경우 가입일 현재 기본금리에 가산하여 만기해지 시 적용

우대조건	우대금리
가입월부터 만기 전월까지 기간 중 3개월 이상 M금고에 급여 이체 시	0.2%p
가입월부터 만기 전월까지 기간 중 M금고 M더나은카드(개인 신용·체크) 월평균 20만 원 이상 사용	0.2%p
만기일 전월 말 기준으로 M금고의 주택청약종합저축(청약저축 포함) 또는 적립식(임의식) 펀드 1개 이상 가입 시	0.1%p
인터넷 또는 스마트뱅킹으로 본 적금에 가입 시	0.1%p

〈보기〉

- 가입자명 : 김△△
- 가입기간 : 24개월
- 희망 가입금액 : 월 20만 원
- 3개월 전부터 별도의 급여통장 당행 계좌 이용 중
- 스마트뱅킹으로 적금 가입

---

① 74,000원

② 80,000원

③ 86,000원

④ 92,000원

28 M회사 마케팅부에 근무하는 S대리는 최근 제품수명주기를 설명하는 보고서를 읽게 되었다. 〈보기〉의 사례에 대한 제품수명주기의 유형을 연결하고자 할 때, 바르게 연결한 것은?

〈제품수명주기〉

▶ 제품수명주기의 정의
제품수명주기(Product Life Cycle)는 제품이 출시되는 도입기, 매출이 성장하는 성장기, 성장률이 둔화되는 성숙기, 매출이 감소하는 쇠퇴기를 거쳐서 시장에서 사라지게 되는 과정이다.

▶ 제품수명주기의 4가지 유형

주기·재주기형	매출 / 시간	쇠퇴기에 접어들다가 촉진활동 강화 혹은 재포지셔닝에 의해 다시 한 번 성장기를 맞이하는 경우로써 대부분의 제품에 해당한다.
연속성장형	매출 / 시간	새로운 제품 특성이나 용도 등을 발견함으로써 매출성장이 연속적으로 이어지는 경우이다.
패션형	매출 / 시간	한 때 유행하였다가 일정시간이 지나 다시 유행하는 형태로 일정 주기를 타고 성장, 쇠퇴를 거듭한다.
패드형	매출 / 시간	짧은 시간 내에 소비자들에 의해 급속하게 수용되었다가 매우 빨리 쇠퇴하는 형태를 보인다.

〈보기〉

(가) A전자회사는 에어컨과 난방기를 생산하고 있다. 에어컨은 매년 7 ~ 9월의 여름에 일정하게 매출이 증가하고 있으며 난방기는 매년 12 ~ 2월에 일정하게 매출이 증가하고 있다.

(나) B게임회사는 최근 모바일 게임의 꾸준한 업데이트를 통해 게임 유저들의 흥미를 자극시킴으로써 매출이 계속 성장하고 있다.

(다) C출판사는 자기계발서를 출판하는 회사이다. 최근 자기계발서에 대한 매출이 줄어듦에 따라 광고 전략을 시행하였고 이로 인해 일시적으로 매출이 상승하게 되었다.

(라) D회사는 월드컵을 맞이하여 응원 T셔츠를 제작해 큰 매출 효과를 가져왔다. 그러나 월드컵이 끝난 후 응원 T셔츠에 대한 매력이 떨어져 매출이 급감하게 되었다.

	주기·재주기형	연속성장형	패션형	패드형
①	(다)	(나)	(가)	(라)
②	(다)	(나)	(라)	(가)
③	(가)	(라)	(나)	(다)
④	(나)	(라)	(가)	(다)

29 재무팀은 주말 사무보조 직원을 채용하기 위해 공고문을 게재하였으며, 지원자 명단은 다음과 같다. 자료를 참고하였을 때, 최소비용으로 가능한 많은 인원을 채용하고자 한다면 몇 명의 지원자를 채용할 수 있겠는가?(단, 급여는 지원자가 희망하는 금액으로 지급한다)

〈주말 사무보조 직원 채용 공고문〉

- 업무내용 : 문서정리, 전화응대 등
- 지원자격 : 경력, 성별, 나이, 학력 무관
- 근무조건 : 장기(6개월 이상, 협의불가) / 주말 11:00 ~ 22:00(협의가능)
- 급여 : 협의결정
- 연락처 : 02-000-0000

〈지원자 명단〉

성명	희망근무기간	근무가능시간	최소근무시간(하루 기준)	희망임금(시간당/원)
박소다	10개월	11:00 ~ 18:00	3시간	10,500
서창원	12개월	12:00 ~ 20:00	2시간	11,500
한승희	8개월	18:00 ~ 22:00	2시간	10,500
김병우	4개월	11:00 ~ 18:00	4시간	10,000
우병지	6개월	15:00 ~ 20:00	3시간	10,000
김래원	10개월	16:00 ~ 22:00	2시간	11,000
최지홍	8개월	11:00 ~ 18:00	3시간	10,000

※ 지원자 모두 주말 이틀 중 하루만 출근하기를 원함
※ 하루에 2회 이상 출근은 불가함

① 2명　　　　　　　　　　　　　② 3명
③ 4명　　　　　　　　　　　　　④ 5명

30 다음 〈조건〉을 바탕으로 했을 때, 5층에 있는 부서로 옳은 것은?(단, 한 층에 한 부서씩 위치한다)

─〈조건〉─
- 기획조정실의 층수에서 경영지원실의 층수를 빼면 3이다.
- 보험급여실은 경영지원실 바로 위층에 있다.
- 급여관리실은 빅데이터운영실보다는 아래층에 있다.
- 빅데이터운영실과 보험급여실 사이에는 두 층이 있다.
- 경영지원실은 가장 아래층이다.

① 빅데이터운영실　　　　　　　② 보험급여실
③ 경영지원실　　　　　　　　　④ 기획조정실

31 K씨는 인터넷뱅킹 사이트에 가입하기 위해 패스워드를 만들고자 한다. 사이트 가입 시 패스워드 〈조건〉이 다음과 같을 때, 패스워드 중 옳은 것은?

─────────〈조건〉─────────
- 패스워드는 7자리이다.
- 영어 대문자와 소문자, 숫자, 특수기호를 적어도 하나씩 포함해야 한다.
- 숫자 0은 다른 숫자와 연속해서 나열할 수 없다.
- 영어 대문자는 다른 영어 대문자와 연속해서 나열할 수 없다.
- 특수기호를 첫 번째로 사용할 수 없다.

① a?102CB
② #38Yup0
③ 7!z0bT4
④ ssng99&

32 M사 직원 A ~ F 6명은 설문조사차 2인 1조로 나누어 외근을 나가려고 한다. 다음 〈조건〉에 따라 조를 구성한다면, 한 조가 될 수 있는 두 사람은 누구인가?

─────────〈조건〉─────────
- A는 C나 D와 함께 갈 수 없다.
- B는 반드시 D 아니면 F와 함께 가야 한다.
- C는 반드시 E 아니면 F와 함께 가야 한다.
- A가 C와 함께 갈 수 없다면, A는 반드시 F와 함께 가야 한다.

① A, E
② B, D
③ B, F
④ C, D

33 B대리는 부모님에게 드릴 선물을 구입하려 한다. B대리가 사용한 신용카드의 혜택과 할부수수료율 그리고 B대리의 구매방식과 구매상품이 다음과 같을 때, B대리가 지불할 총금액은 얼마인가?(단, B대리의 구매상품 모두 신용카드 가맹점에서 구매하였으며, 포인트는 할인금액에서 차감된다)

- **신용카드 혜택**
  - 가맹점에서 구매 시 10% 할인된다.
  - 결재금액 1만 원마다 1천 포인트 적립된다.
  - 포인트는 1점당 1원이며, 만 원 단위로 이용금액에서 차감된다.

- **신용카드 할부수수료율**

할부기간	1 ~ 3개월	4 ~ 6개월	7개월 이상
수수료율(연)	6%	12%	20%

- **B대리의 구매방식**
  - 5개월 할부
  - 이용원금 상환금액 균등
  - 포인트 모두 사용(보유 포인트 25,764점)

- **B대리의 구매상품**
  - 화장품 90,000원
  - 등산복 170,000원

※ 할부수수료＝할부잔액×(할부수수료율÷12)
※ 할부잔액＝이용원금－기결제원금

---

① 200,000원 ② 220,420원
③ 248,570원 ④ 251,120원

34 M기업은 가전전시회에서 자사의 제품을 출품하기로 하였다. 자사의 제품을 보다 효과적으로 홍보하기 위하여 다음과 같이 행사장의 A~G 중 세 곳에서 홍보판촉물을 배부할 예정이다. 가장 많은 사람들에게 홍보판촉물을 나눠 줄 수 있는 위치는 어디인가?

- 전시관은 제1전시관 → 제2전시관 → 제3전시관 → 제4전시관 순서로 배정되어 있다.
- 행사장 출입구는 한 곳이며, 다른 곳으로는 출입이 불가능하다.
- 방문객은 행사장 출입구로 들어와서 시계 반대 방향으로 돌며, 4개의 전시관 중 2개의 전시관만을 골라 관람한다.
- 방문객은 자신이 원하는 2개의 전시관을 모두 관람하면 행사장 출입구를 통해 나가기 때문에 한 바퀴를 초과해서 도는 방문객은 없다.
- 방문객은 전시관 입구로 들어가면 출구로 나오기 때문에 전시관의 입구와 출구 사이에 있는 외부 통로를 동시에 지나치지 않는다.
- 행사장에는 시간당 평균 400명이 방문하며, 각 전시관의 시간당 평균 방문객 수는 다음과 같다.

제1전시관	제2전시관	제3전시관	제4전시관
100명	250명	150명	300명

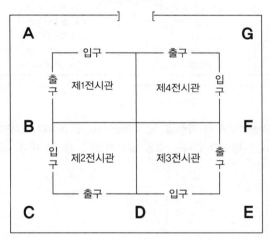

① A, B, C
② A, D, G
③ B, C, E
④ B, D, F

〈블랙박스 시리얼 번호 체계〉

개발사		제품		메모리 용량		제조연월				일련번호	PCB버전
값	의미	값	의미	값	의미	값	의미	값	의미	값	값
A	아리스	BD	블랙박스	1	4GB	A	2012년	1~9	1~9월	00001	1
S	성진	BL	LCD 블랙박스	2	8GB	B	2013년	O	10월	00002	2
B	백경	BP	IPS 블랙박스	3	16GB	C	2014년	N	11월	…	3
C	천호	BE	LED 블랙박스	4	32GB	D	2015년	D	12월	09999	
M	미강테크					E	2016년				

※ 예시 : ABD2B6000101 → 아리스 블랙박스, 8GB, 2013년 6월 생산, 10번째 모델, PCB 1번째 버전

〈A/S 접수 현황〉

분류1	분류2	분류3	분류4
ABD1A2001092	MBE2E3001243	SBP3CD012083	ABD4B3007042
BBD1DD000132	MBP2CO120202	CBE3C4000643	SBE4D5101483
SBD1D9000082	ABE2D0001063	BBD3B6000761	MBP4C6000263
ABE1C6100121	CBL2C3010213	ABP3D8010063	BBE4DN020473
CBP1C6001202	SBD2B9001501	CBL3S8005402	BBL4C5020163
CBL1BN000192	SBP2C5000843	SBD3B1004803	CBP4D6100023
MBD1A2012081	BBL2BO010012	MBE3E4010803	SBE4E4001613
MBE1DB001403	CBD2B3000183	MBL3C1010203	ABE4DO010843

35 A/S가 접수되면 수리를 위해 각 제품을 해당 제조사로 전달한다. 그런데 제품 시리얼 번호를 확인하는 과정에서 조회되지 않는 번호가 있다는 것을 발견하였다. 총 몇 개의 시리얼 번호가 잘못 기록되었는가?

① 6개
② 7개
③ 8개
④ 9개

36 A/S가 접수된 제품 중 2012~2013년도에 생산된 것에 대해 무상으로 블루투스 기능을 추가해주는 이벤트를 진행하고 있다. A/S접수가 된 블랙박스 중에서 이벤트에 해당하는 제품은 모두 몇 개인가?(단, A/S가 접수된 시리얼 번호 중 제조연도가 잘못 기록된 제품은 제외한다)

① 6개
② 7개
③ 8개
④ 9개

37 당사의 제품을 구매한 고객이 A/S를 접수하면, 상담원은 제품 시리얼 번호를 확인하여 기록해 두고 있다. 제품 시리얼 번호는 특정 기준에 의해 분류하여 기록하고 있는데, 다음 중 그 기준은 무엇인가?

① 개발사
② 제품
③ 메모리 용량
④ 제조연월

38 다음 고객 정보를 참고하여 귀하가 안내해야 할 중도상환 수수료는 얼마인가?(단, 100원 미만은 절사한다)

〈고객 정보〉

- 2023년 6월, 담보대출 실행
  - 대출원금 : 12,000,000원
  - 대출이자 : 4%(원금 균등상환)
  - 대출기간 : 60개월
- 2024년 6월, 중도상환

  - [중도상환 수수료(100원 미만 절사)]=(중도상환 원금)×(중도상환 수수료율)×$\dfrac{(36개월)-(대출경과월수)}{(36개월)}$

  - (중도상환 원금)=(대출원금)−[원금상환액(월)]×(대출경과월수)

  - 중도상환 수수료율

대출상환기간	3 ~ 14개월	15 ~ 24개월	25 ~ 36개월
수수료율	3.8%	2.8%	2.0%

  ※ 3년 초과 중도상환 시 면제

① 128,000원

③ 199,200원

② 156,000원

④ 243,200원

39 M금고에 근무하는 A사원은 최근 자신의 상사인 B대리 때문에 스트레스를 받고 있다. A사원이 공들여 작성한 기획서를 제출하면 B대리가 중간에서 매번 퇴짜를 놓기 때문이다. 이와 동시에 A사원은 자신에 대한 B대리의 감정이 좋지 않은 것 같아 마음이 더 불편하다. A사원이 직장 동료인 C사원에게 이러한 어려움을 토로했을 때, 다음 중 C사원이 A사원에게 해 줄 수 있는 조언으로 적절하지 않은 것은?

① 걱정되더라도 갈등 해결을 위해 피하지 말고 맞서야 해.

② B대리님의 입장을 충분히 고려해 볼 필요가 있어.

③ B대리님과 마음을 열고 대화해 보는 것은 어때?

④ B대리님과 누가 옳고 그른지 확실히 논쟁해 볼 필요가 있어.

40 귀하는 M금고에 근무하며 여러 금융상품을 취급하고 있다. 다음과 같은 조건의 고객에게 추천할 가장 좋은 금융상품은 무엇인가?

<M금고 금융상품>

상품	특징	
스마트 적금	• 가입기간 : 입금금액이 700만 원 될 때까지 • 가입금액 : 월 1천 원 ~ 100만 원까지 • 복잡한 우대금리 조건이 없는 스마트폰 전용 적금	
두배드림 적금	• 가입기간 : 36개월 • 가입금액 : 월 4만 원 ~ 20만 원 • 우대금리 : 당행과의 거래내역이 12개월 이상	
월복리 정기예금	• 가입기간 : 12 ~ 36개월 • 가입금액 : 월 300만 원 ~ 3,000만 원 • 우대금리 : 전월 실적이 50만 원 이상	
DREAM 적금	• 가입기간 : 6개월 이상 ~ 60개월 이하 • 가입금액 : 월 1천 원 이상 • 우대금리 : 신규고객을 대상으로 하며, 통장에 3백만 원 이상 보유	

<고객 조건>

이번에 목돈을 모으기 위해 적금을 가입하려 합니다. 매달 20만 원 정도 입금할 예정이며 우대금리를 받고 싶습니다. 상품에 3년 동안 가입할 예정이며, 현재 이 은행에서 매달 50만 원씩 20개월 동안 이용하고 있습니다. 통장 예금은 현재 500만 원이 조금 넘습니다.

① 스마트 적금 ② 두배드림 적금
③ 월복리 정기예금 ④ DREAM 적금

5권

제5회
MG새마을금고
지역본부 필기전형

www.sdedu.co.kr

〈문항 수 및 시험시간〉

영역		문항 수	시험시간	모바일 OMR 답안채점 / 성적분석 서비스
NCS 직업기초능력평가	의사소통능력 수리능력 문제해결능력 대인관계능력 조직이해능력	40문항	40분	

※ 문항 수 및 시험시간은 해당 채용 공고문을 참고하여 구성하였습니다.
※ 제한시간이 종료되고 OMR 답안카드에 마킹하거나 시험지를 넘기는 행동은 부정행위로 간주합니다.

제5회 모의고사

문항 수 : 40문항
시험시간 : 40분

01 다음 중 밑줄 친 어휘와 같은 의미로 쓰인 것은?

> 할아버지의 수레를 뒤에서 <u>밀었다</u>.

① 밖에서 오랫동안 고민하던 그는 문을 <u>밀고</u> 들어왔다.
② 오랫동안 기른 머리를 짧게 <u>밀었다</u>.
③ 오늘 일을 보면 김차장을 누가 뒤에서 <u>밀고</u> 있는 것 같아.
④ 송판을 대패로 <u>밀었다</u>.

02 다음 글에서 〈보기〉의 문장이 들어갈 위치로 가장 적절한 곳은?

> (가) 자연계는 무기적인 환경과 생물적인 환경이 상호 연관되어 있으며 그것은 생태계로 불리는 한 시스템을 이루고 있음이 밝혀진 이래, 이 이론은 자연을 이해하기 위한 가장 기본이 되는 것으로 받아들여지고 있다. (나) 그동안 인류는 더 윤택한 삶을 누리기 위하여 산업을 일으키고 도시를 건설하며 문명을 이룩해왔다. (다) 이로써 우리의 삶은 매우 윤택해졌으나 우리의 생활환경은 오히려 훼손되고 있으며 환경오염으로 인한 공해가 누적되고 있고, 우리 생활에서 없어서는 안 될 각종 자원도 바닥이 날 위기에 놓이게 되었다. (라) 따라서 우리는 낭비되는 자원 그리고 날로 황폐해져 가는 자연에 대하여 우리가 해야 할 시급한 임무가 무엇인지를 깨닫고, 이를 실천하기 위해 우리 모두의 지혜와 노력을 모아야만 한다.

> ───〈보기〉───
> 만약 우리가 이 위기를 슬기롭게 극복해내지 못한다면 인류는 머지않아 파멸에 이르게 될 것이다.

① (가)　　　　　　　　　② (나)
③ (다)　　　　　　　　　④ (라)

03 다음 글에서 밑줄 친 ⊙ ~ ㉣의 수정 방안으로 적절하지 않은 것은?

일반적으로 감기는 겨울에 걸린다고 생각하지만 의외로 여름에도 감기에 종종 걸린다. 여름에는 찬 음식을 많이 먹거나 냉방기를 과도하게 사용하는 경우가 많은데, 그렇게 되면 체온이 떨어져 면역력이 약해지기 때문이다. ⊙ 감기를 순우리말로 고뿔이라 한다.

여름철 감기를 예방하기 위해서는 찬 음식은 적당히 먹어야 하고 냉방기에 장시간 ㉡ 노출되어지는 것을 피해야 한다. ㉢ 또한 충분한 휴식을 취하고, 집에 돌아온 후에는 손발을 꼭 씻어야 한다.

만약 감기에 걸렸다면 탈수로 인한 탈진을 방지하기 위해 수분을 충분히 섭취해야 한다. 특히 감기로 인해 ㉣ 열이나 기침을 할 때에는 따뜻한 물을 여러 번에 나누어 조금씩 먹는 것이 좋다.

① 글의 통일성을 해치므로 ⊙을 삭제한다.
② 피동 표현이 중복되므로 ㉡을 '노출되는'으로 고친다.
③ 문맥의 자연스러운 흐름을 위해 ㉢을 '그러므로'로 고친다.
④ 호응 관계를 고려하여 ㉣을 '열이 나거나 기침을 할 때'로 고친다.

04 다음 제시된 문장들을 논리적 순서대로 바르게 나열한 것은?

(가) 최초로 입지를 선정하는 업체는 시장의 어디든 입지할 수 있으나 소비자의 이동 거리를 최소화하기 위하여 시장의 중심에 입지한다.

(나) 최대수요입지론은 산업 입지와 상관없이 비용은 고정되어 있다고 가정한다. 이 이론에서는 경쟁 업체와 가격 변동을 고려하여 수요가 극대화되는 입지를 선정한다.

(다) 그다음 입지를 선정해야 하는 경쟁 업체는 가격 변화에 따라 수요가 변하는 정도가 크지 않은 경우, 시장의 중심에서 멀어질수록 시장을 뺏기게 되므로 경쟁 업체가 있더라도 가능한 한 중심에 가깝게 입지하려고 한다.

(라) 하지만 가격 변화에 따라 수요가 크게 변하는 경우에는 두 경쟁자는 서로 적절히 떨어져 입지하여 보다 낮은 가격으로 제품을 공급하려고 한다.

① (나) – (가) – (다) – (라)
② (나) – (라) – (다) – (가)
③ (라) – (가) – (나) – (다)
④ (라) – (가) – (다) – (나)

05 다음 글의 내용으로 적절하지 않은 것은?

역사란 무엇인가 하는 대단히 어려운 물음에 아주 쉽게 답한다면, 그것은 인간 사회의 지난날에 일어난 사실 (事實) 자체를 가리키기도 하고, 또 그 사실에 관해 적어 놓은 기록을 가리키기도 한다고 말할 수 있다. 그러나 지난날의 인간 사회에서 일어난 사실이 모두 역사가 되는 것은 아니다. 쉬운 예를 들면, 김총각과 박처녀가 결혼한 사실은 역사가 될 수 없고, 한글이 만들어진 사실, 임진왜란이 일어난 사실 등은 역사가 된다. 이렇게 보면 사소한 일, 일상적으로 반복되는 일은 역사가 될 수 없고, 거대한 사실, 한 번만 일어나는 사실만이 역사가 될 것 같지만, 반드시 그런 것도 아니다. 고려시대의 경우를 예로 들면, 주기적으로 일어나는 자연현상인 일식과 월식은 모두 역사로 기록되었지만, 우리는 지금 세계 최고(最古)의 금속활자를 누가 몇 년에 처음으로 만들었는지 모르고 있다. 일식과 월식은 자연 현상이면서도 하늘이 인간 세계의 부조리를 경고하는 것이라 생각했기 때문에 역사가 되었지만, 목판(木版)이나 목활자 인쇄술이 금속활자로 넘어가는 중요성이 인식되지 않았기 때문에 금속활자는 역사가 될 수 없었다. 이렇게 보면, 또 역사라는 것은 지난날의 인간 사회에서 일어난 사실 중에서 누군가에 의해 중요한 일이라고 인정되어 뽑힌 것이라 할 수 있다. 이 경우, 그것을 뽑은 사람은 기록을 담당한 사람, 곧 역사가라 할 수 있으며, 뽑힌 사실이란 곧 역사책을 비롯한 각종 기록에 남은 사실들이다. 다시 말하면, 역사란 결국 기록에 남은 것이며, 기록에 남지 않은 것은 역사가 아니라 할 수 있다. 일식과 월식은 과학이 발달한 오늘날에는 역사로서 기록에 남지 않게 되었다. 금속활자의 발견은 그 중요성을 안 훗날 사람들의 노력에 의해 최초로 발명한 사람과 정확한 연대(年代)는 모른 채 고려 말기의 중요한 역사로 추가 기록되었다. '지난날의 인간 사회에서 일어난 수많은 사실 중에서 누군가가 기록해 둘 만한 중요한 일이라고 인정하여 기록한 것이 역사이다.'라고 생각해 보면, 여기에 좀 더 깊이 생각해 보아야 할 몇 가지 문제가 있다.

첫째는 '기록해 둘 만한 중요한 사실이란 무엇을 말하는 것인가?' 하는 문제이고, 둘째는 '과거에 일어난 일들 중에서 기록해 둘 만한 중요한 사실을 가려내는 사람의 생각과 처지'의 문제이다. 먼저, '무엇이 기록해 둘 만한 중요한 문제인가? 기록해 둘 만하다는 기준(基準)이 무엇인가?' 하고 생각해 보면, 아주 쉽게 말해서 후세(後世) 사람들에게 어떤 참고가 될 만한 일이라고 말할 수 있겠다. 다시 말하면, 오늘날의 역사책에 남아 있는 사실들은 모두 우리가 살아나가는 데 참고가 될 만한 일들이라 할 수 있다. 다음으로, 참고가 될 만한 일과 그렇지 않은 일을 가려 내는 일은 사람에 따라 다를 수 있으며, 또 시대에 따라 다를 수 있다. 고려시대나 조선시대 사람들에게는 일식과 월식이 정치를 잘못한 왕이나 관리들에 대한 하늘의 노여움이라 생각되었기 때문에 역사에 기록되었지만, 오늘날에는 그렇지 않다는 것을 알게 되었기 때문에 역사에는 기록되지 않는다.

① 인간 사회에서 일어난 모든 사실이 역사가 될 수 없다.
② 역사라는 것은 역사가의 관점에 의하여 선택된 사실이다.
③ 역사의 가치는 시대나 사회의 흐름과 무관한 절대적인 것이다.
④ 역사는 기록에 남은 것이며, 기록된 것은 가치가 있는 것이어야 한다.

06 다음 글의 내용으로 적절한 것은?

우리나라의 신용협동기구는 추진 주체에 따라 신용협동조합, 새마을금고 그리고 농업협동조합과 수산업협동조합의 계통조직인 단위조합과 수산업협동조합에서 운영하는 상호금융의 3대 계통으로 분류된다. 이들 모두는 구성원에게 저축편의를 제공하고 조합원에 대한 저금리 융자를 통하여 조합원 상호간의 공동이익을 추구하는 비영리적 조직이다. 새마을금고나 상호금융은 주로 농어촌지역 중심이고, 신용협동조합은 대체로 교회·학교·직장·단체 등의 공동연대관계를 기반으로 중소도시에서 조직되어 있다. 신용협동조합의 주된 업무는 조합원으로부터의 각종 예탁금의 수입과 이를 기초로 한 조합원에의 대출 및 어음할인 등이 있다. 우리나라에서 최초의 신용협동조합은 1960년 부산시 메리놀병원에서 조직된 성가신용협동조합이고, 그 뒤 1964년 4월 55개의 신용협동조합이 한국신용협동조합연합회를 창설하였다. 이 연합회는 그해 5월 국제신용협동조합연합회(CUNAI)에 정식회원으로 가입하였고, 국제신용협동조합연합회는 1971년 1월에 국제신용협동조합협의회(WCCU)로 개칭되었다. 종래 우리나라에서 신용협동조합은 순수한 임의조직으로 되어 있었지만, 1972년 9월에 신용협동조합법이 제정, 실시됨에 따라 설립과 출자·대출한도 및 이자율의 최고한도, 예탁금 등 여러 가지 사항에 대하여 규제를 받게 되었다. 총자산규모는 1960년 당시 겨우 8만 7,000원 정도였으나, 20여 년이 지난 1983년에는 5,890억 원으로 발전하였고, 1970년대에 들어와서는 그 증가폭이 매우 커졌다. 한편, 조합 수와 조합원 수에 있어서도 1960년에는 각각 3개소에 400명 정도였으나 1983년에는 조합 수가 1,433개소까지 늘어났다. 주목할 점은 1970년 중반까지 비약적으로 발전하던 조합 수와 조합원 수의 증가추세가 1977년 이후부터는 둔화되고 있으며, 단지 인가조합 수만이 지속적으로 성장하고 있다는 점이다. 2017년에는 전국에 895개의 인가 조합이 운영되었다. 여기서 신용협동조합이 무분별한 양적 팽창에서 오는 운영상의 폐단을 지양하고, 경영의 내실과 합리화를 토대로 사업규모의 확대하고자 함을 알 수 있다.

① 우리나라의 신용협동기구는 구성원들에게 저축편의를 제공하는 영리적 성격을 띄고 있다.
② 우리나라 신용협동조합은 1960년 한국신용협동조합회 창설이 시초였다.
③ 신용협동조합의 자산규모의 증가폭은 1983년에 가장 컸다.
④ 신용협동조합은 1972년 이전까지는 이자율의 최고한도에 관해서 규제를 받지 않았다.

07 다음 글의 내용으로 적절하지 않은 것은?

수박은 91% 이상이 수분으로 이뤄져 있어, 땀을 많이 흘리는 여름철에 수분을 보충하고 갈증을 해소하는 데 좋다. 또한 몸에 좋은 기능성분도 많이 들어 있어 여름의 보양과일로 불린다. 수박 한 쪽이 약 100g이므로 하루에 여섯 쪽이면 일일 권장량에 해당하는 대표적인 기능 성분인 리코펜과 시트룰린을 섭취할 수 있다고 한다. 그렇다면 좋은 수박을 고르기 위해서는 어떻게 해야 할까?

우선 신선한 수박은 수박 꼭지를 보고 판단할 수 있다. 수박은 꼭지부터 수분이 마르므로 길이나 모양에 상관 없이 꼭지의 상태로 신선도를 판단할 수 있는 것이다. 예전엔 T자 모양의 수박 꼭지로 신선도를 판단했지만, 최근에는 「수박 꼭지 절단 유통 활성화 방안」에 따라 T자 모양 꼭지를 찾기 어려워졌다.

대신에 우리는 잘 익은 수박을 소리와 겉모양으로 구분할 수 있다. 살짝 두드렸을 때 '통통'하면서 청명한 소리가 나면 잘 익은 수박이며, 덜 익은 수박은 '깡깡'하는 금속음이, 너무 익은 수박은 '퍽퍽'하는 둔탁한 소리가 나게 된다. 또한, 손에 느껴지는 진동으로도 구분할 수 있는데, 왼손에 수박을 올려놓고 오른손으로 수박의 중심 부분을 두드려본다. 이때 잘 익었다면 수박 아래의 왼손에서도 진동이 잘 느껴진다. 진동이 잘 느껴지지 않는다면 너무 익었거나 병에 걸렸을 가능성이 있다. 겉모양의 경우 호피무늬 수박은 껍질에 윤기가 나며 검은 줄무늬가 고르고 진하게 형성돼 있어야 좋다. 그리고 줄기의 반대편에 있는 배꼽의 크기가 작은 것이 당도가 높다.

최근에는 일부 소비자 가운데 반으로 자른 수박의 과육에 나타나는 하트 모양 줄무늬를 바이러스로 잘못 아는 경우도 있다. 이는 수박씨가 맺히는 자리에 생기는 '태좌'라는 것으로 지극히 정상적인 현상이다. 바이러스 증상은 수박 잎에서 먼저 나타나기 때문에 농가에서 선별 후 유통한다. 또한 바이러스의 경우 꼭지에도 증상이 보이기 때문에 꼭지에 이상이 없다면 과육도 건강한 것이다.

① 수박은 91% 이상이 수분으로 이루어져 있어 여름철에 수분을 보충하기 좋은 과일이다.
② 수박 꼭지로부터 수박의 신선도를 판단할 수 있다.
③ 수박을 반으로 잘랐을 때 하트 모양의 줄무늬가 나타나면 바이러스에 감염된 것이다.
④ 잘 익은 수박의 경우, 살짝 두드렸을 때 '통통'하면서 청명한 소리가 난다.

08 다음 글의 주장에 대한 반박으로 가장 적절한 것은?

> 고전주의 범죄학은 법적 규정 없이 시행됐던 지배 세력의 불합리한 형벌 제도를 비판하며 18세기 중반에 등장했다. 고전주의 범죄학에서는 범죄를 포함한 인간의 모든 행위는 자유 의지에 입각한 합리적 판단에 따라 이루어지므로 범죄에 비례해 형벌을 부과할 경우 개인의 합리적 선택에 의해 범죄가 억제될 수 있다고 보았다. 고전주의 범죄학의 대표자인 베카리아는 형벌은 법으로 규정해야 하고, 그 법은 누구나 이해할 수 있도록 문서로 만들어야 한다고 강조했다. 또한 형벌의 목적은 사회 구성원에 대한 범죄 행위의 예방이며, 따라서 범죄를 저지를 경우 누구나 법에 의해 확실히 처벌받을 것이라는 두려움이 범죄를 억제할 것이라고 확신했다. 이러한 고전주의 범죄학의 주장은 각 국가의 범죄 및 범죄자에 대한 입법과 정책에 많은 영향을 끼쳤다.

① 사회 구성원들의 합의가 이루어진 형벌 제도라면 인간의 합리적 판단에 따라 범죄 행위를 예방할 수 있다.

② 범죄에 대한 인간의 행위를 규제할 수 있는 보다 강력한 법적 구속력이 필요하다.

③ 범죄를 효과적으로 제지하기 위해서는 엄격하고 확실한 처벌이 신속하게 이루어져야 한다.

④ 사회가 혼란한 시기에 범죄율과 재범률이 급격하게 증가하는 것을 보면 범죄는 개인의 자유 의지로 통제할 수 없다.

09 다음 글을 읽고 작성 방법을 분석한 것으로 적절한 것은?

> 교육센터는 7가지 코스로 구성된다. 먼저, 기초 훈련 코스에서는 자동차 특성의 이해를 통해 안전운전의 기본 능력을 향상시킨다. 자유 훈련 코스는 운전자의 운전 자세 및 공간 지각 능력에 따른 안전 위험 요소를 교육한다. 위험 회피 코스에서는 돌발 상황 발생 시 위험 회피 능력을 향상시키며, 직선 제동 코스에서는 다양한 도로 환경에 적응하여 긴급 상황 시 효과적으로 제동할 수 있도록 교육한다. 빗길 제동 코스에서는 빗길 주행 시 위험 요인을 체득하여 안전운전 능력을 향상시키고, 곡선 주행 코스에서는 미끄러운 곡선 주행에서 안전운전을 할 수 있도록 가르친다. 마지막으로 일반·고속 주행 코스에서는 속도에 따라 발생할 수 있는 다양한 위험 요인의 대처 능력을 향상시켜 방어 운전 요령을 습득하도록 돕는다. 이외에도 친환경 운전 방법 '에코 드라이브'에 대해 교육하는 에코 드라이빙존, 안전한 교차로 통행 방법을 가르치는 딜레마존이 있다. 안전운전의 기본은 운전자의 올바른 습관이다. 교통안전 체험교육센터에서 교육만 받더라도 교통사고 발생 확률이 크게 낮아진다.

① 여러 가지를 비교하면서 그 우월성을 논하고 있다.

② 각 구성에 따른 특징과 그에 따른 기대 효과를 설명하고 있다.

③ 상반된 결과를 통해 결론을 도출하고 있다.

④ 각 구조에 따른 특성을 대조하고 있다.

10 A ~ E는 각각 월 ~ 금요일 중 하루씩 돌아가며 당직을 선다. 이 중 2명이 거짓말을 하고 있다고 할 때, 이번 주 수요일에 당직을 서는 사람은 누구인가?

> • A : 이번 주 화요일은 내가 당직이야.
> • B : 나는 수요일 당직이 아니야. D가 이번 주 수요일 당직이야.
> • C : 나와 D는 이번 주 수요일 당직이 아니야.
> • D : B는 이번 주 목요일 당직이고, C는 다음 날인 금요일 당직이야.
> • E : 나는 이번 주 월요일 당직이야. 그리고 C의 말은 모두 사실이야.

① A   ② B
③ C   ④ D

11 다음 두 면접법에 대한 설명이 바르게 연결된 것은?

> 〈A면접법〉
> 마트 관계자 A는 소비자를 통해 마트에 대한 평을 알아보고자 면접을 진행하였다. 소비자와 일대일로 30분에서 1시간 사이의 시간 동안 진행하였다. 마트 관계자 A는 이 면접의 진행과정과 조사문제에 대한 개략적인 윤곽을 가지고 있었으며, 자신의 질문에 대한 소비자의 응답에 따라서 면접을 진행하였다. 이를 통해 소비자의 잠재된 동기와 태도 등을 알게 되었고, 알고자 하는 주제에 대한 정보를 수집하였다.
>
> 〈B면접법〉
> 마트 관계자 B는 소비자들이 생각하는 마트에 대한 정보를 얻고 싶어 여러 사람들을 불러 면접을 진행하였다. 보통 6 ~ 8인 그룹으로 지정하여 진행하였으며, B는 이 주제에 대해 숙련된 컨트롤 기술로 그룹의 이점을 잘 활용하여 소비자들의 의견을 도출하였다. B는 이 면접을 진행하기 위해 조사 목적 수립, 대상자 분석, 그룹 수 결정, 대상자 리쿠르트, 가이드라인 작성 등의 과정을 거쳐 사전에 면접할 내용을 철저히 준비하였다.

① A면접법 – 면접이 끝난 후 전체 내용에 대한 합의를 하는 것이 중요하다.
② A면접법 – 동의 혹은 반대의 경우 합의 정도와 강도를 중시한다.
③ B면접법 – 다른 방법을 통해 알 수 없는 심층적인 정보를 경험적으로 얻을 수 있다.
④ B면접법 – 주제를 벗어난 질문을 하지 않고, 흩어져 있는 주제에 대한 연관성을 고려한다.

12 다음은 논리적 사고를 개발하기 위한 방법을 그림으로 나타낸 자료이다. 자료에 대한 설명으로 가장 적절한 것은?

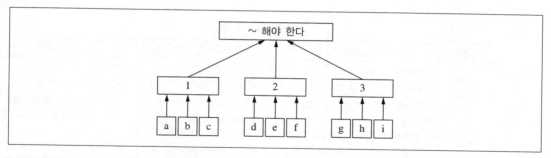

① 눈앞에 있는 정보로부터 의미를 찾아내어 가치 있는 정보를 이끌어낸다.
② 논리적으로 분해한 문제의 원인을 나무 모양으로 나열하여 문제를 해결한다.
③ 하위의 사실이나 현상부터 사고하여 상위의 주장을 만들어간다.
④ 내·외부적으로 발생되는 장점 및 단점을 종합적으로 고려하여 해결 방안을 찾는다.

13 다음 SWOT 분석에 대한 설명을 읽고 추론한 내용으로 적절한 것은?

SWOT 분석에서 강점은 경쟁기업과 비교하여 소비자로부터 강점으로 인식되는 것이 무엇인지, 약점은 경쟁 기업과 비교하여 소비자로부터 약점으로 인식되는 것이 무엇인지, 기회는 외부환경에서 유리한 기회 요인은 무엇인지, 위협은 외부환경에서 불리한 위협 요인은 무엇인지를 찾아내는 것이다. SWOT 분석의 가장 큰 장점은 기업의 내부 및 외부환경의 변화를 동시에 파악할 수 있다는 것이다.

① 제품의 우수한 품질은 SWOT 분석의 기회 요인으로 볼 수 있다.
② 초고령화 사회는 실버산업에 있어 기회 요인으로 볼 수 있다.
③ 기업의 비효율적인 업무 프로세스는 SWOT 분석의 위협 요인으로 볼 수 있다.
④ 살균제 달걀 논란은 빵집에게 있어 약점 요인으로 볼 수 있다.

14 다음은 M금고에서 판매하는 카드에 대한 자료이다. 고객 A와 B에 대한 정보가 〈보기〉와 같을 때, 다음 중 A와 B에게 추천할 카드를 바르게 짝지은 것은?

〈신용카드 정보〉

구분	휴가중카드	Thepay카드	Play++카드
연회비	• 국내전용 : 23,000원 • 해외겸용 : 25,000원	• 국내전용 : 10,000원 • 해외겸용 : 12,000원	• 국내전용 : 63,000원 • 해외겸용 : 65,000원
혜택 내용	해외 이용 금액에 따른 M포인트 적립 우대 1. 전월실적 없음 : 기본적립 2% 2. 전월실적 50만 원 이상 150만 원 미만 : 추가적립 1% 3. 전월실적 150만 원 이상 : 추가적립 3% * 월 적립한도 : 10만 포인트	1. 국내 및 해외 온·오프라인 결제에 대하여 1% 할인 제공 * 월 할인한도 제한 없음 2. 온라인 간편결제 등록 후 결제 시 1.2% 할인 제공 * 월 통합할인한도 : 10만 원	1. 인앱 결제 10% 청구 할인 – 이용건당 1만 원 이상 결제 시 제공 – 인앱 결제 합산 일 1회 및 월 2회 최대 5천 원 할인 제공 (단, 유튜브 관련 결제 제외) 2. 이동통신요금 10% 청구 할인 – 월 1회 최대 5천 원 할인 제공 – 이동통신요금 자동납부 건에 한하여 제공(단, 알뜰폰 통신사 제외)

〈보기〉

고객	정보
A	• 유튜브 구독서비스 이용자이므로 국내 결제금액에 대해 할인을 받고자 한다. • 국내 알뜰폰 통신사를 이용하고 있다. • 통신요금에서도 할인받기를 희망한다.
B	• 해외여행 및 해외출장이 잦다. • 간편결제 서비스를 이용하지 않는다. • 적립 혜택보다는 할인혜택을 희망한다.

	A	B
①	휴가중카드	휴가중카드
②	Thepay카드	휴가중카드
③	Thepay카드	Thepay카드
④	Play++카드	Thepay카드

15 다음은 M금고 적금 상품의 내용이다. 이와 같은 조건으로 정기적금을 가입할 때, 만기 시 받는 총액은 얼마인가?(단, 이자소득세는 제외한다)

- 상품명 : M금고 우리아이 희망적금
- 가입기간 : 36개월
- 가입금액 : 매월 400,000원 납입
- 적용금리 : 연 2.2%, 단리
- 저축방법 : 정기적립식이며 만기일시지급으로 지급함

① 13,888,400원 　　　　　② 14,888,400원

③ 15,888,400원 　　　　　④ 17,888,400원

16 M고등학교는 도서관에 컴퓨터를 설치하려고 한다. 컴퓨터 구입 가격을 알아보니 1대당 100만 원이고 4대 이상 구매 시 3대까지는 1대당 100만 원, 4대 이상부터는 1대당 80만 원에 판매가 되고 있었다. 컴퓨터 구입에 배정된 예산이 2,750만 원일 때, 최대 몇 대의 컴퓨터를 구입할 수 있는가?

① 33대 　　　　　② 34대

③ 35대 　　　　　④ 36대

17 소연이는 가격이 500원, 700원, 900원인 세 종류의 음료수를 선택할 수 있는 자판기에서 현금 28,000원을 남김없이 사용하여 40개의 음료수를 사려고 한다. 세 종류의 음료수를 각각 2개 이상씩 산다고 할 때, 가격이 500원인 음료수의 최대 개수는 얼마인가?(단, 자판기에는 각 음료수가 충분히 들어 있다)

① 15개 　　　　　② 16개

③ 17개 　　　　　④ 19개

18 다음은 성별, 연령대별 전자금융서비스 인증수단 선호도에 대한 자료이다. 이에 대한 설명으로 옳지 않은 것은?

〈성별, 연령대별 전자금융서비스 인증수단 선호도 조사결과〉

(단위 : %)

구분	인증 수단	휴대폰 문자 인증	공인 인증서	아이핀	이메일	전화 인증	신용 카드	바이오 인증
성별	남성	72.2	69.3	34.5	23.1	22.3	21.1	9.9
	여성	76.6	71.6	27.0	25.3	23.9	20.4	8.3
연령대	10대	82.2	40.1	38.1	54.6	19.1	12.0	11.9
	20대	73.7	67.4	36.0	24.1	25.6	16.9	9.4
	30대	71.6	76.2	29.8	15.7	28.0	22.3	7.8
	40대	75.0	77.7	26.7	17.8	20.6	23.3	8.6
	50대	71.9	79.4	25.7	21.1	21.2	26.0	9.4
전체		74.3	70.4	30.9	24.2	23.1	20.8	9.2

※ 응답자 1인당 최소 1개에서 최대 3개까지의 선호하는 인증수단을 선택했음
※ 인증수단 선호도는 전체 응답자 중 해당 인증수단을 선호한다고 선택한 응답자의 비율임
※ 전자금융서비스 인증수단은 제시된 7개로만 한정됨

① 연령대별 인증수단 선호도를 살펴보면, 30대와 40대 모두 아이핀이 3번째로 높다.
② 전체 응답자 중 선호 인증수단을 3개 선택한 응답자 수는 40% 이상이다.
③ 선호하는 인증수단으로 신용카드를 선택한 남성 수는 바이오인증을 선택한 남성 수의 3배 이하이다.
④ 선호하는 인증수단으로 이메일을 선택한 20대 모두가 아이핀과 공인인증서를 동시에 선택했다면, 신용카드를 선택한 20대 모두가 아이핀을 동시에 선택한 것이 가능하다.

19 다음은 브랜드별 중성세제 용량 및 가격을 정리한 표이다. 각 브랜드마다 용량에 대한 가격을 조정했을 때, 각 브랜드의 판매 가격 및 용량의 변경 전과 변경 후에 대한 판매 금액 차이가 바르게 연결된 것은?

〈브랜드별 중성세제 판매 가격 및 용량〉

(단위 : 원, L)

구분		1L당 가격	용량		1L당 가격	용량
A브랜드	변경 전	8,000	1.3	변경 후	8,200	1.2
B브랜드		7,000	1.4		6,900	1.6
C브랜드		3,960	2.5		4,000	2.0
D브랜드		4,300	2.4		4,500	2.5

	A브랜드	B브랜드	C브랜드	D브랜드
①	550원 증가	1,220원 감소	2,000원 증가	930원 증가
②	550원 감소	1,240원 증가	1,900원 증가	930원 증가
③	560원 감소	1,240원 증가	1,900원 감소	930원 증가
④	560원 증가	1,240원 감소	2,000원 감소	900원 감소

20 K사원은 핸드폰을 새롭게 마련하게 되어 M통신사의 상품에 가입하려고 한다. M통신사는 4가지의 통신 상품을 판매하고 있으며 각각의 통화, 데이터, 문자의 제한된 양은 다음과 같다. K사원은 통화 420분, 데이터 7GB, 문자 125통을 사용한다고 했을 때, 어떤 요금제를 사용하는 것이 가장 요금이 저렴하겠는가?(단, 부족분의 통화·데이터·문자는 추가요율에 의해 요금이 부과되며, 잉여분이 남더라도 요금이 환급되지는 않는다. 무제한의 경우는 추가적인 과금이 없다)

〈M통신사의 통신상품〉

요금제	통화(분)	데이터(GB)	문자(통)	요금(원)
A	450	10	무제한	75,000
B	350	5	무제한	60,000
C	410	3	100	50,000
D	300	7	120	60,000

〈M통신사 통신상품의 추가 과금 요율〉

구분	통화	데이터	문자
추가요율	120원/분	5,000원/GB	220원/통

① A요금제
② B요금제
③ C요금제
④ D요금제

21 다음은 M사 연구소에서 제습기 A ~ E의 습도별 연간소비전력량을 측정한 자료이다. 이에 대한 〈보기〉의 설명 중 옳은 것만을 모두 고르면?

〈제습기 A ~ E의 습도별 연간소비전력량〉

(단위 : kWh)

습도\제습기	40%	50%	60%	70%	80%
A	550	620	680	790	840
B	560	640	740	810	890
C	580	650	730	800	880
D	600	700	810	880	950
E	660	730	800	920	970

〈보기〉

㉠ 습도가 70%일 때 연간소비전력량이 가장 적은 제습기는 A이다.
㉡ 각 습도에서 연간소비전력량이 많은 제습기부터 순서대로 나열하면, 습도 60%일 때와 습도 70%일 때의 순서는 동일하다.
㉢ 습도가 40%일 때 제습기 E의 연간소비전력량은 습도가 50%일 때 제습기 B의 연간소비전력량보다 많다.
㉣ 제습기 각각에서 연간소비전력량은 습도가 80%일 때가 40%일 때의 1.5배 이상이다.

① ㉠, ㉡
② ㉠, ㉢
③ ㉡, ㉣
④ ㉡, ㉢, ㉣

22 다음은 우리나라 국민들의 환경오염 방지 기여도에 대한 자료이다. 이에 대한 설명으로 옳은 것은?

〈환경오염 방지 기여도〉

(단위 : %)

구분		합계	매우 노력함	약간 노력함	별로 노력하지 않음	전혀 노력하지 않음
성별	남성	100	13.6	43.6	37.8	5.0
	여성	100	23.9	50.1	23.6	2.4
연령	10 ~ 19세	100	13.2	41.2	39.4	6.2
	20 ~ 29세	100	10.8	39.9	42.9	6.4
	30 ~ 39세	100	13.1	46.7	36.0	4.2
	40 ~ 49세	100	15.5	52.4	29.4	2.7
	50 ~ 59세	100	21.8	50.4	25.3	2.5
	60 ~ 69세	100	29.7	46.0	21.6	2.7
	70세 이상	100	31.3	44.8	20.9	3.0
경제활동	취업	100	16.5	47.0	32.7	3.8
	실업 및 비경제활동	100	22.0	46.6	27.7	3.7

① 10세 이상 국민들 중 환경오염 방지를 위해 별로 노력하지 않는 사람 비율의 합이 가장 높다.

② 10세 이상 국민들 중 환경오염 방지를 위해 매우 노력하는 사람의 비율이 가장 높은 연령층은 60 ~ 69세이다.

③ 우리나라 국민들 중 환경오염 방지를 위해 전혀 노력하지 않는 사람의 비율이 가장 높은 연령층은 10 ~ 19세이다.

④ 매우 노력함과 약간 노력함의 비율 합은 남성보다 여성이, 취업자보다 실업 및 비경제활동자가 더 높다.

23 조선시대에는 12시진(정시법)과 '초(初)', '정(正)', '한시진(2시간)' 등의 표현을 통해 시간을 나타냈다. 다음 중 조선시대의 시간과 현대의 시간에 대한 비교로 옳지 않은 것은?

〈12시진〉

조선시대 시간		현대 시간	조선시대 시간		현대 시간
자(子)시	초(初)	23시 1분 ~ 60분	오(午)시	초(初)	11시 1분 ~ 60분
	정(正)	24시 1분 ~ 60분		정(正)	12시 1분 ~ 60분
축(丑)시	초(初)	1시 1분 ~ 60분	미(未)시	초(初)	13시 1분 ~ 60분
	정(正)	2시 1분 ~ 60분		정(正)	14시 1분 ~ 60분
인(寅)시	초(初)	3시 1분 ~ 60분	신(申)시	초(初)	15시 1분 ~ 60분
	정(正)	4시 1분 ~ 60분		정(正)	16시 1분 ~ 60분
묘(卯)시	초(初)	5시 1분 ~ 60분	유(酉)시	초(初)	17시 1분 ~ 60분
	정(正)	6시 1분 ~ 60분		정(正)	18시 1분 ~ 60분
진(辰)시	초(初)	7시 1분 ~ 60분	술(戌)시	초(初)	19시 1분 ~ 60분
	정(正)	8시 1분 ~ 60분		정(正)	20시 1분 ~ 60분
사(巳)시	초(初)	9시 1분 ~ 60분	해(亥)시	초(初)	21시 1분 ~ 60분
	정(正)	10시 1분 ~ 60분		정(正)	22시 1분 ~ 60분

① 한 초등학교의 점심 시간이 오후 1시부터 2시까지라면, 조선시대 시간으로 미(未)시에 해당한다.
② 조선시대에 어떤 사건이 인(寅)시에 발생하였다면, 현대 시간으로는 오전 3시와 5시 사이에 발생한 것이다.
③ 현대인이 오후 2시부터 4시 30분까지 운동을 하였다면, 조선시대 시간으로 미(未)시부터 유(酉)시까지 운동을 한 것이다.
④ 축구 경기가 연장 없이 각각 45분의 전반전과 후반전으로 진행되었다면, 조선시대 시간으로 한시진이 채 되지 않은 것이다.

24 철수는 장미에게 "53 55 4E"의 문자를 전송하였다. 장미는 문자가 16진법으로 표현된 것을 발견하고 아래의 아스키 코드표를 이용하여 해독을 진행하려고 한다. 철수가 장미에게 보낸 문자의 의미는 무엇인가?

문자	아스키	문자	아스키	문자	아스키	문자	아스키
A	65	H	72	O	79	V	86
B	66	I	73	P	80	W	87
C	67	J	74	Q	81	X	88
D	68	K	75	R	82	Y	89
E	69	L	76	S	83	Z	90
F	70	M	77	T	84	–	–
G	71	N	78	U	85	–	–

① SUN
② SIX
③ BEE
④ CUP

25 대한민국에서는 소비자가 달걀을 구입할 때 보다 자세하고 정확한 정보를 확인할 수 있도록 달걀에 산란일자, 생산자 고유번호, 사육환경번호를 차례대로 표기해야 한다. 사육환경번호의 경우 닭의 사육 환경에 따라 1(방사육), 2(축사 내 평사), 3(개선된 케이지), 4(기존 케이지)와 같이 구분된다. 이와 같은 달걀 난각 표시 개정안에 따를 때, 생산자 고유번호가 'AB38E'인 한 농장에서 방사 사육된 닭이 9월 7일에 낳은 달걀의 난각 표시로 적절한 것은?

① AB38E 0907 1
② AB38E 0907 2
③ 0907 1 AB38E
④ 0907 AB38E 1

※ 다음은 국내 각 금융기관의 개인대출 현황 자료이다. 〈표 4〉의 연령대별 차입자 현황에 나타난 구성비가 모든 금융기관에 동일하게 적용된다. 이어지는 질문에 답하시오. [26~28]

〈표 1〉 금융기관별 개인대출 취급현황

(단위 : 조 원, %)

구분	은행	상호저축은행	할부금융	신용카드	보험	새마을금고	신협	상호금융	기타	전체
개인대출	234.8	6.3	10.6	5.4	12.2	17.8	12.4	80.2	1.1	380.8
구성비	(61.7)	(1.7)	(2.8)	(1.4)	(3.2)	(4.7)	(3.2)	(21.1)	(0.2)	(100.0)

〈표 2〉 금융기관의 연령대별 개인대출 비중(금액 기준)

(단위 : %)

구분	30세 미만	30 ~ 39세	40 ~ 49세	50 ~ 59세	60세 이상	총계
은행	5.7	29.9	37.2	18.5	8.7	100.0
상호저축은행	5.8	23.8	39.3	19.3	11.8	100.0
상호금융	2.3	16.3	35.8	25.6	20.0	100.0
할부금융	19.4	37.6	29.8	9.7	3.5	100.0
신용카드	27.3	37.9	24.9	7.6	2.3	100.0
보험	5.3	34.4	38.9	15.6	5.8	100.0
전체	5.6	26.8	36.4	19.8	11.4	100.0

〈표 3〉 금융기관별 차입자수

(단위 : 만 명)

은행	상호저축은행	할부금융	신용카드	보험	새마을금고	신협	상호 금융	총계
660.0	15.3	92.9	92.1	46.8	58.5	40.1	208.5	1,214.2

〈표 4〉 연령대별 차입자 현황

(단위 : 천 명, %)

구분	30세 미만	30 ~ 39세	40 ~ 49세	50 ~ 59세	60세 이상	총계
차입자수	1,358	3,156	2,998	1,482	1,013	10,007
구성비	(13.6)	(31.5)	(30.0)	(14.8)	(10.1)	(100.0)
인구대비 차입자수 비중	6.4	38.1	43.1	34.3	19.6	21.8

26 새마을금고를 이용하는 40대 차입인구는 몇 명인가?

① 17만 명

② 17만 5,500명

③ 18만 명

④ 18만 5,500명

27 은행을 통한 30대 차입인구의 개인대출 총액은?

① 약 70조 원

② 약 75조 원

③ 약 80조 원

④ 약 85조 원

28 상호금융을 통한 60세 이상 차입인구의 평균 개인대출 금액은?

① 약 7,200만 원

② 약 7,400만 원

③ 약 7,600만 원

④ 약 7,800만 원

29 다음은 각 은행의 타은행으로 100,000원을 송금할 때 부과되는 수수료를 비교한 자료이다. 이에 대한 내용으로 적절한 것은?

〈은행별 송금 수수료〉

(단위 : 원)

은행	창구이용	자동화기기		인터넷뱅킹	텔레뱅킹 (ARS 이용 시)	모바일뱅킹
		마감 전	마감 후			
A은행	1,000	700	1,000	500	500	500
B은행	1,000	800	1,000	500	500	500
C은행	1,000	500	750	500	500	500
D은행	500	500	500	500	500	500
E은행	500	500	500	500	500	500
F은행	600	600	650	면제	면제	면제
G은행	600	500	650	500	500	500
H은행	500	500	800	500	500	500
I은행	1,000	700	950	500	500	500
J은행	1,000	500	700	500	600	500
K은행	600	800	1,000	500	500	500
L은행	600	500	600	500	500	500
M은행	600	500	750	500	500	500
N은행	800	800	1,000	500	500	500
O은행	800	600	700	500	500	500
P은행 (인터넷뱅크)	운영하지 않음	면제	면제	면제	운영하지 않음	면제
Q은행	1,000	면제	면제	면제	500	면제
R은행 (인터넷뱅크)	운영하지 않음	면제	면제	운영하지 않음	운영하지 않음	면제

① 자동화기기의 마감 전 수수료가 700원 이상인 은행은 총 6곳이다.

② '운영하지 않음'을 제외한 A~R은행의 창구이용 수수료의 평균은 800원보다 크다.

③ '면제'를 제외한 A~R은행의 자동화기기의 마감 전 수수료 평균이 마감 후 수수료 평균보다 크다.

④ A~O은행 중 창구이용, 자동화기기(마감 전과 후 모두)의 총수수료 평균이 가장 큰 은행은 B은행이다.

30 M금고 G지점은 5층짜리 선반에 사무용품을 정리해 두고 있다. 선반의 각 층에는 서로 다른 두 종류의 사무용품이 놓여 있다고 할 때, 다음에 근거하여 바르게 추론한 것은?

- 선반의 가장 아래층에는 인덱스 바인더가 지우개와 함께 놓여 있다.
- 서류정리함은 보드마카와 스테이플러보다 아래에 놓여 있다.
- 보드마카와 접착 메모지는 같은 층에 놓여 있다.
- 2공 펀치는 스테이플러보다는 아래에 놓여 있지만, 서류정리함보다는 위에 놓여 있다.
- 접착 메모지는 스테이플러와 볼펜보다 위에 놓여 있다.
- 볼펜은 2공 펀치보다 위에 놓여 있지만, 스테이플러보다 위에 놓여 있는 것은 아니다.
- 북엔드는 선반의 두 번째 층에 놓여 있다.
- 형광펜은 선반의 가운데 층에 놓여 있다.

① 스테이플러는 보드마카보다 위에 놓여 있다.
② 서류정리함은 북엔드보다 위에 놓여 있다.
③ 볼펜은 3층 선반에 놓여 있다.
④ 보드마카와 접착 메모지가 가장 높은 층에 놓여 있다.

31 직원 A ~ F 6명은 연휴 전날 고객이 많을 것을 고려해, 점심을 12시, 1시 두 팀으로 나눠 먹기로 하였다. 다음 중 〈보기〉가 모두 참일 때, 반드시 참인 것은?

───〈보기〉───
- A는 B보다 늦게 가지는 않는다.
- A와 C는 같이 먹는다.
- C와 D는 따로 먹는다.
- E는 F보다 먼저 먹는다.

① A와 B는 다른 시간에 먹는다.
② B와 C는 같은 시간에 먹는다.
③ D와 F는 같은 시간에 먹는다.
④ A가 1시에 먹는다면 1시 인원이 더 많다.

32 M사 전략기획본부 직원 A ～ G 7명은 신입사원 입사 기념으로 단체로 영화관에 갔다. 다음 〈조건〉에 따라 자리에 앉는다고 할 때, 항상 옳은 것은?(단, 가장 왼쪽부터 첫 번째 자리로 한다)

〈조건〉
- 7명은 한 열에 나란히 앉는다.
- 한 열에는 7개의 좌석이 있다.
- 양 끝자리 옆에는 비상구가 있다.
- D와 F는 나란히 앉지 않는다.
- A와 B 사이에는 한 명이 앉아 있다.
- G는 왼쪽에 사람이 있는 것을 싫어한다.
- C와 G 사이에는 한 명이 앉아 있다.
- G는 비상구와 붙어 있는 자리를 좋아한다.

① E는 D와 F 사이에 앉는다.
② G와 가장 멀리 떨어진 자리에 앉는 사람은 D이다.
③ C의 양옆에는 A와 B가 앉는다.
④ D는 비상구와 붙어 있는 자리에 앉는다.

33 M기업에서는 인건비를 줄이기 위해 다양한 방식을 고민하고 있다. 다음 정보를 토대로 선택할 수 있는 가장 적절한 방법은 무엇인가?(단, 한 달은 4주이다)

〈정보〉
- 정직원은 오전 8시부터 오후 7시까지 평일·주말 상관없이 주 6일 근무하며, 1인당 월 급여는 220만 원이다.
- 계약직원은 오전 8시부터 오후 7시까지 평일·주말 상관없이 주 5일 근무하며, 1인당 월 급여는 180만 원이다.
- 아르바이트생은 평일 3일, 주말 2일로 하루 9시간씩 근무하며, 평일은 시급 9,000원, 주말은 시급 12,000 원이다.
- 현재 정직원 5명, 계약직원 3명, 아르바이트생 3명이 근무 중이며 전체 인원을 줄일 수는 없다.

① 아르바이트생을 계약직원으로 전환한다.
② 계약직원을 아르바이트생으로 전환한다.
③ 아르바이트생을 정직원으로 전환한다.
④ 계약직원을 정직원으로 전환한다.

※ 다음은 M공항공사 운항시설처의 업무분장표이다. 이어지는 질문에 답하시오. [34~35]

〈운항시설처 업무분장표〉

구분		업무분장
운항시설처	운항안전팀	• 이동지역 안전관리 및 지상안전사고 예방 안전 활동 • 항공기 이착륙시설 및 계류장 안전점검, 정치장 배정 및 관리 • 이동지역 차량 / 장비 등록, 말소 및 계류장 사용료 산정 • 야생동물 위험관리업무(용역관리 포함) • 공항안전관리시스템(SMS)운영계획 수립·시행 및 자체검사 시행·관리
	항공등화팀	• 항공등화시설 운영계획 수립 및 시행 • 항공등화시스템(A-SMGCS) 운영 및 유지관리 • 시각주기안내시스템(VDGS) 운영 및 유지관리 • 계류장조명등 및 외곽보안등 시설 운영 및 유지관리 • 에어사이드지역 전력시설 운영 및 유지관리 • 항공등화시설 개량계획 수립 및 시행
	기반시설팀	• 활주로 등 운항기반시설 유지관리 • 지하구조물(지하차도, 공동구, 터널, 배수시설) 유지관리 • 운항기반시설 녹지 및 계측관리 • 운항기반시설 제설작업 및 장비관리 • 운항기반시설 공항운영증명 기준관리 • 전시목표(활주로 긴급 복구) 및 보안시설 관리

34 다음은 M공항공사와 관련된 보도자료의 제목이다. 운항시설처의 업무와 가장 거리가 먼 것은?

① M공항공사, 관계기관 합동 종합제설훈련 실시
② M공항공사, 전시대비 활주로 긴급 복구훈련 실시
③ M공항공사, 항공등화 핵심장비 국산화 성공
④ 골든타임을 사수하라! M공항공사 항공기 화재진압훈련 실시

35 M공항공사의 운항안전팀에서는 안전회보를 발간한다. 다음 달에 발간하는 안전회보 제작을 맡게 된 A사원은 회보에 실을 내용을 고민하고 있다. 다음 중 안전회보에 실릴 내용으로 적절하지 않은 것은?

① M공항공사 항공안전 캠페인 시행 – 이동지역 안전문화를 효과적으로 정착시키기 위한 분기별 캠페인 및 합동 점검 실시
② 안전관리시스템 위원회 개최 – 이동지역 안전 증진을 위해 매년 안전관리시스템 위원회 개최
③ 우수 운항안전 지킴이 선정 현황 – 이동지역 내 사고 예방에 공로가 큰 안전 신고 / 제안자 선정 및 포상
④ 대테러 종합훈련 실시 – 여객터미널 출국장에서 폭발물 연쇄테러를 가정하여 이에 대응하는 훈련 진행

36 영업부에 근무하는 이사원은 제품에 대한 불만이 있는 고객의 전화를 받았다. 고객은 제품에 문제가 있어 담당부서에 고장수리를 요청했으나 연락이 없어 화가 많이 난 상태였다. 이때 직원으로서 가장 적절한 응대는?

① 고객에게 사과하여 고객의 마음을 진정시키고 상사에게 전화를 연결한다.

② 고객의 불만을 들어준 후, 고객에게 제품수리에 대해 담당부서로 다시 전화할 것을 권한다.

③ 회사를 대표해서 미안하다는 사과를 하고, 고객의 불만을 메모한 후 담당부서에 먼저 연락하여 해결해 줄 것을 의뢰한다.

④ 화를 가라앉히시라고 말하고 그렇지 않으면 전화응대를 하지 않겠다고 한다.

37 윤부장은 평소 어떤 대화 습관을 가지고 있느냐가 직장 생활을 하는 데 매우 중요한 역할을 한다고 생각한다. 개인의 습관이기 때문에 일일이 지적하기는 힘들지만 최소한 고쳐야 할 대화 습관에 대해서 회의 시간에 팀원들에게 얘기하려고 한다. 다음 중 고쳐야 할 대화 습관을 갖고 있지 않은 사람은 누구인가?

① 전과장 : 나는 대화를 할 때 상대의 말을 요약해 보는 습관이 있어. 대화에 집중이 더 잘되는 것 같아서.

② 임대리 : 나는 상대방의 말을 들으면서 내가 무슨 말을 해야 할지 생각해. 그래야 빨리 대처할 수 있잖아.

③ 이대리 : 상대방에게 위로가 필요할 때는 그의 말에 빨리, 최대한 동의해주는 것이 맞아.

④ 강사원 : 분위기가 너무 심각하면 대화 주제를 바꾸거나 농담을 하는 것도 좋은 방법이야.

38 A사원은 사람들 앞에 나설 생각만 하면 불안감이 엄습하면서 땀이 난다. 심지어 지난번 프레젠테이션에서는 너무 떨린 나머지 자신이 말해야 하는 것을 잊어버리기도 하였다. 주요 기획안 프레젠테이션을 앞둔 A사원은 같은 실수를 반복하지 않기 위해 상사인 B대리에게 조언을 구하기로 하였다. 다음 중 B대리가 A사원에게 해줄 조언으로 적절하지 않은 것은?

① 발표할 내용은 주어진 시간보다 더 많은 분량으로 미리 준비하는 것이 좋습니다.

② 완벽하게 준비하려 하기보다는 자신의 순발력으로 대처할 수 있을 정도로 준비하는 것이 좋습니다.

③ 듣는 사람들을 자신과 똑같은 위치의 사람이라고 생각하면서 발표하는 것도 좋은 방법입니다.

④ 듣는 사람의 눈을 보기 어렵다면 그 사람의 코를 보면서 발표하는 것도 좋은 방법입니다.

39 A사원은 M금고 고객서비스과에 배치된 신입사원이다. 고객의 불만이 접수되었고 고객 불만 처리단계에 따라 응대하려고 한다. 다음 중 적절하지 않은 대처는?

① 불만이 있는 고객이기 때문에 최대한 공손한 태도를 보이는 것이 좋다.

② 불만에 대해 의사표현을 해 주신 것에 대해서는 감사의 태도를 보이고 고객의 불만에 공감하는 태도를 보여야 한다.

③ 적절하지 않은 불만이어도 고객이기 때문에 불편을 드린 점에 대해 사과를 드린다.

④ 일단 고객을 진정시키는 것이 중요하므로 무조건 신속하게 처리한다.

40 운송관리팀 M주임은 다음 경로에 따라 제품들을 운송해야 한다. 통행료가 가장 적게 소요되는 경로는?

- M주임은 새로 출시된 제품들을 A창고에서 B창고로 운송하는 경로를 계획 중이다.
- A창고에서 B창고로 이동 가능한 경로는 다음과 같다.

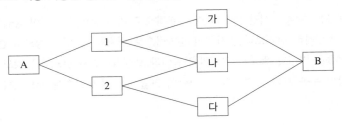

- 각 게이트에서 지불하는 통행료는 다음과 같다.

게이트	통행료	비고
1	46,100	–
2	37,900	–
가	38,400	–
나	51,500	1게이트를 거쳐 온 경우 10% 할인
다	40,500	2게이트를 거쳐 온 경우 5% 할인

① A – 1 – 가 – B
② A – 1 – 나 – B
③ A – 2 – 다 – B
④ A – 2 – 나 – B

6권

MG새마을금고 지역본부 필기전형
정답 및 해설

온라인 모의고사 2회 무료쿠폰

쿠폰번호 ASUW-00000-FE520

[쿠폰 사용 안내]

1. **합격시대 홈페이지**(www.sdedu.co.kr/pass_sidae_new)에 접속합니다.
2. 홈페이지 우측 상단 '쿠폰 입력하고 모의고사 받자' 배너를 클릭합니다.
3. 쿠폰번호를 등록합니다.
4. 내강의실 > 모의고사 > 합격시대 모의고사 클릭 후 응시합니다.

※ 본 쿠폰은 등록 후 30일간 이용 가능합니다.
※ iOS / macOS 운영체제에서는 서비스되지 않습니다.

끝까지 책임진다! 시대에듀!

QR코드를 통해 도서 출간 이후 발견된 오류나 개정법령, 변경된 시험 정보, 최신기출문제, 도서 업데이트 자료 등이 있는지 확인해 보세요! **시대에듀 합격 스마트 앱**을 통해서도 알려 드리고 있으니 구글 플레이나 앱 스토어에서 다운받아 사용하세요. 또한, 파본 도서인 경우에는 구입하신 곳에서 교환해 드립니다.

제1회 모의고사 정답 및 해설

01	02	03	04	05	06	07	08	09	10
④	②	②	④	③	①	②	④	③	④
11	12	13	14	15	16	17	18	19	20
④	④	④	④	②	④	③	①	④	②
21	22	23	24	25	26	27	28	29	30
①	②	④	④	③	④	③	③	①	③
31	32	33	34	35	36	37	38	39	40
④	②	①	④	②	④	④	④	④	①

01
정답 ④

동사는 의미에 따라 '-는' 또는 '-은'의 어미와 활용할 수 있지만, 형용사는 '-은'으로만 활용할 수 있다. 따라서 '걸맞다'는 '두 편을 견주어 볼 때 서로 어울릴 만큼 비슷하다.'는 의미의 형용사이므로 '걸맞은'으로 써야 한다.

02
정답 ②

3단계는 상대방의 입장을 파악하는 단계이다. 자기 생각을 말한 뒤 A씨의 견해를 물으며 상대방의 입장을 파악하려는 ②가 3단계에 해당하는 대화로 가장 적절하다.

03
정답 ②

제시문에서는 근대건축물이 방치되고 있는 상황과 함께 지속적인 관리의 필요성을 설명하고 있다. 기존 관리 체계의 한계점을 지적하며, 이를 위한 해결책으로 공공의 역할을 강조하고 있으므로 글의 중심 내용으로 ②가 가장 적절하다.

04
정답 ④

보기에서는 4비트 컴퓨터가 처리하는 1워드를 초과한 '10010'을 제시하며, 이를 '오버플로'라 설명한다. 이때 (라)의 바로 앞 문장에서는 0111에 1011을 더했을 때 나타나는 '10010'을 언급하고 있으며, (라)의 바로 뒤 문장에서는 부호화 절댓값에는 이 '오버플로'를 처리하는 규칙이 없다는 점을 설명하고 있다. 따라서 보기의 문장은 (라)에 들어가는 것이 적절하다.

05
정답 ③

혁신적 기술 등에 의한 성장이 아닌 외형성장에 주력해온 국내 경제의 체질을 변화시키기 위해 벤처기업 육성에 관한 특별조치법이 제정되었다고 하는 부분을 통해 알 수 있는 내용이다.

오답분석

① 해외 주식시장의 주가 상승과 국내 벤처버블 발생이 비슷한 시기에 일어난 것은 알 수 있으나 전자가 후자의 원인이라는 것은 제시문을 통해서는 알 수 없는 내용이다.
② 벤처버블이 1999 ~ 2000년 동안 국내뿐 아니라 미국, 유럽 등 전세계 주요 국가에서 나타난 것은 알 수 있으나 전세계 모든 국가에서 일어났는지는 알 수 없다.
④ 뚜렷한 수익모델이 없다고 하더라도 인터넷을 활용한 비즈니스를 내세우면 높은 잠재력을 가진 기업으로 인식되었다는 부분을 통해 벤처기업이 활성화되었으리라는 것을 유추할 수는 있다. 하지만 그것이 대기업과 어떠한 연관을 가지는지는 제시문을 통해서는 알 수 없다.

06
정답 ①

P2P 대출은 공급자(투자)와 수요자(대출)가 금융기관의 개입 없이도 직접 자금을 주고받을 수 있다.

07
정답 ②

제시문에 언급된 수출가격을 구하는 계산식을 통해 확인할 수 있다. 환율이 1,000원/$일 때 국내 시장에서 가격이 1만 원인 국산품의 수출가격이 $10라면 환율이 상승한 2,000원/$일 경우 수출가격은 $5가 된다.

오답분석

① 수입 증가는 환율 상승의 원인으로 볼 수 있다.
③ 외국인들의 한국 여행은 환율 하락의 원인으로 작용한다.
④ 수입가격을 구하는 계산식을 통해 확인할 수 있다. 환율이 1,000원/$일 때 국제 시장에서 가격이 $100인 수입품의 수입가격이 100,000원이라면, 환율이 900원/$일 때 90,000원이 된다.

08
정답 ④

제시문은 촉매 개발의 필요성과 촉매 설계 방법의 구체적 과정을 설명하고 있다. 회귀 경로는 잘못을 발견했을 경우에 원래의 위치로 복귀해 다른 방법을 시도함으로써 새로운 길을 찾는 것이다. ④에서 설문지의 질문이 잘못됨을 발견하고 다시 설문지 작성 과정으로 돌아와 질문을 수정하였으므로, 제시문과 가장 가까운 사례로 볼 수 있다.

09
정답 ③

총재, 부총재를 포함한 모든 금융통화위원은 대통령이 임명한다.

오답분석

① 마지막 문단에 따르면 면밀한 검토가 필요한 사안에 대해서는 본회의 외에 별도 심의위원회가 구성되기도 한다.
② 한국은행 총재는 금융통화위원회 의장을 겸임한다.
④ 정기회의는 의장이 필요하다고 인정하거나, 금융통화위원 최소 2인의 요구가 있을 때 개최된다.

10
정답 ④

⊙의 '고속도로'는 그래핀이 사용된 선로를 의미하며, ⓒ의 '코팅'은 비정질 탄소로 그래핀을 둘러싼 것을 의미한다. ⊙의 그래핀은 전자의 이동속도가 빠른 대신 저항이 높고 전하 농도가 낮다. 연구팀은 이러한 그래핀의 단점을 해결하기 위해, 즉 저항을 감소시키고 전하 농도를 증가시키기 위해 그래핀에 비정질 탄소를 얇게 덮는 방법을 생각해냈다.

오답분석

① ⓛ의 '도로'는 기존 금속 재질의 선로를 의미한다. 연구팀은 기존의 금속 재질(ⓛ) 대신 그래핀(⊙)을 반도체 회로에 사용하였다.
② 반도체 내에 많은 소자가 집적되면서 금속 재질의 선로(ⓛ)에 저항이 기하급수적으로 증가하였다.
③ 그래핀(⊙)은 구리보다 전기 전달 능력이 뛰어나고 전자 이동속도가 100배 이상 빠르다.

11
정답 ④

네 번째 조건을 제외한 나머지 조건과 그 대우를 논리식으로 표현하면 다음과 같다.

조건	대우
$\sim(D \vee G) \rightarrow F$	$\sim F \rightarrow (D \wedge G)$
$F \rightarrow \sim E$	$E \rightarrow \sim F$
$\sim(B \vee E) \rightarrow \sim A$	$A \rightarrow (B \wedge E)$

네 번째 조건에 따라 A가 투표를 하였으므로, 세 번째 조건의 대우에 의해 B와 E 모두 투표를 하였다. 또한 E가 투표를 하였으므로, 두 번째 조건의 대우에 따라 F는 투표하지 않았으며, F가 투표하지 않았으므로 첫 번째 조건의 대우에 따라 D와 G는 모두 투표하였다. A, B, D, E, G 5명이 모두 투표하였으므로 네 번째 조건에 따라 C는 투표하지 않았다.
따라서 투표를 하지 않은 사람은 C와 F이다.

12
정답 ④

인공지능은 인간이 만든 도구일 뿐이고, 도구일 뿐인 기계가 인간을 판단하는 것은 정당하지 않으며, 이런 도구가 인간을 평가하면 주체와 객체가 뒤바뀌는 상황이 발생한다고 주장하고 있다.

오답분석

① 인공지능과 인간의 차이점을 통해 논지를 주장하고 있다.
② 인공지능은 빅데이터를 바탕으로 결과를 도출해 내는 기계에 불과하므로, 통계적 분석을 할 뿐 타당한 판단을 할 수 없다고 보고 있다.
③ 인공지능이 아니라 인간이 사회에서 의사소통을 통해 관계를 형성한다고 하였다.

13
정답 ④

'-데'는 경험한 지난 일을 돌이켜 말할 때 쓰는, 회상을 나타내는 종결어미이며, '-대'는 '-다(고)해'의 준말이다. 곧 '-대'는 화자가 문장 속의 주어를 포함한 다른 사람으로부터 들은 이야기를 청자에게 간접적으로 전달하는 의미를 갖고 있다. 따라서 ④의 문장은 영희에게 들은 말을 청자에게 전달하는 의미로 쓰였으므로 '맛있대'가 되어야 한다.

14
정답 ④

목표의 층위·내용 등에 따라 우선순위가 있을 수는 있지만 하나씩 순차적으로 처리해야 하는 것은 아니다. 즉, 조직의 목표는 동시에 여러 개가 추구될 수 있다.

15
정답 ②

현재 M사가 바라는 대로 배터리 사양을 변경하기 위한 A사의 추가 투자는 불가능한 상황이다. 하지만 M사는 사업을 반드시 추진하고자 하므로, A사 배터리의 기존 사양대로 납품 받아야 한다. 따라서 M사는 유화전략, 즉 Lose-Win전략을 취함으로써 양보를 하고 협상에 임할 것이다. 이는 단기적으로는 비용부담이 있을 수 있으나, 장기적으로는 유망 사업을 추진함으로써 수익성 개선을 확보할 수 있다.
따라서 M사의 협상전략으로 적절한 것은 ⊙, ⓒ이다.

오답분석

ⓛ 회피전략은 협상에서 철수하는 것이다. M사는 반드시 이 협력 사업을 추진하고자 하므로 회피전략은 적절한 전략이 아니다.
ⓔ 반드시 사업을 추진해야 하는 M사 입장에서는 추가 투자가 불가능한 A사에게 강압전략을 취하는 것이 바람직하지 않다.

16
정답 ②

우선, 박비서에게 회의 자료를 받아와야 하므로 비서실을 들러야 한다. 다음으로 기자단 간담회는 대외 홍보 및 기자단 상대 업무를 맡은 홍보팀에서 기자단 간담회 자료를 정리할 것이므로 홍보팀을 거쳐야 하며, 승진자 인사 발표 소관 업무는 인사팀이 담당한다고 볼 수 있다. 또한, 회사의 차량 배차에 관한 업무는 총무팀과 같은 지원부서의 업무로 보는 것이 타당하다.

17
정답 ③

먼저 이슈 분석은 현재 수행하고 있는 업무에 가장 큰 영향을 미치는 핵심이슈 설정, 이슈에 대한 일시적인 결론을 예측해보는 가설설정, 가설검증계획에 의거해 분석결과를 이미지화하는 Output 이미지 결정의 절차를 거쳐 수행된다. 다음으로 데이터 분석은 목적에 따라 데이터 수집 범위를 정하는 데이터 수집계획 수립, 정량적이고 객관적인 사실을 수집하는 데이터 수집, 수집된 정보를 항목별로 분류·정리한 후 의미를 해석하는 데이터 분석의 절차를 거쳐 수행된다. 마지막으로 원인 파악 단계에서는 이슈와 데이터 분석을 통해서 얻은 결과를 바탕으로 최종 원인을 확인한다. 따라서 원인 분석 단계는 ⓒ－ⓜ－ⓐ－ⓛ－ⓗ－ⓔ의 순서로 진행된다.

18
정답 ①

일반적으로 기획부의 업무는 제시된 표처럼 사업계획이나 경영점검 등 경영활동 전반에 걸친 기획 업무가 주를 이루며, 사옥 이전 관련 발생 비용 산출은 회계부, 대내외 홍보는 총무부에서 담당한다.

19
정답 ②

(가) 고객 분석 : ㉠, ㉢과 같은 고객에 대한 질문을 통해 고객에 대한 정보를 분석한다.
(나) 자사 분석 : ㉡과 같은 질문을 통해 자사의 수준에 대해 분석한다.
(다) 경쟁사 분석 : ㉣, ㉤과 같은 질문을 통해 경쟁사를 분석함으로써 경쟁사와 자사에 대한 비교가 가능하다.

20
정답 ②

수준 높은 금융 서비스를 통해 글로벌 경쟁에서 우위를 차지하는 것은 강점을 이용해 글로벌 금융사와의 경쟁 심화라는 위협을 극복하는 ST전략이다.

오답분석
① 해외 비즈니스TF팀을 신설해 해외 금융시장 진출을 확대하는 것은 글로벌 경쟁력이 낮다는 약점을 극복하고 해외 금융시장 진출 확대라는 기회를 활용하는 WO전략이다.
③ 탄탄한 국내 시장점유율이 국내 금융그룹의 핀테크 사업 진출의 기반이 되는 것은 강점을 통해 기회를 살리는 SO전략이다.
④ 우수한 자산건전성 지표를 홍보하여 고객 신뢰를 회복하는 것은 강점으로 위협을 극복하는 ST전략이다.

21
정답 ①

브레인스토밍은 자유연상법의 한 유형으로, 어떤 문제의 해결책을 찾기 위해 여러 사람이 생각나는 대로 아이디어를 제안하는 방식으로 진행된다. 보령시에서 개최한 보고회는 각 부서의 업무에 국한하지 않고 가능한 많은 양의 아이디어를 자유롭게 제출하는 방식으로 진행되었으므로 브레인스토밍 방법이 사용되었음을 알 수 있다.

오답분석
② SCAMPER 기법 : 아이디어를 얻기 위해 의도적으로 시험할 수 있는 대체, 결합, 적용, 변경, 제거, 재배치, 다른 용도로 활용 등 7가지 규칙이다.
③ NM법 : 비교발상법의 한 유형으로, 대상과 비슷한 것을 찾아내 그것을 힌트로 새로운 아이디어를 생각해내는 방법이다.
④ Synectics법 : 비교발상법의 한 유형으로, 서로 관련이 없어 보이는 것들을 조합하여 새로운 것을 도출해내는 아이디어 발상법이다.

22
정답 ②

경영은 경영목적, 인적자원, 자금, 전략의 4요소로 구성된다.
㉠ 경영목적
㉡ 인적자원
㉢ 자금
㉣ 경영전략

오답분석
ⓒ 마케팅
ⓔ 회계

23
정답 ④

• A씨 부부의 왕복 비용 : $(59,800 \times 2) \times 2 = 239,200$원
• 만 6세 아들의 왕복 비용 : $(59,800 \times 0.5) \times 2 = 59,800$원
• 만 3세 딸의 왕복 비용 : $59,800 \times 0.25 = 14,950$원
따라서 A씨 가족이 지불한 교통비는 $239,200 + 59,800 + 14,950 = 313,950$원이다.

24
정답 ④

주어진 조건을 종합하면 5명이 주문한 음료는 아메리카노 세 잔, 카페라테 한 잔, 생과일주스 한 잔이다. 아메리카노 한 잔의 가격을 a, 카페라테 한 잔의 가격을 b라고 할 때, 이를 식으로 나타내면 다음과 같다.
• 네 번째를 제외한 모든 조건 : $a \times 3 + b + 5,300 = 21,300 \rightarrow 3a + b = 16,000$ ⋯ ㉠
• 네 번째 조건 : $a + b = 8,400$ ⋯ ㉡
㉠과 ㉡을 연립하여 풀면, $a = 3,800$, $b = 4,600$이다.
따라서 아메리카노 한 잔의 가격은 3,800원, 카페라테 한 잔의 가격은 4,600원이다.

25

정답 ③

50,000원을 넘지 않으면서 사과 10개들이 한 상자를 최대로 산다면 5상자(9,500×5=47,500원)를 살 수 있다. 나머지 금액(50,000−47,500=2,500)으로 낱개의 사과를 2개까지 살 수 있으므로, 구매할 수 있는 사과의 최대 개수는 10×5+2=52개이다.

26

정답 ④

영업부서와 마케팅부서에서 S등급과 C등급에 배정되는 인원은 같고, A등급과 B등급의 인원이 영업부서가 마케팅부서보다 2명씩 적다. 따라서 두 부서의 총 상여금액 차이는 (420×2)+(330×2)=1,500만 원이므로 옳지 않다.

오답분석

①·③ 마케팅부서와 영업부서의 등급별 배정인원은 다음과 같다.

구분	S	A	B	C
마케팅부서	2명	5명	6명	2명
영업부서	2명	3명	4명	2명

② A등급 상여금은 B등급 상여금보다 $\frac{420-330}{330}\times100≒27.3\%$ 많다.

27

정답 ③

범례가 거꾸로 작성되었다. 즉, 막대그래프의 상단 색으로 처리된 부분이 토목공사를 나타내는 것이고 하단의 백색 부분이 건축공사를 나타내고 있다.

28

정답 ③

먼저 모든 면접위원의 입사 후 경력은 3년 이상이어야 한다는 조건에 따라 A, E, F, H, I, L직원은 면접위원으로 선정될 수 없다. 이사 이상의 직급으로 6명 중 50% 이상 구성되어야 하므로 자격이 있는 C, G, N은 반드시 면접위원으로 포함한다. 다음으로 인사팀을 제외한 부서는 두 명 이상 구성할 수 없으므로 이미 N이사가 선출된 개발팀은 더 선출할 수 없고, 인사팀은 반드시 2명을 포함해야 하므로 D과장은 반드시 선출된다. 이를 정리하면 다음과 같다.

구분	경우 1	경우 2	경우 3
1	C이사	C이사	C이사
2	D과장	D과장	D과장
3	G이사	G이사	G이사
4	N이사	N이사	N이사
5	B과장	B과장	J과장
6	J과장	K대리	K대리

따라서 B과장이 면접위원으로 선출되더라도 K대리가 선출되지 않는 경우도 있다.

29

정답 ①

3차년도의 이자비용(A)은 2차년도의 사채장부가액(E)의 10%이므로 930백만 원이 되며 이자비용과 액면이자(600백만 원)의 차이가 상각액이 되므로 상각액은 330백만 원이 된다. 이 상각액을 2차년도의 사채장부가액에 더해주면 3차년도의 사채장부가액이 되며 그 값은 96억 3천만 원이 되어 96억 원을 넘어선다. 따라서 옳지 않은 내용이다.

오답분석

②·③ 사채장부가액은 매년 증가할 수밖에 없는 구조이므로 전년도의 사채장부가액의 10%인 이자비용 역시 매년 증가하게 된다. 반면 이자비용에서 차감되는 액면이자는 6억 원으로 매년 일정하므로 이 둘의 차이인 사채발행차금 상각액은 매년 증가하게 된다.

④ 산식의 구조상 1차년도에 3,000백만 원으로 주어진 미상각잔액은 매년 상각을 거치면서 감소하게 되므로 옳은 내용이다.

30

정답 ③

- 첫 번째 조건 : 대우(B 또는 C가 위촉되지 않으면, A도 위촉되지 않는다)에 의해 A는 위촉되지 않는다.
- 두 번째 조건 : A가 위촉되지 않으므로 D가 위촉된다.
- 다섯 번째 조건 : D가 위촉되므로 F도 위촉된다.
- 세 번째, 네 번째 조건 : D가 위촉되었으므로 C와 E는 동시에 위촉될 수 없다.

따라서 위촉되는 사람은 C 또는 E 중 1명과 D, F로 모두 3명이다.

31

정답 ④

- 남성 : 11.1×3=33.3>32.2
- 여성 : 10.9×3=32.7<34.7

따라서 남성의 경우 국가기관에 대한 선호 비율이 공기업 선호 비율의 3배 이하이다.

오답분석

① 3%, 2.6%, 2.5%, 2.1%, 1.9%, 1.7%로 가구소득이 많을수록 중소기업을 선호하는 비율이 줄어들고 있다.

② 연령을 기준으로 3번째로 선호하는 직장은 모두 전문직 기업이다.

③ 국가기관은 모든 기준에서 선호 비율이 가장 높다.

32

정답 ②

첫 번째 조건에서 C+E<A임을 알 수 있고, 다섯 번째 조건에서 F를 정리하면 A+D<C+E+F이다. 첫 번째 조건에서 C+E<A라고 했으므로 F는 D보다 무겁다.

세 번째와 네 번째 조건을 정리하면 'C 또는 E<A, A 또는 D<F 또는 B'이고, 마지막 조건에서 C보다 A가 더 무겁지만, 오른쪽 항인(B+C)가 더 무거우므로 B가 F보다 무겁다는 것을 추론할 수 있다.

따라서 추의 무게는 'C 또는 E<A, A 또는 D<F<B'이고, 두 번째로 무거운 추는 F이다.

33

M금고와 K사 모두 이후의 사업 추진 협력사와 안정적 수요처가 필요하다는 점에서 서로 간의 우호적 관계 유지가 필요하다고 판단할 것이다. 따라서 요구사항 중 일부 양보를 하면서 계약을 체결하는 협력전략, 즉 Win – Win전략을 취할 것이다. 우수한 기술수준을 가진 K사와 이후에도 협력하고자 하므로 양보를 통해 Win – Win하는 전략을 취할 가능성이 높다.
따라서 M금고의 핀테크전략팀이 취할 협상전략으로 적절한 것은 ㉠이다.

오답분석

㉡ K사의 입장에서는 안정적 수요처가 필요하나 M금고 외에는 찾지 못하고 있으므로, 회피전략을 취하는 것보다 비용에서의 양보를 통해 계약을 성사시키는 등 Win – Win전략을 취하는 것이 협상을 성사시킬 가능성을 높이는 전략이다.

㉢ 비용 요구사항이 더 낮은 다른 업체와 계약을 체결할 수도 있지만 기술 수준이 높은 K사와의 협력이 필요한데, 강압전략을 취하다가 K사가 협상에서 철수하는 경우 필요한 기술수준을 얻지 못하게 된다. 따라서 강압전략보다는 협력전략을 취하는 것이 협상 성사 가능성을 더 높일 수 있는 방법이다.

34

국내은행에서 외화를 다른 외화로 환전할 경우에는 우선 외화를 원화로 환전한 후 해당 원화를 다시 다른 외화로 환전하는 방식으로 이루어진다. 실제로 환전 수수료가 있다면 두 번에 걸쳐 수수료가 발생된다.
④와 같이 위안화를 엔화로 국내은행에서 환전한다면 위안화 ¥3,500을 은행에 파는 것이므로 '팔 때' 환율이 적용되어 173.00 ×¥3,500＝605,500원이 된다. 그리고 엔화는 원화를 대가로 은행에서 사는 것이므로 '살 때' 환율이 적용되어 605,500원÷1,070.41≒565.6711이 된다. 그러나 외화거래에서의 엔화 단위는 100엔이므로 1엔 기준으로 변경하면 다음과 같다.
565.6711×100＝¥56,567.11

35

C주임은 최대 작업량을 잡아 업무를 진행하면 능률이 오를 것이라는 오해를 하고 있다. 하지만 이럴 경우 시간에 쫓기게 되어 오히려 능률이 떨어질 가능성이 높다. 실현 가능한 목표를 잡고 우선순위를 세워 진행하는 것이 적절하다.

36

예산이 가장 많이 드는 B사업과 E사업은 사업기간이 3년이므로 최소 1년은 겹쳐야 한다는 것을 기반으로 정리하면 다음과 같다.

연도 예산 사업명	1년 20조 원	2년 24조 원	3년 28.8조 원	4년 34.5조 원	5년 41.5조 원
A		1조 원	4조 원		
B		15조 원	18조 원	21조 원	
C					15조 원
D	15조 원	8조 원			
E			6조 원	12조 원	24조 원
실질사용 예산 합계	15조 원	24조 원	28조 원	33조 원	39조 원

따라서 D사업을 첫해에 시작해야 한다.

37

고객은 대출 이자가 잘못 나갔다고 생각하고 일처리를 잘못한다고 의심하는 상황이기 때문에 의심형 불만고객이다.

불만고객 유형
- 거만형 : 자신의 과시욕을 드러내고 싶어 하는 사람으로, 보통 제품을 폄하하는 고객
- 의심형 : 직원의 설명이나 제품의 품질에 대해 의심을 많이 하는 고객
- 트집형 : 사소한 것으로 트집을 잡는 까다로운 고객
- 빨리빨리형 : 성격이 급하고, 확신 있는 말이 아니면 잘 믿지 않는 고객

38

㉢ 빠른 해결을 약속하지 않으면 다른 불만을 야기하거나 불만이 더 커질 수 있다.
㉣ 고객의 불만이 대출과 관련된 내용이기 때문에 이 부분에 대해 답변을 해야 한다.

오답분석

㉠ 해결방안은 고객이 아니라 M기관에서 제시하는 것이 적절하다.
㉡ 불만을 동료에게 전달하는 것은 고객의 입장에서는 알 필요가 없는 정보이기 때문에 굳이 말할 필요가 없다.

39

㉠ : Q1, Q8
㉡ : Q5, Q6, Q7, Q9

40

B씨는 남은 수강일과 동영상 강의 및 도서 환불에 대해 문의하고 있으므로 Q1, Q6, Q8을 통해 궁금증을 해결할 수 있다

제2회 모의고사 정답 및 해설

01	02	03	04	05	06	07	08	09	10
④	④	①	④	④	④	①	③	③	④
11	12	13	14	15	16	17	18	19	20
②	④	①	④	③	②	①	②	②	③
21	22	23	24	25	26	27	28	29	30
①	①	②	③	④	②	②	④	④	①
31	32	33	34	35	36	37	38	39	40
③	①	④	④	④	④	①	③	④	③

01
정답 ④

한글 맞춤법에 따르면 한자음 '랴, 려, 례, 료, 류, 리'가 단어의 첫머리에 올 적에는 두음법칙에 따라 '야, 예, 이, 오, 우'로 적고, 단어의 첫머리 '이, 오'의 경우에는 본음대로 적는다. 다만, 모음이나 'ㄴ' 받침 뒤에 이어지는 '렬, 률'은 '열, 율'로 적는다. 따라서 '장애률'이 아닌 '장애율'이 옳은 표기이다.

오답분석

㉠ 특화 : 한 나라의 산업 구조나 수출 구성에서 특정 산업이나 상품이 상대적으로 큰 비중을 차지함. 또는 그런 상태
㉡ 포괄 : 일정한 대상이나 현상 따위를 한데 묶어서 어떤 범위나 한계 안에 모두 들게 함
㉢ 달성 : 목적한 것을 이룸

02
정답 ④

보기는 과거 의사소통능력 수업에 대한 문제를 제기하고 있다. 따라서 이에 대한 문제점인 ㉢이 보기 다음에 이어지는 것이 적절하다. ㉡은 과거 문제점에 대한 해결법으로 '문제중심학습(PBL)'을 제시하므로 ㉢ 다음에 오는 것이 적절하며, ㉠ 역시 '문제중심학습(PBL)'에 대한 장점으로 ㉡ 다음에 오는 것이 적절하다. 마지막으로 ㉣의 경우 '문제중심학습(PBL)'에 대한 주의할 점으로 마지막으로 오는 것이 가장 자연스럽다.

03
정답 ①

제시문은 처음에는 X-선 사진을 전혀 볼 줄 모르던 의과대학 학생이 전문의의 설명을 들으면서 사진을 자주 봄으로써 어느새 스스로 사진에 대한 해석을 할 수 있게 되었다는 내용이다. 따라서 이 글이 뒷받침하는 핵심 명제는 '관찰은 배경지식에 의존한다.'이다. 경험이 배경지식이 되었고 그 배경지식이 쌓이고 확대됨에 따라 관찰 능력도 올라간 것이기 때문이다.

04
정답 ④

제시문에서 스타는 스타 시스템에 의해서 소비자들의 욕망을 부추기고 상품처럼 취급되어 소비되는 존재로서, 자신의 의지 때문에 행위하는 것이 아니라 단지 스타 시스템에 의해 조종되고 있을 뿐이다.

05
정답 ④

화폐 통용을 위해서는 화폐가 유통될 수 있는 시장이 성장해야 하고, 농업생산력이 발전해야 한다. 그러나 서민들은 물물화폐를 더 선호하였고, 일부 계층에서만 화폐가 유통되었다. 따라서 광범위한 동전 유통이 실패한 것이다. 화폐의 수요량에 따른 공급 문제는 화폐가 유통된 이후의 조선 후기에 해당하는 내용이다.

06
정답 ④

세 번째 문단을 볼 때 타인으로부터 특정 블록이 완성되어 전파된 경우, 채굴 중이었던 특정 블록을 포기하고 타인의 블록을 채택한 후 다음 순서의 블록을 채굴하는 것이 가장 합리적이다.

오답분석

① 특정 숫자 값을 산출하는 행위를 채굴이라 하고, 이 숫자 값을 가장 먼저 찾아내서 전파한 노드 참가자에게 비트코인과 같은 보상이 주어진다.
② 블록체인의 일치성은 개별 참여자가 자기의 이익을 최대로 얻기 위해 더 긴 블록체인으로 갈아타게 되면서 유지된다.
③ 네트워크에 분산해 장부에 기록하고 참가자가 그 장부를 공동 관리하는 분산원장 방식이 중앙집중형 거래 기록보관 방식보다 보안성이 높다.

07
정답 ①

제시문은 대출을 받아 내 집을 마련한 사람들이 대출금리 인상으로 인한 경제적 부담을 감당하지 못하여 집을 처분하려 하나 이 또한 어려워 경매로 넘기는 상황에 대해 설명하고 있다. 따라서 글의 주제로 대출금리 인상으로 내 집 마련이 무너졌다는 ①이 가장 적절하다.

08
정답 ③

2012년 말부터 시작된 엔/달러 환율 상승세와 원/달러 환율 하락세의 환율 흐름이 장기화되고 있다.

오답분석

① 인구가 고령화되면서 소득 감소로 구매 여력이 감소하고, 생산 부문에도 부정적인 영향이 불가피하다.
② 959조 원에 달하는 가계부채도 자동차 수요 위축을 가져올 수 있는 최대 잠재위험 요인이다.
④ 대형차급에서도 수입차 비중이 커지는 등 국내업체의 수익성 악화가 예상된다.

09
정답 ③

오답분석

① 정상과학의 시기에는 이미 이론의 핵심 부분들은 정립되어 있으며 이 시기에는 새로움을 좇기보다는 기존 연구의 세부 내용이 깊어진다. 따라서 다양한 학파와 이론의 등장은 적절하지 않다.
② 어떤 현상의 결과가 충분히 예측된다 할지라도 그 세세한 과정은 의문 속에 있기 마련이다. 정상과학의 시기에 과학자들의 열정과 헌신성은 예측 결과와 실제의 현상을 일치시키기 위한 연구로 유지될 수 있다.
④ 과학적 사고방식과 관습, 기법 등이 하나의 기반으로 통일되어 있을 뿐이지 해결해야 할 과제가 없는 것은 아니다. 따라서 완성된 과학이라고 부를 수 없다.

10
정답 ④

혼잡한 시간대에도 같은 노선의 앞차를 앞지르지 못하는 버스 운행 규칙으로 인해 버스의 배차 간격이 일정하지 않은 문제가 나타났다. 따라서 원인 파악의 결과는 ④가 적절하다.

11
정답 ②

제시문의 중심 내용을 정리해 보면 '사회 방언은 지역 방언만큼의 주목을 받지는 못하였다.', '사회 계층 간의 방언 차는 그 기준이 되는 사회에 따라 상당히 현격한 차이를 보여 일찍부터 논의의 대상이 되었다.', '사회 계층 간의 방언 분화는 최근 사회 언어학의 대두에 따라 점차 큰 관심의 대상이 되어 가고 있다.'로 요약할 수 있다. 이 내용을 토대로 제목을 찾는다면 ②가 전체 내용을 아우르고 있다는 것을 알 수 있다.

12
정답 ④

탄소배출권거래제는 의무감축량을 초과 달성했을 경우 초과분을 거래할 수 있는 제도이다. 따라서 온실가스의 초과 달성분을 구입 혹은 매매할 수 있음을 추측할 수 있으며, 빈칸 이후 문단에서도 탄소배출권을 일종의 현금화가 가능한 자산으로 언급함으로써 이러한 추측을 돕고 있다. 따라서 ④가 빈칸에 들어갈 내용으로 가장 적절하다.

오답분석

① 청정개발체제에 대한 설명이다.
② 탄소배출권거래제가 탄소배출권이 사용되는 배경이라고는 볼 수 있으나, 다른 감축의무국가를 도움으로써 탄소배출권을 얻을 수 있다는 내용은 제시문에서 확인할 수 없다.
③ 제시문에서 탄소배출권거래제가 6대 온실가스 중 이산화탄소를 줄이는 것을 특히 중요시한다는 내용은 확인할 수 없다.

13
정답 ①

강압전략에 대한 설명으로, A사에 필요한 기술을 확보한 B사에게 대기업인 점을 내세워 공격적으로 설득하는 것은 적절하지 않은 설득방법이다.

오답분석

② See – Feel – Change 전략으로 A사의 주장을 믿지 않는 B사를 설득시키기에 적절한 전략이다.
③ 호혜관계 형성 전략으로 서로에게 도움을 주고받을 수 있는 점을 설명하여 D사를 설득시키는 적절한 전략이다.
④ 사회적 입증 전략으로 A사의 주장을 믿지 못하는 B사를 설득시키는 적절한 전략이다.

14
정답 ②

'어떤 목표로 뜻이 쏠리어 향함. 또는 그 방향이나 그쪽으로 쏠리는 의지'의 의미인 '지향(志向)'이 바르게 사용되었으므로 '지양'으로 수정하는 것은 적절하지 않다.

• 지양(止揚) : 더 높은 단계로 오르기 위하여 어떠한 것을 하지 아니함

오답분석

① 입찰의 뜻을 고려할 때, 문맥상 '어떤 문제를 다른 곳이나 다른 기회로 넘기어 맡기다.'의 의미인 '부치는'으로 고쳐 써야 한다.
③ '계약이나 조약 따위를 공식적으로 맺음'의 의미를 지닌 '체결(締結)'로 고쳐 써야 한다.
④ 세금이 면제되는 면세 사업자에 해당하므로 문맥상 '비교하여 덜어 내다.'의 의미를 지닌 '차감(差減)한'으로 고쳐 써야 한다.

15
정답 ③

오답분석

① 세 번째 명제의 대우와 첫 번째 명제를 통해 알 수 있다.
② 첫 번째 명제의 대우이다.
④ 두 번째 명제의 대우이다.

16　　　　　　　　　　　　　　정답 ②

먼저 B의 진술이 거짓일 경우 A와 C는 모두 프로젝트에 참여하지 않으며, C의 진술이 거짓일 경우 B와 C는 모두 프로젝트에 참여한다. 따라서 B와 C의 진술은 동시에 거짓이 될 수 없으므로 둘 중 한 명의 진술은 반드시 참이 된다.
1) B의 진술이 참인 경우
　A는 프로젝트에 참여하지 않으며, B와 C는 모두 프로젝트에 참여한다. B와 C 모두 프로젝트에 참여하므로 D는 프로젝트에 참여하지 않는다.
2) C의 진술이 참인 경우
　A의 진술은 거짓이므로 A는 프로젝트에 참여하지 않으며, B는 프로젝트에 참여한다. C는 프로젝트에 참여하지 않으나, B가 프로젝트에 참여하므로 D는 프로젝트에 참여하지 않는다.
따라서 반드시 프로젝트에 참여하는 사람은 B이다.

17　　　　　　　　　　　　　　정답 ①

(A)는 경영전략 추진과정 중 환경분석을 나타내며, 환경분석은 외부환경 분석과 내부환경 분석으로 구분된다. 외부환경으로는 기업을 둘러싸고 있는 경쟁자, 공급자, 소비자, 법과 규제, 정치적 환경, 경제적 환경 등이 있으며, 내부환경은 기업구조, 기업문화, 기업자원 등이 해당된다. ①에서 설명하는 예산은 기업자원으로 내부환경 분석의 성격을 가지고, 다른 사례들은 모두 외부환경 분석의 성격을 가짐을 알 수 있다.

18　　　　　　　　　　　　　　정답 ②

오답분석
• B : 사장 직속으로 4개의 본부가 있다는 설명은 옳지만, 인사를 전담하고 있는 본부는 없으므로 옳지 않다.
• C : 감사실이 분리되어 있다는 설명은 옳지만, 사장 직속이 아니므로 옳지 않다.

19　　　　　　　　　　　　　　정답 ②

㉠은 다른 재료로 대체한 S에 해당되고, ㉡은 서로 다른 물건이나 아이디어를 결합한 C에 해당되며, ㉢은 형태, 모양 등을 다른 용도로 사용하는 P에 해당된다.

20　　　　　　　　　　　　　　정답 ③

해당 업무수행 시트는 일의 흐름을 동적으로 보여주는 데 효과적인 워크 플로 시트(Work Flow Sheet)이다. 해당 그림을 보면 주된 업무는 사각형으로, 업무의 세부 절차는 타원으로, 업무의 시작과 종료는 정원으로 구분했음을 확인할 수 있다. 이처럼 워크 플로 시트는 사용하는 도형을 다르게 표현함으로써 주된 작업과 부차적인 작업, 혼자 처리할 수 있는 일과 다른 사람의 협조를 필요로 하는 일, 주의해야 할 일, 컴퓨터와 같은 도구를 사용해서 할 일 등을 구분해서 표현할 수 있다.

오답분석
①・②・④ 체크리스트(Checklist)의 특징이다.

21　　　　　　　　　　　　　　정답 ①

제품 특성상 테이크아웃이 불가능했던 위협 요소를 피하기 위해 버거의 사이즈를 줄이는 대신 사이드 메뉴를 무료로 제공하는 것은 독창적인 아이템을 활용하면서도 위협 요소를 보완하는 ST전략으로 적절하다.

오답분석
② 해당 상점의 강점은 주변 외식업 상권과 차별화된 아이템 선정이다. 그러므로 주변 상권에서 이미 판매하고 있는 상품을 벤치마킹해 판매하는 것은 강점을 활용하는 전략으로 적절하지 않다.
③ 높은 재료 단가를 낮추기 위해 유기농 채소와 유기농이 아닌 채소를 함께 사용하는 것은 웰빙을 추구하는 소비 행태가 확산되고 있는 기회를 활용하지 못하는 전략이므로 적절하지 않다.
④ 커스터마이징 형식의 고객 주문 서비스 및 주문 즉시 조리하는 방식은 해당 상점의 강점이다. 약점을 보완하기 위해 강점을 모두 활용하지 못하는 전략이므로 적절하지 않다.

22　　　　　　　　　　　　　　정답 ①

• ㉠・㉢은 현재 직면하고 있으면서 해결 방법을 찾기 위해 고민하는 발생형 문제에 해당한다.
• ㉡・㉣은 현재 상황은 문제가 아니지만, 상황 개선을 통해 효율을 높일 수 있는 탐색형 문제에 해당한다.
• ㉤・㉥은 새로운 과제나 목표를 설정함에 따라 발생할 수 있는 설정형 문제에 해당한다.

23　　　　　　　　　　　　　　정답 ②

총무팀에서는 테이프와 볼펜, 메모지를 각각 40개 이상을 총예산 15만 원 안에서 구입할 계획이다. 볼펜을 가장 많이 살 때 구입 가능한 볼펜의 최소 개수를 구하기 위해, 모든 품목을 1개씩 묶음으로 구입할 수 있는 금액을 총예산에서 제외한 나머지 예산으로 경우의 수를 나열해보자. 한 묶음의 가격은 $1,100+500+1,300=2,900$원이며, 총예산에서 $150,000 \div 2,900 \fallingdotseq 51.72$묶음, 즉 51개씩 구입할 수 있다. 따라서 나머지 금액인 $150,000-2,900 \times 51=2,100$원으로 구입 가능한 경우는 다음과 같다.
• 테이프 1개, 볼펜 2개 구입 : $1,100+2 \times 500=2,100$원
• 메모지 1개, 볼펜 1개 구입 : $1,300+500=1,800$원(300원 남음)
• 볼펜 4개 구입 : $4 \times 500=2,000$원(100원 남음)
따라서 구매물품 중 볼펜을 가장 많이 구입할 때, 구입 가능한 볼펜의 최소 개수는 첫 번째 경우로 $51+2=53$개이다.

24　정답 ③

1) 17L에 통에 물을 가득 넣고 이를 14L에 옮긴다. 그러면 17L통에 3L가 남는다. 14L물은 모두 버린다.
2) 17L 통에 남아 있는 3L를 14L로 옮긴다.
3) 다시 17L 통에 물을 가득 넣고 14L에 옮긴다. 이때는 이미 14L에 3L가 있기 때문에 17L 통에는 17−11=6L의 물이 남게 된다. 14L에 들은 물은 또 다시 버린다.
4) 17L 통에 있는 6L의 물을 다시 14L에 옮긴다.
5) 17L 통에 있는 물을 가득 채운 다음 다시 14L에 옮긴다. 이때는 이미 14L에 6L가 있기 때문에 17L 통에는 17−8=9L의 물이 남게 된다.

따라서 최소 5번을 이동시켜야 한다.

25　정답 ④

단리 예금에 가입한 경우, 이자는 원금에 대해서만 붙으므로 3년 후, 1,000×0.1×3=300만 원이 되며, 원리합계는 1,000+300=1,300만 원이다.
연 복리 예금일 경우, 원리합계는 $1,000×(1.1)^3=1,000×1.331$ =1,331만 원이 된다.
따라서 두 가지 경우의 원리합계의 합은 1,300+1,331=2,631만 원이다.

26　정답 ②

• 오늘 전액을 송금할 경우 원화기준 숙박비용
 : 13,000엔×2박×(1−0.1)×1,120원/100엔=262,080원
• 한 달 뒤 전액을 현찰로 지불할 경우 원화기준 숙박비용
 : 13,000엔×2박×1,010원/100엔=262,600원
따라서 오늘 전액을 송금하는 것이 520원 더 저렴하다.

27　정답 ②

15 ~ 64세 인구는 2010년까지 증가하였다가, 이후 감소 추세를 보이고 있다.

오답분석
① 자료를 통해 확인할 수 있다.
③ 2000년 65세 이상 인구의 구성비는 7.2%이고, 2050년에는 38.2%이므로 약 5배 이상이다.
④ 15 ~ 64세 인구의 구성비가 가장 높은 해는 2010년으로 72.9%이고, 가장 낮은 해는 2050년 53%이므로 19.9%p의 차이가 난다.

28　정답 ④

1일 평균임금을 x원이라 놓고 퇴직금 산정공식을 이용하여 계산하면 다음과 같다.
1,900만 원=[30x×(5×365)]÷365
→ 1,900만 원=150x

→ x ≒ 13만 원(∵ 천의 자리에서 반올림)
1일 평균임금이 13만 원이므로 A의 평균연봉은 13만 원×365=4,745만 원이다.

29　정답 ④

가장 많은 햇살론 보증잔액을 가지고 있는 금융기관은 F은행이고, 두 번째로 햇살론 보증잔액을 많이 가지고 있는 금융기관은 E은행이다. 두 금융기관의 등급별 금액 차이를 보면 7등급은 483,216백만 원 차이가 나므로 보증잔액 차이가 가장 큰 등급은 7등급이고, 6등급은 452,112백만 원 차이가 난다.

오답분석
① $\frac{7,783}{19,095}×100≒40.8\%$
② B은행의 햇살론 보증잔액 중 개인신용 1 ~ 3등급 햇살론 보증잔액이 차지하는 비율은 $\frac{119+372+492}{17,733}×100=5.54\cdots$ ≒5.5%이고, C은행의 햇살론 보증잔액 중 개인신용 1 ~ 3등급 햇살론 보증잔액의 비율은 $\frac{51+77+176}{6,784}×100=4.48\cdots$ ≒4.5%이다.
③ D은행의 햇살론 보증잔액은 486,711백만 원으로, A은행의 개인신용등급별 햇살론 보증잔액 227,779백만 원의 약 2.13배이다.

30　정답 ①

• 1 ~ 3등급 : $\frac{2,425+6,609+8,226}{227,779}×100≒7.6\%$
• 4등급 : $\frac{20,199}{227,779}×100=8.867\cdots≒8.9\%$
• 5등급 : $\frac{41,137}{227,779}×100=18.060\cdots≒18.1\%$
• 6등급 : $\frac{77,749}{227,779}×100=34.133\cdots≒34.1\%$
• 7등급 : $\frac{58,340}{227,779}×100=25.612\cdots≒25.6\%$
• 8 ~ 10등급 : $\frac{11,587+1,216+291}{227,779}×100≒5.7\%$

따라서 A은행의 구성비를 나타낸 것으로 옳은 것은 ①이다.

31　정답 ③

㉠ 전결권자인 전무가 출장 중인 경우 대결권자가 이를 결재하고 전무가 후결을 하는 것이 맞다.
㉡ 부서장이 전결권자이므로 해당 직원을 채용하는 부서(영업부, 자재부 등)의 부서장이 결재하는 것이 바람직하다.
㉢ 교육훈련 대상자 선정은 이사에게 전결권이 있으므로 잘못된 결재 방식이다.

32
정답 ①

먼저 참가가능 종목이 2개인 사람부터 종목을 확정한다. D는 훌라후프와 줄다리기, E는 계주와 줄다리기, F는 줄넘기와 줄다리기, G는 줄다리기와 2인 3각, J는 계주와 줄넘기이다. 여기에서 E와 J는 계주 참가가 확정되고, 참가 인원이 1명인 훌라후프 참가자가 D로 확정되었으므로 나머지는 훌라후프에 참가할 수 없다. 그러므로 C는 계주와 줄넘기에 참가한다. 다음으로 종목별 참가가능 인원이 지점별 참가 인원과 동일한 경우 참가를 확정시키면, 줄다리기와 2인 3각 참여 인원이 확정된다. A는 줄다리기와 2인 3각에 참가하고, B·H·I 중 1명이 계주에 참가하게 되며 나머지 2명이 줄다리기에 참가한다. 따라서 계주에 꼭 출전해야 하는 직원은 C, E, J이다.

33
정답 ④

- 과정 1=(9+8+9+2+5+7)×1+(7+8+9+3+7+8)×3
  =166
- 과정 2=166÷10=16 ··· 6
- 과정 3=6÷2=3

34
정답 ②

세 번째 조건에 따라 A팀장이 볶음밥을 시키므로, 짬뽕을 시키는 3명은 각각 직급이 달라야 한다. 즉, 과장, 대리, 사원이 각각 1명씩 시켜야 하는데, 다섯 번째 조건에 따라 D사원은 볶음밥이나 짜장면을 시켜야 한다. 각각의 경우를 살펴보면 다음과 같다.

- D사원이 볶음밥을 시키는 경우
  네 번째 조건에 따라 J대리가 짬뽕을 시키므로 N대리가 짜장면을 시키고, 여섯 번째 조건에 따라 S과장이 짜장면을 시켜야 하므로 K과장이 짬뽕을 시키고, 일곱 번째 조건에 따라 P사원도 짬뽕을 시킨다. 따라서 S과장은 짜장면을 시킨다.

짜장면	짬뽕	볶음밥
N대리 S과장	J대리 K과장 P사원	A팀장 D사원

- D사원이 짜장면을 시키는 경우
  일곱 번째 조건에 따라 K과장은 사원과 같은 메뉴를 시켜야 하는데, 만약 K과장이 짜장면이나 볶음밥을 시키면 S과장이 반드시 짬뽕을 시켜야 하므로 조건에 어긋난다. 따라서 K과장은 짬뽕을 시키고, P사원도 짬뽕을 시킨다. J대리는 짜장면을 싫어하므로 짬뽕이나 볶음밥을 시켜야 하는데, 만약 J대리가 짬뽕을 시키면 볶음밥을 싫어하는 N대리는 짜장면을, S과장은 볶음밥을 시켜야 하는데 다섯 번째 조건에 어긋나므로 J대리가 볶음밥을, N대리는 짬뽕을, S과장은 짜장면을 시킨다.

짜장면	짬뽕	볶음밥
D사원 S과장	K과장 P사원 N대리	A팀장 J대리

모든 경우에서 A팀장은 과장과 같은 메뉴를 시킬 수 없으므로, ②는 옳지 않은 설명이다.

35
정답 ④

D주임은 좌석이 2다 석으로 정해져 있다. 그리고 팀장은 두 번째 줄에 앉아야 하며 대리와 이웃하게 앉아야 하므로 A팀장의 자리는 2가 석 혹은 2나 석임을 알 수 있다.

또한, A팀장의 옆자리에 앉을 사람은 B대리 혹은 C대리이며, 마지막 조건에 의해 B대리는 창가 쪽 자리에 앉아야 한다. 그리고 세 번째 조건에서 주임끼리는 이웃하여 앉을 수 없으므로 D주임을 제외한 E주임과 F주임은 첫 번째 줄 중 사원의 자리를 제외한 1가 석 혹은 1라 석에 앉아야 한다.

따라서 B대리가 앉을 자리는 창가 쪽 자리인 2가 석 혹은 2라 석이다.

H사원과 F주임은 함께 앉아야 하므로 이들이 첫 번째 줄 (1나 석, 1가 석)에 앉거나, (1다 석, 1라 석)에 앉는 경우가 가능하다. 이러한 요소를 고려하면 다음 4가지 경우만 가능하다.

1)

E주임	G사원	복도	H사원	F주임
A팀장	C대리		D주임	B대리

2)

E주임	G사원	복도	H사원	F주임
B(C)대리	A팀장		D주임	C(B)대리

3)

F주임	H사원	복도	G사원	E주임
A팀장	C대리		D주임	B대리

4)

F주임	H사원	복도	G사원	E주임
B(C)대리	A팀장		D주임	C(B)대리

㉠ 3), 4)의 경우를 보면 반례인 경우를 찾을 수 있다.
㉡ C대리가 A팀장과 이웃하여 앉으면 라 열에 앉지 않는다.
㉣ 1), 3)의 경우를 보면 반례인 경우를 찾을 수 있다.

오답분석

㉢ 조건들을 고려하면 1나 석와 1다 석에는 G사원 혹은 H사원만 앉을 수 있고, 1가 석, 1라 석에는 E주임과 F주임이 앉아야 한다. 그런데 F주임과 H사원은 이웃하여 앉아야 하므로, G사원과 E주임은 어떤 경우에도 이웃하게 앉는다.

36
정답 ④

주어진 조건에서 적어도 한 사람은 반대를 한다고 하였으므로, 한 명씩 반대한다고 가정하고 접근한다.

- A가 반대한다고 가정하는 경우
  첫 번째 조건에 의해 C는 찬성하고 E는 반대한다. 네 번째 조건에 의해 E가 반대하면 B도 반대한다. 이것은 두 번째 조건에서 B가 반대하면 A가 찬성하는 것과 모순되므로 A는 찬성한다.
- B가 반대한다고 가정하는 경우
  두 번째 조건에 의해 A는 찬성하고 D는 반대한다. 세번째 조건에 의해 D가 반대하면 C도 반대한다. 이것은 첫 번째 조건과 모순되므로 B는 찬성한다.

두 경우에서의 결론과 네 번째 조건의 대우(B가 찬성하면 E도 찬성한다)를 함께 고려하면 E도 찬성함을 알 수 있다. 그리고 첫 번째 조건의 대우(E가 찬성하거나 C가 반대하면, A와 D는 모두 찬성한다)에 의해 D도 찬성한다. 따라서 C를 제외한 A, B, D, E 모두 찬성한다.

37
정답 ①

이번 주 추가근무 일정을 요일별로 정리하면 다음과 같다.

월	화	수	목	금	토	일
김은선 (6) 민윤기 (2)	김석진 (5) 김남준 (3) 정호석 (4)	박지민 (3) 김태형 (6)	최유화 (1) 박시혁 (1)	유진실 (3) 정호석 (1)	이영희 (4) 전정국 (6)	박지민 (2) 김남준 (4)

하루에 2명까지 추가근무를 할 수 있는데 화요일에 3명이 추가근무를 하므로, 화요일 추가근무자 중 1명이 추가근무 일정을 수정해야 한다. 그중에 김남준은 일주일 추가근무 시간이 7시간으로 최대 추가근무 시간인 6시간을 초과하였다. 따라서 김남준의 추가근무 일정을 수정하는 것이 적절하다.

38
정답 ③

ⓐ 2023년에 B등급이었던 고객이 2025년까지 D등급이 되는 경우는 다음과 같다.

2023년	2024년	2025년	확률
B	A	D	$0.14 \times 0.02 = 0.0028$
	B		$0.65 \times 0.05 = 0.0325$
	C		$0.16 \times 0.25 = 0.04$
	D		0.05

∴ $0.0028 + 0.0325 + 0.04 + 0.05 = 0.1253$

ⓑ 해마다 다음 해로 4가지의 등급변화가 가능하다. 이때, D등급을 받으면 5년간 등급변화가 생기지 않는 점에 유의한다. 2023년 C등급에서 2024년에 4가지로 변화가 가능하고, 2025년에 D를 제외한 모든 등급이 다시 4가지씩 변화가 가능하다. 마찬가지로 2026년에 D등급을 제외한 모든 등급이 4가지씩 변화할 수 있으므로 총 경우의 수는 40가지이다.

오답분석

ⓒ •B등급 고객의 신용등급이 1년 뒤에 하락할 확률
  : $0.16 + 0.05 = 0.21$
• C등급 고객의 신용등급이 1년 뒤에 상승할 확률
  : $0.15 + 0.05 = 0.2$

39
정답 ④

고객이 요청한 업무를 처리함에 있어 수수료 발생 등과 같이 고객이 반드시 알아야 하는 사항은 업무를 처리하기 전에 고객에게 확인을 받고 진행하는 것이 적절하다.

40
정답 ③

B부장의 부탁으로 여러 가게를 돌아다니다가 물건을 찾았다면 일단 사가는 것이 옳다. 그리고 나서 금액이 초과되어 돈을 보태어 산 상황을 얘기하고 그 돈을 받는다.

제3회 모의고사 정답 및 해설

01	02	03	04	05	06	07	08	09	10
④	③	①	②	④	③	①	④	③	①
11	12	13	14	15	16	17	18	19	20
③	①	④	③	②	④	④	①	①	④
21	22	23	24	25	26	27	28	29	30
③	②	③	①	③	③	④	②	④	④
31	32	33	34	35	36	37	38	39	40
②	①	③	④	④	①	④	④	①	②

01　　　　정답 ④

(라)의 빈칸에는 글의 내용상 보편화된 언어 사용이 들어가는 것은 적절하지 않다.

오답분석

① 표준어를 사용하는 이유에 대한 상세한 설명이 들어가야 하므로 적절하다.

②·③ 제시문에서 개정안에 대한 부정적인 입장을 취하고 있으므로 적절하다.

02　　　　정답 ③

윗도리가 맞는 표현이다. '위, 아래'의 대립이 있는 단어는 '윗'으로 발음되는 형태를 표준어로 삼는다.

03　　　　정답 ①

말하는 사람과 듣는 사람이 각각 잘 전달했는지, 잘 이해했는지를 서로 확인하지 않고 그 순간을 넘겨버려 엇갈린 정보를 갖게 되는 상황에 대한 것이다. 따라서 이는 서로 간의 상호작용이 부족한 것으로 볼 수 있다.

오답분석

② 서로가 엇갈린 정보를 가진 것은 맞으나, 책임에 대한 내용은 제시문에서 찾을 수 없다.

③ 많은 정보를 담는 복잡한 메시지로 인한 문제가 아닌 서로의 상호작용이 부족해 발생하는 문제이다.

④ 서로 모순된 내용이 문제가 아니라, 서로 상호작용이 부족한 것으로 인한 문제이다.

04　　　　정답 ②

제시문에서는 종합지급결제사업자 제도가 등장한 배경과 해당 제도를 통해 얻을 수 있는 이익과 우려되는 상황에 대해 다루고 있다. 따라서 ②가 가장 적절한 주제이다.

오답분석

① 제시문에서는 은행의 과점체제 해소를 위한 여러 방안 중 금융당국 판단에서 가장 큰 효과가 기대되는 종합지급결제사업자 제도에 대해서만 언급하고 있으므로 지나치게 포괄적인 주제이다.

③ 제시문은 비은행 업계가 은행의 권리를 침해한다기보다는 은행의 과점체제인 현 상황을 개선하기 위해 은행 업무 중 일부를 비은행 기관이 같이 하게 된 배경과 그로 인해 발생하는 장점과 단점을 다루고 있다. 따라서 주제로 보기에 적절하지 않다.

④ 제시문은 종합지급결제사업자 제도의 도입으로 인한 은행과 비은행의 경쟁과 그로 인해 발생할 수 있는 장점과 단점을 다루고 있으며 이는 소비자의 실익에만 국한되어 있지 않기 때문에 주제로 보기에는 적절하지 않다.

05　　　　정답 ④

1972년 8월 8·3조처로 1970년대에 대체로 30% 이상의 신장세를 유지하였으나, 1974년과 1979년에는 제외되었다.

오답분석

① 1945년 광복 이후 1950년대 초까지는 정치적·사회적 혼란과 경제적 무질서 그리고 극심한 인플레이션뿐만 아니라 일반 국민의 소득도 적었고 은행금리가 실세금리보다 낮았기 때문에 예금실적은 미미한 상태였다.

② 은행 조례에서 '임치'라는 말이 사용되었으며, 당시 예금자는 임주(任主)라고 불렸다.

③ 1980년대에는 물가안정과 각종 우대금리의 확대에 따라 예금은행의 총예금이 1980년에 12조 4,219억 원, 1985년에는 31조 226억 원 그리고 1990년에는 84조 2,655억 원에 이르렀다.

06
정답 ③

①~④의 선택지는 운석 충돌 이후의 영향에 대한 각종 가설이다. 그중에서도 제시문에서 다루고 있는 내용은 충돌 이후 발생한 먼지가 태양광선을 가림으로써 지구 기온이 급락(急落)하였다는 것을 전제로 하고 있다. 그 근거는 세 번째 문단의 '급속한 기온의 변화'와 네 번째 문단의 '길고 긴 겨울'에서 찾을 수 있다.

07
정답 ①

두 번째 문단에 따르면 '강한 핵력의 강도가 겨우 0.5% 다르거나 전기력의 강도가 4% 다를 경우에도 탄소나 산소는 우주에서 합성되지 않는다. 따라서 생명 탄생의 가능성도 사라진다.'라고 했으므로 탄소가 없어도 생명은 자연적으로 진화할 수 있다고 한 ①은 제시문을 뒷받침하는 내용으로 적절하지 않다.

08
정답 ④

제시문에서는 청소년들의 과도한 불안이 집중을 방해하여 학업 수행에 부정적으로 작용한다고 주장한다. 따라서 이러한 주장에 대한 반박으로는 오히려 불안이 긍정적으로 작용할 수 있다는 내용의 ④가 가장 적절하다.

09
정답 ③

먼바다에서 지진해일의 파고는 수십 cm 이하이지만, 얕은 바다에서는 급격하게 높아진다.

오답분석
① 화산폭발 등으로 인해 발생하는 건 맞지만, 파장이 긴 파도를 지진해일이라 한다.
② 태평양에서 발생한 지진해일은 발생 하루 만에 발생지점에서 지구의 반대편까지 이동할 수 있다.
④ 지진해일이 해안가에 가까워질수록 파도가 강해지는 것은 맞지만, 속도는 시속 45 ~ 60km까지 느려진다.

10
정답 ①

'갑돌'의 성품이 탁월하다고 볼 수 있는 것은 그의 성품이 곧고 자신감이 충만하며, 다수의 옳지 않은 행동에 대하여 비판의 목소리를 낼 것이며 그렇게 하는 데에 별 어려움을 느끼지 않을 것이기 때문이다. 또한, 세 번째 문단에 따르면 탁월한 성품은 올바른 훈련을 통해 올바른 일을 바르고 즐겁게 그리고 어려워하지 않으며 처리할 수 있는 능력을 뜻한다. 따라서 아리스토텔레스의 입장에서는 '엄청난 의지를 발휘'하고 자신과의 '힘든 싸움'을 해야 했던 '병식'보다는 잘못된 일에 '별 어려움' 없이 '비판의 목소리'를 내는 '갑돌'의 성품을 탁월하다고 여길 것이다.

11
정답 ③

세 사람의 판단 논거를 살펴서 비교해 보면 다음과 같다.
• 갑 : 인지의 발달이나 외형의 수리(복원, 변형) 등은 동일개체로 보지만 복제에 대해서는 동일개체로 보지 않는다.
• 을 : 부품을 교체하거나 정신(소프트웨어)을 업그레이드한 종류는 원래 있던 원형과는 다른 것으로 보고 있다.
• 병 : 소프트웨어(정신)를 업그레이드하거나 복제한 제품은 신체적 손상이나 결함을 수리하거나 부품을 교체한 경우와 다르게 보고 있다.
따라서 위 판단 기준으로 보기의 항을 판단해 보면 다음과 같다.
㉠ 을은 '왕자의 정신과 거지의 몸이 결합'되었더라도 원래 거지와는 다르긴 해도 신체적 특징에 의해 거지라고 할 것이며, 병은 '왕자의 정신과 거지의 몸이 결합'되었다면 정신적 특징이 바뀌었으므로 거지가 아닌 왕자로 볼 것이다.
㉢ 병은 정신이 동일하면 같은 대상이라고 보기 때문에 올바른 판단이며, 갑은 복제된[t5] 것은 원래의 대상과 다르다고 생각하므로 역시 옳은 판단이다.

오답분석
㉡ 갑은 '두뇌와 신체를' 일부 교체했더라도[t2, t3] 원래의 철수[t1]과 같다고 생각할 것이며, 을은 [t2, t3]이 [t1]과 다르다고 생각할 것이므로 을의 입장은 옳지만 갑의 입장은 틀리게 판단한 것이다.

12
정답 ①

먼저 귀납에 대해 설명하고 있는 (나) 문단이 오는 것이 적절하며, 다음으로 특성으로 인한 귀납의 논리적 한계가 나타난다는 (라) 문단이 오는 것이 자연스럽다. 이후 이러한 한계에 대한 흄의 의견인 (다) 문단과 구체적인 흄의 주장과 이에 따라 귀납의 정당화 문제에 대해 설명하는 (가) 문단이 차례로 오는 것이 적절하다.

13
정답 ④

영리조직의 사례로는 이윤 추구를 목적으로 하는 다양한 사기업을 들 수 있으며, 비영리조직으로는 정부조직, 병원, 대학, 시민단체, 종교단체 등을 들 수 있다.

14

B는 오전 10시에 출근하여 오후 3시에 퇴근하였으므로 업무는 4개이다. D는 B보다 업무가 1개 더 많았으므로 D의 업무는 5개이고, 오후 3시에 퇴근했으므로 출근한 시각은 오전 9시이다. K팀에서 가장 늦게 출근한 사람은 C이고 가장 늦게 출근한 사람을 기준으로 오전 11시에 모두 출근하였으므로 C는 오전 11시에 출근하였다. K팀에서 가장 늦게 퇴근한 사람은 A이고 가장 늦게 퇴근한 사람을 기준으로 오후 4시에 모두 퇴근하였으므로 A는 오후 4시에 퇴근했다. A는 C보다 업무가 3개 더 많았으므로 C의 업무는 2개이다. 이를 정리하면 다음과 같다.

구분	A	B	C	D
업무	5	4	2	5
출근 시각	오전 10시	오전 10시	오전 11시	오전 9시
퇴근 시각	오후 4시	오후 3시	오후 2시	오후 3시

따라서 C는 오후 2시에 퇴근했다.

오답분석
① A는 5개의 업무를 하고 퇴근했다.
② B의 업무는 A의 업무보다 적었다.
④ 팀에서 가장 빨리 출근한 사람은 D이다.

15
정답 ②

맥킨지의 3S 기법은 상대방의 감정을 최대한 덜 상하게 하면서 거절하는 커뮤니케이션 기법이다.
• 맥킨지의 3S 기법
 – Situation(Empathy) : 상대방의 마음을 잘 이해하고 있음을 표현하고, 공감을 형성한다.
 – Sorry(Sincere) : 거절에 대한 유감과 거절할 수밖에 없는 이유를 솔직하게 표현한다.
 – Suggest(Substitute) : 상대방의 입장을 생각하여 새로운 대안을 역으로 제안한다.

오답분석
① Sorry(Sincere)
③・④ Suggest(Substitute)

16
정답 ④

뚜껑의 법칙에서 뚜껑은 리더를 의미하며, 뚜껑의 크기로 표현되는 리더의 역량이 조직의 성과를 이끈다는 것을 의미한다. 리더의 역량이 작다면 부하직원이 아무리 뛰어나도 병목 현상의 문제점이 발생할 수 있는 것이다.

17
정답 ④

'투영하다'는 '어떤 상황이나 자극에 대한 해석, 판단, 표현 따위에 심리 상태나 성격을 반영한다.'의 의미로, '투영하지'가 적절한 표기이다.

오답분석
① 문맥상 '(내가) 일을 시작하다.'의 관형절로 '시작한'으로 수정해야 한다.
② '못' 부정문은 주체의 능력을 부정하는 데 사용된다. 문맥상 단순 부정의 '안' 부정문이 사용되어야 하므로 '않았다'로 수정해야 한다.
③ '안건을 결재하여 허가함'의 의미를 지닌 '재가'로 수정해야 한다.

18
정답 ①

• (가), (바) : 곤충 사체 발견, 방사능 검출은 현재 직면한 문제로 발생형 문제로 적절하다.
• (다), (마) : 더 많은 전압을 회복시킬 수 있는 충전지 연구와 근로시간 단축은 현재 상황보다 효율을 더 높이기 위한 문제로 탐색형 문제로 적절하다.
• (나), (라) : 초고령사회와 드론시대를 대비하여 미래지향적인 과제를 설정하는 것은 설정형 문제로 적절하다.

19
정답 ①

보기에서 활용된 분리 원칙은 '전체와 부분의 분리'이다. 이는 모순되는 요구를 전체와 부분으로 분리해 상반되는 특성을 모두 만족시키는 원리이다. 보기에서는 안테나 전체의 무게를 늘리지 않고 가볍게 유지하면서 안테나의 한 부분인 기둥의 표면을 거칠게 만들어 눈이 달라붙도록 하여 지지대를 강화하였다. ①의 경우 자전거 전체의 측면에서는 동력을 전달하기 위해서 유연해야 하고, 부분의 측면에서는 내구성을 갖추기 위해 단단해야 하는 2개의 상반되는 특성을 지닌다. 따라서 보기와 ①은 똑같이 '전체와 부분에 의한 분리'의 사례이다.

오답분석
②・④ '시간에 의한 분리'에 대한 사례이다.
③ '공간에 의한 분리'에 대한 사례이다.

20
정답 ④

원가 절감을 위해 해외에 공장을 설립하여 가격 경쟁력을 확보하는 것은 약점을 보완하여 위협을 회피하는 WT전략이다.

오답분석
①・② SO전략은 강점을 활용하여 외부환경의 기회를 포착하는 전략이므로 적절하다.
③ WO전략은 약점을 보완하여 외부환경의 기회를 포착하는 전략이므로 적절하다.

21
정답 ③

불만족을 선택한 고객을 x명, 만족을 선택한 고객을 $100-x$명이라 하자. 고객관리 점수가 80점 이상이 되려면 x의 최댓값은 $3 \times (100-x) - 4x \geq 80 \rightarrow 300 - 80 \geq 7x \rightarrow x \leq 31.4$이므로 최대 31명의 고객에게 불만족을 받으면 된다.

22

정답 ②

현재 빌릴 돈을 x만 원이라고 하면, 4년 후 갚아야 할 돈이 2,000만 원이므로 정리하면 다음과 같다.

- 복리 : $x \times 1.08^4 = 2,000$

$$\therefore x = \frac{2,000}{1.08^4} = \frac{2,000}{1.36} ≒ 1,471만 원$$

- 단리 : $x \times (1 + 0.08 \times 4) = 2,000$

$$\rightarrow x \times 1.32 = 2,000$$

$$\therefore x = \frac{2,000}{1.32} ≒ 1,515만 원$$

따라서 금액의 차이는 $1,515 - 1,471 = 44$만 원이다.

23

정답 ③

감의 개수를 x개라고 하자. 사과는 $(20-x)$개이므로

$$400x + 700 \times (20-x) \leq 10,000 \rightarrow 14,000 - 300x \leq 10,000$$

$$\therefore x \geq \frac{40}{3} = 13.333 \cdots$$

따라서 감은 최소 14개를 사야 한다.

24

정답 ①

10잔 이상의 음료를 구매하면 음료 2잔을 무료로 제공받을 수 있다. 커피를 못 마시는 두 사람을 위해 NON-COFFEE 종류 중 4,500원 이하의 가격인 그린티라테 두 잔을 무료로 제공받고 나머지 10명 중 4명은 가장 저렴한 아메리카노를 주문한다($3,500 \times 4 = 14,000$원). 이때 2인에 1개씩 음료에 곁들일 디저트를 주문한다고 했으므로 6명이 베이글과 아메리카노 세트를 시키고 10% 할인을 받으면 $7,000 \times 0.9 \times 6 = 37,800$원이다.

따라서 총금액은 $14,000 + 37,800 = 51,800$원이므로 남는 돈은 $240,000 - 51,800 = 188,200$원이다.

25

정답 ④

A사원은 월 10만 원씩 총 5개월을 납입하므로 원금은 $10 \times 5 = 50$만 원이고, 연이율이 12%이며, 월이율은 $\frac{12}{12} = 1\%$가 된다.

월 복리 적금은 이자에도 이자가 붙으므로 매월 말 적금금액을 계산하면 다음과 같다.

- 1월 말 : $10 \times 1.01 = 10.1$만 원
- 2월 말 : $(10.1 + 10) \times 1.01 ≒ 20.3$만 원
- 3월 말 : $(20.3 + 10) \times 1.01 ≒ 30.6$만 원
- 4월 말 : $(30.6 + 10) \times 1.01 ≒ 41.0$만 원
- 5월 말 : $(41.0 + 10) \times 1.01 ≒ 51.5$만 원

따라서 A사원이 만기 시 받는 세전 총 이자금액은 $515,000 - 500,000 = 15,000$원이다.

B팀장은 1년 만기 연이율 2%인 단리 예금상품에 가입하였으므로 원금 200만 원을 예치하여 1년 후 이자는 $200 \times 0.02 = 40,000$원이다.

따라서 B팀장이 만기 시 받는 세전 총 이자금액이 A사원보다 $40,000 - 15,000 = 25,000$원 더 많다.

월 복리 적금의 만기 시 원리금

$$\frac{a\left(1 + \dfrac{r}{12}\right)\left\{\left(1 + \dfrac{r}{12}\right)^n - 1\right\}}{\dfrac{r}{12}}$$

(월초 납입금 a, 연 이율 $r\%$, 개월 수 n)

26

정답 ③

기타 해킹 사고가 가장 많았던 연도는 2021년이다.

2020년 대비 2021년의 사이버 침해사고 증감률은 다음과 같다.

$$\frac{16,135 - 21,230}{21,230} \times 100 ≒ -24\%$$

27

정답 ④

우선 면적이 가장 큰 교육시설과 면적이 2번째로 작은 교육시설을 각각 3시간 대관한다고 했다. 면적이 가장 큰 교육시설을 강의실(대)이며 면적이 2번째로 작은 교육시설은 강의실(중)이다.

- 강의실(대)의 대관료 : $(129,000 + 64,500) \times 1.1 = 212,850$원 (∵ 3시간 대관, 토요일 할증)
- 강의실(중)의 대관료 : $(65,000 + 32,500) \times 1.1 = 107,250$원 (∵ 3시간 대관, 토요일 할증)

다목적홀, 이벤트홀, 체육관 중 이벤트홀은 토요일에 휴관이므로 다목적홀과 체육관의 대관료를 비교하면 다음과 같다.

- 다목적홀 : $585,000 \times 1.1 = 643,500$원(∵ 토요일 할증)
- 체육관 : $122,000 + 61,000 = 183,000$원(∵ 3시간 대관)

즉, 다목적홀과 체육관 중 저렴한 가격으로 이용할 수 있는 곳은 체육관이다.

따라서 K주임에게 안내해야 할 대관료는 $212,850 + 107,250 + 183,000 = 503,100$원이다.

28

정답 ②

각 국가의 트럭·버스의 비율은 다음과 같다.

- 미국 : $\frac{25,045}{129,943} \times 100 ≒ 19.2\%$
- 캐나다 : $\frac{2,206}{10,029} \times 100 ≒ 22.0\%$
- 호주 : $\frac{1,071}{5,577} \times 100 ≒ 19.2\%$
- 독일 : $\frac{1,125}{18,481} \times 100 ≒ 6.0\%$
- 프랑스 : $\frac{2,334}{17,434} \times 100 ≒ 13.4\%$
- 영국 : $\frac{1,916}{15,864} \times 100 ≒ 12.1\%$

- 이탈리아 : $\dfrac{1,414}{15,400}\times100\fallingdotseq9.2\%$

- 네덜란드 : $\dfrac{355}{3,585}\times100\fallingdotseq10.0\%$

트럭·버스가 차지하는 비율이 유럽국가가 약 10%이고, 미국, 캐나다, 호주가 약 20%이므로 승용차 보유 비율이 더 높다.

오답분석
① 자동차 보유 대수에서 승용차가 차지하는 비율이 가장 높은 나라는 트럭·버스의 비율이 가장 낮다. 따라서 프랑스가 아니라 독일이다.
③ 자동차 보유 대수에서 트럭·버스가 차지하는 비율이 가장 높은 나라는 캐나다이다.
④ 호주의 트럭·버스 비율이 10% 미만인지를 판단하면 된다. 총 수는 5,577천 대이다. 트럭·버스의 수가 1,071천 대이므로 10% 이상이다.

29
정답 ④

ⓒ 2021년과 2022년은 전년 대비 농·임업생산액과 화훼생산액의 비중이 모두 증가했으므로 화훼생산액 또한 증가했음을 알 수 있다. 나머지 2017 ~ 2020년의 화훼생산액을 구하면 다음과 같다.
- 2017년 : $39,663\times0.28=11,105.64$십억 원
- 2018년 : $42,995\times0.277=11,909.615$십억 원
- 2019년 : $43,523\times0.294=12,795.762$십억 원
- 2020년 : $43,214\times0.301=13,007.414$십억 원
따라서 화훼생산액은 매년 증가한다.

ⓔ 2017년의 GDP를 a억 원, 농업과 임업의 부가가치를 각각 x억 원, y억 원이라고 하자.
- 2017년 농업 부가가치의 GDP 대비 비중 : $\dfrac{x}{a}\times100=2.1\%$

  $\rightarrow x=2.1\times\dfrac{a}{100}$

- 2017년 임업 부가가치의 GDP 대비 비중 : $\dfrac{y}{a}\times100=0.1\%$

  $\rightarrow y=0.1\times\dfrac{a}{100}$

2017년 농업 부가가치와 임업 부가가치의 비는 $x:y=2.1\times\dfrac{a}{100}:0.1\times\dfrac{a}{100}=2.1:0.1$이다.

이에 따라 매년 농업 부가가치와 임업 부가가치의 비는 GDP 대비 비중의 비와 같음을 알 수 있다.
농·임업 부가가치 현황 자료를 살펴보면 2017년, 2018년, 2020년과 2019년, 2021년, 2022년 GDP 대비 비중이 같음을 확인할 수 있다. 비례배분을 이용해 매년 농·임업 부가가치에서 농업 부가가치가 차지하는 비중을 구하면 다음과 같다.
- 2017년, 2018년, 2020년 : $\dfrac{2.1}{2.1+0.1}\times100\fallingdotseq95.45\%$
- 2019년, 2021년, 2022년 : $\dfrac{2.0}{2.0+0.2}\times100\fallingdotseq90.91\%$
따라서 옳은 설명이다.

오답분석
ⓒ 농·임업 생산액이 전년보다 작은 해는 2020년이다. 그러나 2020년 농·임업 부가가치는 전년보다 크다.
ⓔ 같은 해의 곡물 생산액과 과수 생산액은 비중을 이용해 비교할 수 있다. 2019년의 곡물 생산액 비중은 15.6%, 과수 생산액 비중은 40.2%이다. $40.2\times0.5=20.1>15.6$이므로 옳지 않은 설명이다.

30
정답 ④

ⓐ 전년 대비 특별급여 증감률이 가장 높은 직종은 기술공 및 준전문가 직종으로 42.4%의 증감률을 보이고 있다. 기술공 및 준전문가 직종의 전년 대비 초과급여 증감률을 살펴보면 7.7% 감소한 것을 알 수 있다.
ⓒ 전년 대비 임금총액 증감률을 직종별로 살펴보면 기술공 및 준전문가 직종은 9.8%, 사무 종사자 직종은 7.5%, 서비스 종사자 직종은 8.8%로 나타나 모두 10% 미만의 증감률을 보이고 있다.
ⓔ 임금총액이 가장 높은 직종은 고위임직원 및 관리자 직종으로 초과급여 또한 가장 높다.

오답분석
ⓒ 전 직종에서 전년 대비 정액급여는 모두 증가한 것으로 나타나 있다. 하지만 특별급여에서 서비스 종사자 항목을 보면 그 증감률이 5.4%로 오히려 감소한 것을 알 수 있다.

31
정답 ②

5만 미만에서 10만 ~ 50만 미만의 투자건수 비율을 합하면 된다. 따라서 $28+20.9+26=74.9\%$이다.

32
정답 ①

100만 ~ 500만 미만에서 500만 미만의 투자건수 비율을 합하면 $11.9+4.5=16.4\%$이다.

33
정답 ③

최나래, 황보연, 이상윤, 한지혜는 업무성과 평가에서 상위 40%(인원이 10명이므로 4명)에 해당하지 않으므로 대상자가 아니다. 업무성과 평가 결과에서 40% 이내에 드는 사람은 4명까지이지만 B를 받은 사람 4명을 동순위자로 보아 6명이 대상자 후보가 된다. 이 6명 중 박희영은 통근거리가 50km 미만이므로 대상자에서 제외된다. 나머지 5명 중에서 자녀가 없는 김성배, 이지규는 우선순위에서 밀려나고, 나머지 3명 중에서는 통근거리가 가장 먼 순서대로 이준서, 김태란이 동절기 업무시간 단축 대상자로 선정된다.

34
정답 ④

• 락커룸 I를 경력 선수 2명 중 한 명이 사용하는 경우
$_2C_1=2$가지
• 왼쪽 락커룸 A, B, C에 신입 선수 2명이 배정되는 경우
$_3P_2=3\times2=6$가지
• 중간 락커룸 D, E, F에는 신입 선수 1명이 배정되는 경우
$_3P_1=3$가지
• 나머지 4명이 남은 락커룸을 쓰는 방법
$4!=4\times3\times2\times1=24$가지

따라서 위의 경우를 모두 곱하면 락커룸을 배정받을 수 있는 경우의 수는 $2\times6\times3\times24=864$가지이다.

35
정답 ④

주어진 조건을 정리하면 다음과 같다.

구분	1일	2일	3일	4일	5일	6일
경우 1	B	E	F	C	A	D
경우 2	B	C	F	D	A	E
경우 3	A	B	F	C	E	D
경우 4	A	B	C	F	D	E
경우 5	E	B	C	F	D	A
경우 6	E	B	F	C	A	D

따라서 B영화는 어떠한 경우에도 1일 또는 2일에 상영된다.

오답분석

① 경우 3 또는 4에서 A영화는 C영화보다 먼저 상영된다.
② 경우 1 또는 5, 6에서 C영화는 E보다 늦게 상영된다.
③ 경우 1 또는 3에서 폐막작으로, 경우 4 또는 5에서 5일에 상영된다.

36
정답 ①

• 우대금리 : ⓐ+ⓑ=0.7%p
• 만기 시 적용되는 금리 : 연 2.3+0.7=3.0%
• 만기 시 이자수령액(단리적용) : $100,000\times\dfrac{24\times25}{2}\times\dfrac{0.03}{12}$
$=75,000$원
• 만기 시 원리금수령액 : $100,000\times24+75,000=2,475,000$원

37
정답 ④

회사와 팀의 업무 지침은 변화하는 환경 속에서 그 일의 전문가들에 의해 확립된 것이므로, 기본적으로 지켜야 할 것은 지키되 그 속에서 자신의 방식을 발견해야 한다. 따라서 본인이 속한 팀의 업무 지침이 마음에 들지 않는다는 이유로 이를 지키지 않고 본인만의 방식을 찾겠다는 D대리의 행동전략은 적절하지 않다.

38
정답 ④

김과장은 직원들에 대한 높은 관심으로 간섭하려는 경향이 있고, 남에게 자신의 업적을 이야기하며 인정받으려 하는 욕구가 강하다. 따라서 김과장은 타인에 대한 높은 관심과 간섭을 자제하고, 지나친 인정욕구에 대한 태도를 성찰할 필요성이 있다.

오답분석

① 김과장이 독단적으로 결정했다는 내용은 언급되어 있지 않다.
② 직원들은 김과장의 지나친 관심으로 힘들어하고 있는 상황이므로 적절하지 않은 조언 내용이다.
③ 직원들에게 지나친 관심을 보이는 김과장에게는 적절하지 않은 조언 내용이다.

39
정답 ①

시스템 오류 확인 및 시스템 개선 업무는 고객지원팀이 아닌 시스템개발팀이 담당하는 업무이며, 고객지원팀은 주로 민원과 관련된 업무를 담당한다.

40
정답 ②

팀 에너지를 최대로 활용하는 효과적인 팀을 위해서는 팀원들 개인의 강점을 인식하고 활용해야 한다. A씨의 강점인 꼼꼼하고 차분한 성격과 B씨의 강점인 친화력을 인식하고 A씨에게 재고 관리 업무를, B씨에게 영업 업무를 맡긴다면 팀 에너지를 향상시킬 수 있다.

오답분석

①·③ 효과적인 팀을 위해서 필요하지만, K부장의 상황에 적절한 조언은 아니다.
④ 효과적인 팀의 조건으로는 문제 해결을 위해 모두가 납득할 수 있는 객관적인 결정이 필요하다.

제4회 모의고사 정답 및 해설

01	02	03	04	05	06	07	08	09	10
②	①	④	②	③	②	②	②	②	③
11	12	13	14	15	16	17	18	19	20
③	①	④	④	④	②	②	②	④	④
21	22	23	24	25	26	27	28	29	30
②	④	①	②	④	②	②	①	④	①
31	32	33	34	35	36	37	38	39	40
③	②	②	④	②	④	③	④	④	②

01
정답 ②

제시문은 M금고의 '가족부동산 지킴신탁'을 소개하는 글이다. 빈칸의 앞부분과 뒷부분은 가족부동산 지킴신탁의 효과를 설명하고 있지만, 그 내용은 서로 다르다. 따라서 빈칸에는 앞뒤 내용을 같은 자격으로 나열하면서 연결하는 접속어 '또한'이 들어가는 것이 적절하다.

02
정답 ①

정부기여금 유의사항 ③에서 중도해지 후 재가입하는 경우 받을 수 있는 정부기여금의 규모가 축소될 수 있다고 하였다. 따라서 정부기여금을 지급받을 수 없는 게 아니라 축소된 금액을 지급받게 된다.

오답분석
② 매월 70만 원 이하를 60개월간 저축할 수 있으므로 저축 가능한 최고 금액은 4,200만 원이다.
③ 외국인의 경우 외국인등록증을 통해 실명확인 후 가입이 가능하다.
④ 첫 번째 가입제한에서 전 금융기관 1인 1계좌임을 명시하고 있다.

03
정답 ④

제시문은 메기 효과에 대한 글이므로 가장 먼저 메기 효과의 기원에 대해 설명한 (마) 문단으로 시작해야 하고, 메기 효과의 기원에 대한 과학적인 검증 및 논란에 대한 (라) 문단이 오는 것이 적절하다. 이어서 경영학 측면에서의 메기 효과에 대한 내용이 있어야 한다. (다) 문단의 경우 앞의 내용과 뒤의 내용이 상반될 때 쓰는 접속 부사인 '그러나'로 시작하므로 (가) 문단이 먼저, (다) 문단이

이어서 오는 것이 자연스럽다. 마지막으로 메기 효과에 대한 결론인 (나) 문단으로 끝내는 것이 논리적 순서대로 바르게 나열한 것이다.

04
정답 ②

메기 효과는 과학적으로 검증 되지 않았지만 적정 수준의 경쟁이 발전을 이룬다는 시사점을 가지고 있다고 하였으므로 낭설에 불과하다고 하는 것은 글의 내용을 이해한 내용으로 옳지 않다.

오답분석
① (라) 문단의 거미와 메뚜기 실험에서 죽은 메뚜기로 인해 토양까지 황폐화되었음을 볼 때, 거대 기업의 출현은 해당 시장의 생태계까지 파괴할 수 있음을 알 수 있다.
③ (나) 문단에서 성장 동력을 발현시키기 위해서는 규제 등의 방법으로 적정 수준의 경쟁을 유지해야 한다고 서술하고 있다.
④ (가) 문단에서 메기 효과는 한국, 중국 등 고도 경쟁사회에서 널리 사용되고 있다고 서술하고 있다.

05
정답 ③

- 오랜동안 → 오랫동안
- 발명 → 발견

06
정답 ②

그래프는 로봇이나 인간이 아닌 존재의 인간과의 유사성과 그에 대한 인간의 호감도 사이의 상관관계를 나타내므로 (a)는 인간의 호감도, (b)는 인간과의 유사성을 의미한다. 따라서 인간과의 유사성은 산업용 로봇보다 인간의 신체와 유사한 형태를 지닌 휴머노이드 로봇에서 더 높게 나타난다.

오답분석
① (a) : 인간의 호감도
③ (c) : 처음에는 로봇이 인간과 비슷한 모양을 하고 있을수록 인간이 아닌 존재로부터 인간성을 발견하기 때문에 인간은 호감을 느낀다.
④ (d) : 불쾌한 골짜기 구간

07   정답 ②

제시문을 통해 조선 시대 금속활자는 왕실의 위엄과 권위를 상징하는 것임을 알 수 있다. 특히 정조는 왕실의 위엄을 나타내기 위한 을묘원행을 기념하는 의궤 인쇄를 정리자로 인쇄하고, 화성 행차의 의미를 부각하기 위해 그 해의 방목만을 정리자로 간행했다. 이를 통해 정리자는 정조가 가장 중시한 금속활자였다는 것을 알 수 있으며, 나머지 문항은 제시문의 단서만으로는 추론할 수 없다.

08   정답 ④

제시문에 따르면 박쥐가 많은 바이러스를 보유하고 있는 것은 밀도 높은 군집 생활을 하기 때문이며, 그에 대항하는 면역도 갖추었기 때문에 긴 수명을 가질 수 있었다.

오답분석

① 박쥐의 수명이 대다수의 포유동물보다 길다는 것은 맞지만, 평균적인 포유류 수명보다 짧은지는 알 수 없다.
② 박쥐는 뛰어난 비행 능력으로 긴 거리를 비행해 다닐 수 있다.
③ 박쥐는 현재 강력한 바이러스 대항 능력을 갖추었다.

09   정답 ②

제시문에서 기후 목표를 달성하고자 한다면 스마트 그리드로 전환해야 한다고 하였다.

오답분석

① 스마트 그리드 소프트웨어는 비용 절감의 효과도 있다고 하였다.
③ 스마트 계량기 산업도 주목을 받고 있다.
④ 2021년에도 316TW/h의 전력을 절약할 수 있다고 하였다.

10   정답 ③

두 번째 문단 마지막 문장에서, 절차적 지식을 갖기 위해 정보를 마음에 떠올릴 필요가 없다고 하였다.

오답분석

① 마지막 문단에서 표상적 지식은 절차적 지식과 달리 특정한 일을 수행하는 능력과 직접 연결되어 있지 않다고 하였으나, 특정 능력의 습득에 전혀 도움을 줄 수 없는지 아닌지는 제시문의 내용을 통해서는 알 수 없다.
② 마지막 문단에 따르면 '이 사과는 둥글다.'라는 지식은 둥근 사과의 이미지일 수도, '이 사과는 둥글다.'는 명제일 수도 있다.
④ 인식론에서 나눈 지식의 유형에는 능력의 소유를 의미하는 절차적 지식과 정보의 소유를 의미하는 표상적 지식이 모두 포함된다.

11   정답 ③

(다) 문단에서 보건복지부와 국립암센터에서 국민 암 예방 수칙의 하나를 '하루 한두 잔의 소량 음주도 피하기'로 개정하였으며, 뉴질랜드 연구진의 연구에 따르면 '소량에서 적당량의 알코올 섭취도 몸에 상당한 부담으로 작용한다.'고 하였으므로 '가벼운 음주라도 몸에 위험하다.'는 결과를 끌어낼 수 있다. 따라서 가벼운 음주

가 대사 촉진에 도움이 된다는 말은 적절하지 않다.

12   정답 ①

C의 진술이 참일 경우 D의 진술도 참이 되므로 한 명만 진실을 말하고 있다는 조건이 성립하지 않는다. 따라서 C의 진술은 거짓이 되고, D의 진술도 거짓이 되므로 C와 B는 모두 주임으로 승진하지 않았음을 알 수 있다. 따라서 B가 주임으로 승진하였다는 A의 진술도 거짓이 된다. 결국 A가 주임으로 승진하였다는 B의 진술이 참이 되므로 주임으로 승진한 사람은 A사원이다.

13   정답 ④

B대리는 A사원의 질문에 대해 명료한 대답을 하지 않고 모호한 태도를 보이고 있으므로 협력의 원리 중 태도의 격률을 어기고 있음을 알 수 있다.

14   정답 ④

A부서는 빠른 실천과 피드백을 위해 개개인의 재량을 확대시키고자 한다. 이를 위해서는 결재 단계를 간소화하여 개인적 책임을 강조하고, 통제를 제한하는 자율적 유형의 팀워크를 적용하는 것이 적합하다. 따라서 자율적 유형의 팀워크의 핵심 가치로 옳은 것은 개인적 책임과 제한된 조망이다.

팀워크 유형
- 협력 : 구성원 간 협력과 시너지 효과 강조
- 통제 : 일관성과 전체적 조직 차원에서의 조망 강조
- 자율 : 개인적 책임과 제한된 통제, 제한된 조망 강조

15   정답 ④

WT전략은 외부 환경의 위협 요인을 회피하고 약점을 보완하는 전략을 적용해야 한다. ④는 강점을 강화하는 방법에 대해 이야기하고 있다.

오답분석

① SO전략은 기회를 활용하면서 강점을 더욱 강화시키는 전략이므로 옳다.
② WO전략은 외부의 기회를 사용해 약점을 보완하는 전략이므로 옳다.
③ ST전략은 외부 환경의 위협을 회피하며 강점을 적극 활용하는 전략이므로 옳다.

16

정답 ②

분석적 문제는 해답의 수가 적고 한정되어 있는 반면, 창의적 문제는 해답의 수가 많으며 많은 답 가운데 보다 나은 것을 선택할 수 있다. 즉, 분석적 문제에 대한 해답은 창의적 문제에 대한 해답보다 적다.

구분	창의적 문제	분석적 문제
문제 제시 방법	현재 문제가 없더라도 보다 나은 방법을 찾기 위한 문제 탐구로, 문제 자체가 명확하지 않음	현재의 문제점이나 미래의 문제로 예견될 것에 대한 문제 탐구로, 문제 자체가 명확함
해결 방법	창의력에 의한 많은 아이디어의 작성을 통해 해결	분석, 논리, 귀납과 같은 논리적 방법을 통해 해결
해답 수	해답의 수가 많으며, 많은 답 가운데 보다 나은 것을 선택	답의 수가 적으며, 한정되어 있음
주요 특징	주관적, 직관적, 감각적, 정성적, 개별적, 특수성	객관적, 논리적, 정량적, 이성적, 일반적, 공통성

17

정답 ②

도색이 벗겨진 차선과 지워지기 직전의 흐릿한 차선은 현재 직면하고 있으면서 바로 해결 방법을 찾아야 하는 문제이므로 눈에 보이는 발생형 문제에 해당한다. 발생형 문제는 기준을 일탈함으로써 발생하는 일탈 문제와 기준에 미달하여 생기는 미달 문제로 나누어 볼 수 있는데, 기사에서는 정해진 규격 기준에 미달하는 불량 도료를 사용하여 문제가 발생하였다고 하였으므로 이를 미달 문제로 분류할 수 있다. 따라서 기사에 나타난 문제는 발생형 문제로, 미달 문제에 해당한다.

18

정답 ②

②는 '해결할 수 있는 갈등'에 대한 설명이다. 해결할 수 있는 갈등은 목표와 욕망, 가치, 문제를 바라보는 시각과 이해하는 시각이 다를 경우에 일어날 수 있는 갈등이다.

19

정답 ④

기업의 제품이나 서비스의 불만족은 고객이탈로 이어질 수 있다.

20

정답 ④

D를 제외한 A, B, C의 발언을 보면 H화장품 회사의 신제품은 10대를 겨냥하고 있음을 알 수 있다. D는 이러한 제품의 타깃층을 무시한 채 단순히 소비성향에 따라 20 ~ 30대를 위한 마케팅이 필요하다고 주장하고 있다. 따라서 D는 자신이 알고 있는 단순한 정보에 의존하여 잘못된 판단을 하고 있음을 알 수 있다.

21

정답 ②

강팀장 책상의 서류 읽어보기(김○○ 과장 방문 전) → 김○○ 과장 응대하기(오전) → 강팀장에게 서류 가져다주기(점심시간) → 회사로 온 연락 강팀장에게 알려주기(오후) → 최팀장에게 전화달라고 전하기(퇴근 전)

22

정답 ④

매년 초에 물가상승률(r)이 적용된 연금을 n년 동안 받게 되는 총금액(S)은 다음과 같다(x는 처음 받는 연금액).

$$S = \frac{x(1+r)\{(1+r)^n - 1\}}{r}$$

올해 초에 500만 원을 받고 매년 연 10% 물가상승률이 적용되어 10년 동안 받는 총금액은 다음과 같다.

$$S = \frac{500 \times (1+0.1) \times \{(1+0.1)^{10} - 1\}}{0.1}$$

$$= \frac{500 \times 1.1 \times (2.5 - 1)}{0.1} = 8,250만 원$$

일시불로 받을 연금을 y만 원이라고 하자.

$$y(1.1)^{10} = 8,250$$

$$\therefore y = \frac{8,250}{2.5} = 3,300$$

따라서 올해 초에 일시불로 받을 연금은 3,300만 원이다.

23

정답 ①

매출평균이 22억 원이므로 3분기까지의 총매출은 $22 \times 9 = 198$억 원이다. 전체 총매출이 246억 원이므로 4분기의 매출은 $246 - 198 = 48$억 원이고, 따라서 4분기의 평균은 $\frac{48}{3} = 16$억 원이 된다.

24

정답 ②

8월은 $\frac{1,180}{1,320} \fallingdotseq 0.89$유로/달러이고 12월은 $\frac{1,154}{1,470} \fallingdotseq 0.79$유로/달러이다. 분자는 감소하고, 분모는 증가하기 때문에 값은 감소하므로 8월의 유로/달러 값이 더 크다.

오답분석

① 전월 대비 원/달러 변화량의 최댓값은 8월 대비 9월 감소액 $1,112 - 1,180 = -68$원이고, 원/100엔도 8월 대비 9월 증가액 $1,048 - 1,012 = 36$원으로 변화량이 가장 높다. 따라서 절댓값으로 비교하면 원/달러 변화량의 최댓값이 원/100엔 최댓값보다 크다.

③ 7월 원/유로의 18%는 $1,300 \times 0.18 = 234$원/유로이고, 12월 원/유로는 1,470원/유로로 $1,300 + 234 = 1,534$원/유로보다 작으므로 18% 미만 증가하였다.

④ 9월의 원/달러 환율은 8월 대비 감소했지만 원/100엔 환율은 증가했으므로 증감추이는 동일하지 않다.

25

A ~ E씨의 신용등급에 따른 기준금리와 가산금리, 그리고 우대금리 적용 사항을 통해 우대금리를 구하면 다음과 같다.

- A씨
  1.8(기준금리)+3.35(가산금리)−(0.3+0.1+0.1+0.3)(우대금리)=4.35%
- B씨
  1.8(기준금리)+3.35(가산금리)−(0.3+0.1+0.5)(우대금리)=4.25%
- C씨
  1.95(기준금리)+6.34(가산금리)−(0.2+0.3+0)(우대금리)=7.79%(적립식예금 계좌의 경우 30만 원 이상 보유해야 한다)
- D씨
  1.77(기준금리)+2.18(가산금리)−(0+0.1+0.2)(우대금리)=3.65%(자동이체 거래실적은 3건 이상이어야 한다)

26

정답 ②

전 직원의 주 평균 야간근무 빈도는 직급별 사원 수를 알아야 구할 수 있는 값으로, 단순히 직급별 주 평균 야간근무 빈도를 모두 더하여 평균을 구하는 것은 옳지 않다.

오답분석
① 자료를 통해 알 수 있다.
③ 0.2시간은 60×0.2=12분이다. 따라서 4.2시간은 4시간 12분이다.
④ 대리는 주 평균 1.8일, 6.3시간의 야간근무를 한다. 야근 1회 시 평균 6.3÷1.8=3.5시간 근무로 가장 긴 시간 동안 일한다.

27

정답 ②

적금가입 기간은 24개월이므로 기본금리는 1.3%이다. 여기에 3개월 전부터 급여통장 당행 계좌를 이용 중이고, 스마트뱅킹으로 적금에 가입하였으므로 우대금리(0.2+0.1=0.3%p)를 적용하면 금리는 1.6%가 된다.

$$200,000 \times 0.016 \times \frac{1}{12} \times \frac{24 \times 15}{2} = 80,000원$$

단리식 적금의 만기 시 이자 수령액

$$(월 \ 납입액) \times (연이율) \times \frac{1}{12} \times \frac{n(n+1)}{2} \ (n : 가입 \ 기간)$$

28

정답 ①

(가) : 여름과 겨울에 일정하게 매출이 증가함으로써 일정 주기를 타고 성장, 쇠퇴를 거듭하는 패션형이 적절하다.
(나) : 매출이 계속 성장하는 모습을 보여줌으로써 연속성장형이 적절하다.
(다) : 광고 전략과 같은 촉진활동을 통해 매출이 상승함으로써 주기·재주기형이 적절하다.

(라) : 짧은 시간에 큰 매출 효과를 가졌으나, 며칠이 지나지 않아 매출이 급감함을 볼 때, 패드형이 적절하다.

29

정답 ④

제시된 조건을 정리하면 다음과 같다.
- 최소비용으로 가능한 많은 인원 채용
- 급여는 희망임금으로 지급
- 6개월 이상 근무하되, 주말 근무시간은 협의가능
- 지원자들은 주말 이틀 중 하루만 출근하길 원함
- 하루 1회 출근만 가능

위 조건을 모두 고려하여 근무스케줄을 작성해보면 총 5명의 직원을 채용할 수 있다.

시간	토요일	일요일
11 ~ 12	최지홍(10,000) 3시간	박소다(10,500) 3시간
12 ~ 13	최지홍(10,000) 3시간	박소다(10,500) 3시간
13 ~ 14	최지홍(10,000) 3시간	박소다(10,500) 3시간
14 ~ 15	최지홍(10,000) 3시간	우병지(10,000) 3시간
15 ~ 16	최지홍(10,000) 3시간	우병지(10,000) 3시간
16 ~ 17	최지홍(10,000) 3시간	우병지(10,000) 3시간
17 ~ 18	최지홍(10,000) 3시간	우병지(10,000) 3시간
18 ~ 19	한승희(10,500) 2시간	우병지(10,000) 3시간
19 ~ 20	한승희(10,500) 2시간	우병지(10,000) 3시간
20 ~ 21	한승희(10,500) 2시간	김래원(11,000) 2시간
21 ~ 22	한승희(10,500) 2시간	김래원(11,000) 2시간

단, 김병우 지원자의 경우에는 희망근무기간이 4개월이므로 채용하지 못한다.

30

정답 ①

- 다섯 번째 조건 : 1층에 경영지원실이 위치한다.
- 첫 번째 조건 : 1층에 경영지원실이 위치하므로 4층에 기획조정실이 위치한다.
- 두 번째 조건 : 2층에 보험급여실이 위치한다.
- 네 번째, 다섯 번째 조건 : 3층에 급여관리실, 5층에 빅데이터운영실이 위치한다.

따라서 1층부터 순서대로 '경영지원실 – 보험급여실 – 급여관리실 – 기획조정실 – 빅데이터운영실'이 위치하므로, 5층에 있는 부서는 빅데이터운영실이다.

31

정답 ③

오답분석
① 숫자 0을 다른 숫자와 연속해서 나열했고(세 번째 조건 위반), 영어 대문자를 다른 영어 대문자와 연속해서 나열했다(네 번째 조건 위반).
② 특수기호를 첫 번째로 사용했다(다섯 번째 조건 위반).
④ 영어 대문자를 사용하지 않았다(두 번째 조건 위반).

32
정답 ②

- 첫 번째, 네 번째 조건 : A는 반드시 F와 함께 외근을 나간다.
- 두 번째 조건 : F는 A와 외근을 나가므로 B는 반드시 D와 함께 외근을 나간다. 즉, C는 E와 함께 외근을 나간다.

따라서 A와 F, B와 D, C와 E가 함께 외근을 나간다.

33
정답 ②

화장품과 등산복의 가격의 합은 260,000원이다. 가맹점이기 때문에 10% 할인이 되어 234,000원이 되고, 포인트 2만 점을 사용할 수 있기 때문에 214,000원을 결제해야 한다. 5개월 할부이기 때문에 수수료율 12%에 해당되며 할부수수료는 다음과 같다.

회차	이용원금	할부수수료	할부잔액
1회차	42,800원	214,000원×(0.12÷12)=2,140원	171,200원
2회차	42,800원	171,200원×(0.12÷12)=1,712원	128,400원
3회차	42,800원	128,400원×(0.12÷12)=1,284원	85,600원
4회차	42,800원	85,600원×(0.12÷12)=856원	42,800원
5회차	42,800원	42,800원×(0.12÷12)=428원	0원
합계	214,000원	6,420원	–

따라서 총금액은 220,420원이다.

34
정답 ④

행사장 방문객은 시계 반대 방향으로 돌면서 전시관을 관람한다. 400명의 방문객이 출입하여 제1전시관에 100명이 관람한다면 나머지 300명은 관람하지 않고 지나치게 된다. 따라서 A에서 홍보판촉물을 나눠 줄 수 있는 대상자가 300명이 된다. 그리고 B는 A를 걸쳐서 오는 300명과 제1전시관을 관람하고 나온 100명의 인원이 합쳐지는 장소이므로 총 400명을 대상으로 홍보판촉물을 나눠 줄 수 있다. 이러한 개념으로 모든 장소를 고려해 보면 각 전시관과의 출입구가 합류되는 B, D, F에서 가장 많은 사람들에게 홍보판촉물을 나눠 줄 수 있다.

35
정답 ②

A/S 접수 현황에서 잘못 기록된 일련번호는 총 7개이다.

분류1	• ABE1C6100121 → 일련번호가 09999 이상인 것은 없음 • MBE1DB001403 → 제조월 표기기호 중 'B'는 없음
분류2	• MBP2CO120202 → 일련번호가 09999 이상인 것은 없음 • ABE2D0001063 → 제조월 표기기호 중 '0'은 없음
분류3	• CBL3S8005402 → 제조년도 표기기호 중 'S'는 없음
분류4	• SBE4D5101483 → 일련번호가 09999 이상인 것은 없음 • CBP4D6100023 → 일련번호가 09999 이상인 것은 없음

36
정답 ④

제조연도는 시리얼 번호 중 앞에서 다섯 번째 알파벳으로 알 수 있다. 2012년도는 'A', 2013년도는 'B'로 표기되어 있으며, A/S 접수 현황에서 찾아보면 총 9개이다.

37
정답 ③

A/S 접수 현황에 제품 시리얼 번호를 보면 네 번째 자리의 숫자가 분류1에는 '1', 분류2에는 '2', 분류3에는 '3', 분류4에는 '4'로 나눠져 있음을 알 수 있다. 따라서 네 번째 자리가 의미하는 메모리 용량이 시리얼 번호를 분류하는 기준이다.

38
정답 ④

- 중도상환 원금=대출원금−원금상환액(월)×대출경과월수

$$=12,000,000-\left(\frac{12,000,000}{60}\times12\right)$$
$$=9,600,000원$$

- 중도상환 수수료=$9,600,000\times0.038\times\dfrac{36-12}{36}$

$$=243,200원$$

39
정답 ④

갈등을 성공적으로 해결하기 위해서는 누가 옳고 그른지 논쟁하는 일은 피하는 것이 좋으며, 상대방의 양 측면을 모두 이해하고 배려하는 것이 중요하다.

40
정답 ②

두배드림 적금의 가입기간은 36개월로 상품가입 3년에 해당되며, 가입금액인 월 20만 원과 우대금리 조건인 입금실적이 본 은행의 12개월 이상이어야 한다는 조건에 모두 부합된다.

오답분석

① 스마트 적금 : 가입기간이 입금금액이 700만 원이 될 때까지이므로, 월 20만 원씩 3년 동안 가입할 고객의 조건과 부합되지 않고, 우대금리 조건도 없는 적금이다.
③ 월복리 정기예금 : 적금에 가입한다고 하였으므로, 예금상품은 해당되지 않는다.
④ DREAM 적금 : 우대금리의 대상이 신규고객이기 때문에 기존에 20개월 동안 이용한 고객의 조건과 부합되지 않는다.

제5회 모의고사 정답 및 해설

01	02	03	04	05	06	07	08	09	10
①	④	③	①	③	④	③	④	②	②
11	12	13	14	15	16	17	18	19	20
④	③	②	③	②	①	④	④	③	①
21	22	23	24	25	26	27	28	29	30
②	④	③	①	④	②	①	③	④	④
31	32	33	34	35	36	37	38	39	40
④	③	①	④	④	③	①	②	④	③

01   정답 ①

제시된 문장과 ①은 '일정한 방향으로 움직이도록 반대쪽에서 힘을 가하다.'의 의미로 사용되었다.

오답분석
② 어떤 이유로 뒤처지게 되다.
③ 뒤에서 보살피고 도와주다.
④ 바닥이 반반해지도록 연장을 누르면서 문지르다.

02   정답 ④

(라)의 앞부분에서는 위기 상황을 제시하고, 뒷부분에서는 인류의 각성을 촉구하는 내용을 다루고 있다. 각성의 당위성을 이끌어내는 내용인 보기가 (라)에 들어가면 앞뒤의 내용을 논리적으로 연결할 수 있다.

03   정답 ③

ⓒ의 앞에 있는 문장과 ⓒ을 포함한 문장은 여름철 감기 예방법을 설명한다. 따라서 나열의 의미를 나타내는 부사 '또한'이 적절하다. '그러므로'는 인과 관계를 나타내므로 적절하지 않다.

오답분석
① ㉠을 포함한 문단은 여름철 감기에 걸리는 원인을 설명하고 있다. 따라서 ㉠은 문단 내용과 어울리지 않아 통일성을 해치므로 ㉠을 삭제한다.
② ㉡의 '노출되어지다'의 형태소를 분석하면 '노출'이라는 어근에 '-되다'와 '지다'가 결합된 것이다. 여기서 '-되다'는 피동의 뜻을 더하고 동사를 만드는 접미사이다. '지다'는 동사 뒤에서 '-어지다' 구성으로 쓰여 남의 힘에 의해 앞말이 뜻하는 행동을 입음을 나타내는 보조 동사이다. 따라서 피동 표현이 중복된 것이다.

④ ㉣에서 '하다'의 목적어는 '기침'이며, '열'을 목적어로 하는 동사가 없다. '하다'라는 동사 하나에 목적어 두 개가 연결된 것인데, '열을 한다.'는 의미가 성립되지 않는다. 따라서 '열이 나거나'로 고쳐야 한다.

04   정답 ①

제시문은 최대수요입지론에 의해 업체가 입지를 선택하는 방법을 설명하는 글로, 최초로 입지를 선택하는 업체와 그다음으로 입지를 선택하는 업체가 입지를 선정하는 기준과 변인이 생기는 경우 두 업체의 입지를 선정하는 기준을 설명하는 글이다. 따라서 (나) 최대수요입지론에서 입지를 선정할 때 고려하는 요인 – (가) 최초로 입지를 선정하는 업체의 입지 선정법 – (다) 다음으로 입지를 선정하는 업체의 입지 선정법 – (라) 다른 변인이 생기는 경우 두 경쟁자의 입지 선정법 순으로 연결되어야 한다.

05   정답 ③

제시문에 따르면 역사의 가치는 변하는 것이며, 시대나 사회의 흐름에 따라 달라지는 상대적인 것이다.

06   정답 ④

1972년 신용협동조합법이 제정, 실시됨에 따라 이자율의 최고한도 등 여러 가지 사항에 대해 규제를 받기 시작했다.

오답분석
① 구성원들에게 저축편의를 제공하는 건 맞지만 비영리적 성격을 갖고 있는 조직이다.
② 한국신용협동조합회는 1964년에 창설되었으며, 1960년 메리 놀병원에서 28명으로 조직된 성가신용협동조합이 신협의 시작되었다.
③ 1970년대에 증가폭이 매우 커졌다.

07   정답 ③

반으로 자른 수박의 과육에 나타나는 하트 모양 줄무늬는 수박씨가 맺히는 자리에 생기는 '태좌'라는 것으로 정상적인 현상이다.

08
정답 ④

고전주의 범죄학에서는 인간의 모든 행위는 자유 의지에 입각한 합리적 판단에 따라 이루어지므로 범죄에 비례해 형벌을 부과할 경우 범죄가 억제될 수 있다고 주장한다. 따라서 이러한 주장에 대한 반박으로는 사회적 요인의 영향 등을 고려할 때 범죄는 개인의 자유 의지로 통제할 수 없다는 내용의 ④가 가장 적절하다.

오답분석

①·②·③ 고전주의 범죄학의 입장에 해당한다.

09
정답 ②

제시문은 각 기초 훈련 코스의 특징을 설명하면서 코스 주행 시 습득할 수 있는 운전 요령을 언급하고 있다.

10
정답 ②

A~E의 진술에 따르면 C와 E는 반드시 동시에 참 또는 거짓이 되어야 하며, B와 C는 동시에 참이나 거짓이 될 수 없다.

1) A와 B가 거짓일 경우

B의 진술이 거짓이 되므로 이번 주 수요일 당직은 B이다. 그러나 D의 진술에 따르면 B는 목요일 당직이므로 이는 성립하지 않는다.

2) B와 D가 거짓인 경우

B의 진술이 거짓이 되므로 이번 주 수요일 당직은 B이다. 또한 A, E의 진술에 따르면 E는 월요일, A는 화요일에 각각 당직을 선다. 이때 C는 수요일과 금요일에 당직을 서지 않으므로 목요일 당직이 되며, 남은 금요일 당직은 자연스럽게 D가 된다.

3) C와 E가 거짓인 경우

A, B, D의 진술에 따르면 A는 화요일, D는 수요일, B는 목요일, C는 금요일 당직이 되어 남은 월요일 당직은 E가 된다. 이때 E의 진술이 참이 되므로 이는 성립하지 않는다.

따라서 이번 주 수요일에 당직을 서는 사람은 B이다.

11
정답 ④

A는 심층면접, B는 표적집단면접(Focus Group Interview)이다. 표적집단면접은 획득해야 할 정보를 수립하고, 가이드라인에 따라 진행하는 방법으로 주제를 벗어난 질문을 하면 안 되며, 면접의 진행에 따라 앞뒤로 흩어져 있는 정보들을 주제에 대한 연관성을 고려하여 수집해야 한다.

오답분석

①·② 표적집단면접을 진행할 때 주의해야 될 사항이다.

③ 심층면접의 이점이다.

12
정답 ③

자료에 나타난 논리적 사고 개발 방법은 피라미드 구조 방법으로, 하위의 사실이나 현상부터 사고함으로써 상위의 주장을 만들어간다. 그림의 'a~i'와 같은 보조 메시지들을 통해 주요 메인 메시지인 '1~3'을 얻고, 다시 메인 메시지를 종합한 최종적인 정보를 도출해낸다.

오답분석

① So What 기법

② Logic Tree 기법

④ SWOT 분석 기법

13
정답 ②

초고령화 사회는 실버산업(기업)을 기준으로 외부환경 요소로 볼 수 있으며, 따라서 기회 요인으로 적절하다.

오답분석

① 제품의 우수한 품질은 기업의 내부환경 요소로 볼 수 있으며, 따라서 강점 요인으로 적절하다.

③ 기업의 비효율적인 업무 프로세스는 기업의 내부환경 요소로 볼 수 있으며, 따라서 약점 요인으로 적절하다.

④ 살균제 달걀 논란은 빵집(기업)을 기준으로 외부환경 요소로 볼 수 있으며, 따라서 위협 요인으로 적절하다.

14
정답 ③

• A : 유튜브 관련 결제에 대한 할인과 알뜰폰 통신사에 대한 할인을 제공하지 않는 Play++카드는 A씨에게 부적절하다. 남은 카드 중에서 국내 결제에 대하여 할인을 제공하는 카드는 Thepay카드이므로 A씨가 사용하기에 적절한 카드는 Thepay카드이다.

• B : 해외여행 및 해외출장이 잦으므로 휴가중카드 또는 Thepay카드를 사용하는 것이 적절하다. 이 중 할인혜택을 제공하는 카드는 Thepay카드뿐이므로 B씨가 사용하기에 적절한 카드는 Thepay카드이다.

15
정답 ②

단리 적금의 경우 n은 가입 기간 개월 수이고, r은 연 이자율인 이자 계산 공식 (월 납입액)$\times \dfrac{n \times (n+1)}{2} \times \dfrac{r}{12}$에 대입하면

$400,000 \times \dfrac{36 \times 37}{2} \times \dfrac{0.022}{12} = 488,400$원이고, 이때 적금 원금은 $400,000 \times 36 = 1,440$만 원이다.

따라서 만기환급금은 $14,400,000 + 488,400 = 14,888,400$원이다.

16

정답 ①

구입할 수 있는 컴퓨터를 x대라고 하자.

3대까지는 1대당 100만 원을 지불해야 하므로 80만 원에 구입할 수 있는 컴퓨터는 $(x-3)$대이다.

$100 \times 3 + 80 \times (x-3) \leq 2,750$

$\rightarrow 80(x-3) \leq 2,450$

$\rightarrow x-3 \leq 30.625$

$\therefore x \leq 33.625$

따라서 컴퓨터는 최대 33대 구입 가능하다.

17

정답 ④

가격이 500원인 음료수의 개수를 x, 700원인 음료수의 개수를 y, 900원인 음료수의 개수를 z라고 하면 다음과 같다.

$x+y+z=40 \cdots \bigcirc$

$500x+700y+900z=28,000$

$\rightarrow 5x+7y+9z=280 \cdots \bigcirc$

$x \geq 2, \ y \geq 2, \ z \geq 2$

$7 \times \bigcirc - \bigcirc$을 하면

$2x-2z=0$

$\rightarrow x=z \cdots \bigcirc$

$\bigcirc$을 $\bigcirc$에 대입하면

$2x+y=40$

따라서 x의 최댓값은 19이므로 가격이 500원인 음료수의 최대 개수는 19개이다.

18

정답 ④

선호하는 인증수단으로 이메일을 선택한 20대 모두가 아이핀과 공인인증서를 동시에 선택했다면, 아이핀과 공인인증서 비율에서 각각 24.1%는 이메일, 아이핀, 공인인증서 3개를 선택한 사람들이다. 만약 20대 중 신용카드를 선택한 사람이 모두 아이핀을 동시에 선택했을 경우 아이핀을 선택한 비율에서 이메일, 아이핀, 공인인증서를 택한 비율을 제외하면 $36-24.1=11.9\%$가 된다. 따라서 신용카드 비율인 16.9%보다 낮게 나오므로 신용카드를 선택한 20대 모두가 아이핀을 동시에 선택하는 것은 불가능하다.

오답분석

① 30대와 40대 모두 1위부터 3위는 '공인인증서 – 휴대폰 문자 인증 – 아이핀' 순이다.

② 전체 응답자의 비율 합은 252.9%이며, 모든 응답자가 적어도 2개를 선택했다고 했을 때, 최소 52.9%는 3개를 선택한 사람임을 알 수 있다.

③ 전체 남성 수는 동일하므로 비율로 비교하면, 신용카드를 선택한 남성은 21.1%이고, 바이오 인증을 선택한 비율의 3배는 $9.9 \times 3=29.7\%$이므로 바이오 인증을 선택한 남성 수의 3배가 신용카드를 선택한 남성 수보다 많다.

19

정답 ③

브랜드별 중성세제의 변경 후 판매 용량에 대한 가격에서 변경 전 가격을 빼면 다음과 같다.

- A브랜드 : $(8,200 \times 1.2)-(8,000 \times 1.3)=9,840-10,400$
  $=-560$원
- B브랜드 : $(6,900 \times 1.6)-(7,000 \times 1.4)=11,040-9,800$
  $=1,240$원
- C브랜드 : $(4,000 \times 2.0)-(3,960 \times 2.5)=8,000-9,900$
  $=-1,900$원
- D브랜드 : $(4,500 \times 2.5)-(4,300 \times 2.4)=11,250-10,320$
  $=930$원

따라서 A브랜드는 560원 감소, B브랜드는 1,240원 증가, C브랜드는 1,900원 감소, D브랜드는 930원 증가로 정답은 ③이다.

20

정답 ①

요금제별 추가요금을 표로 나타내면 다음과 같다.

구분	통화	데이터	문자	추가요금 계
A	0원	0원	0원	0원
B	8,400원 (70×120)	10,000원 (2×5,000)	0원	18,400원
C	1,200원 (10×120)	20,000원 (4×5,000)	5,500원 (25×220)	26,700원
D	14,400원 (120×120)	0원	1,100원 (5×220)	15,500원

각 통신상품의 기본요금과 추가요금의 합계액을 구하면

- A : $75,000+0=75,000$원
- B : $60,000+18,400=78,400$원
- C : $50,000+26,700=76,700$원
- D : $60,000+15,500=75,500$원

따라서 K사원에게는 A요금제가 가장 저렴하다.

21

정답 ②

$\bigcirc$ 습도가 70%일 때 연간소비전력량이 가장 적은 제습기는 A(790kWh)이다.

$\bigcirc$ 습도가 40%일 때 제습기 E의 연간소비전력량(660kWh)은 습도가 50%일 때 제습기 B의 연간소비전력량(640kWh)보다 많다.

오답분석

$\bigcirc$ 습도 60%일 때의 연간소비전력량이 가장 많은 제습기는 D이며, 습도 70%일 때에는 E이다.

$\bigcirc$ E의 경우 40%일 때 연간소비전력량의 1.5배는 $660 \times 1.5=990$kWh이고, 80%일 때는 970kWh이므로 1.5배 미만이다.

22
정답 ④

매우 노력함과 약간 노력함의 비율 합은 다음과 같다.

구분	남성	여성	취업	실업 및 비경제활동
비율	13.6+43.6 =57.2%	23.9+50.1 =74.0%	16.5+47.0 =63.5%	22.0+46.6 =68.6%

따라서 여성이 남성보다 비율이 높고, 취업자보다 실업 및 비경제활동자의 비율이 높다.

오답분석

① 10세 이상 국민들 중 '전혀 노력하지 않음'과 '매우 노력함'은 '약간 노력함'과 '별로 노력하지 않음'에 비해 숫자의 크기가 현저히 작음을 알 수 있다. 따라서 '약간 노력함'과 '별로 노력하지 않음'만 정확하게 계산해 보면 된다.
- 약간 노력함 : 41.2+39.9+46.7+52.4+50.4+46.0+44.8=321.4%
- 별로 노력하지 않음 : 39.4+42.9+36.0+29.4+25.3+21.6+20.9=215.5%

따라서 약간 노력하는 사람 비율의 합이 더 높은 것을 알 수 있다.

② 10세 이상 국민들 중 환경오염 방지를 위해 매우 노력하는 사람의 비율이 가장 높은 연령층은 31.3%인 70세 이상이다.

③ 우리나라 국민들 중 환경오염 방지를 위해 전혀 노력하지 않는 사람의 비율이 가장 높은 연령층은 6.4%인 20 ~ 29세이다.

23
정답 ③

조선시대의 미(未)시는 오후 1 ~ 3시를, 유(酉)시는 오후 5 ~ 7시를 나타낸다. 오후 2시부터 4시 30분까지 운동을 하였다면, 조선시대 시간으로 미(未)시 정(正)부터 신(申)시 정(正)까지 운동을 한 것이 되므로 옳지 않다.

오답분석

① 초등학교의 점심 시간이 오후 1시부터 2시까지라면, 조선시대 시간으로 미(未)시(1 ~ 3시)에 해당한다.

② 조선시대의 인(寅)시는 현대 시간으로 오전 3 ~ 5시를 나타낸다.

④ 축구 경기가 전반전 45분과 후반전 45분으로 총 90분 동안 진행되었으므로 조선시대 시간으로 한시진(2시간)이 되지 않는다.

24
정답 ①

먼저 16진법으로 표현된 수를 10진법으로 변환하여야 한다.
- 53=5×16+3=83
- 55=5×16+5=85
- 4E=4×16+14=78

변환된 수를 아스키 코드표를 이용하여 해독하면 83="S", 85="U", 78="N"임을 확인할 수 있다. 따라서 철수가 장미에게 보낸 문자의 의미는 SUN이다.

25
정답 ④

변경된 난각 표시 개정안에 따르면 달걀의 산란 일자 4자리와 생산자 고유번호 5자리 그리고 사육환경번호 1자리를 차례로 달걀 껍질에 표기해야 한다. 맨 뒤의 사육환경번호는 사육방식에 따라 방사 사육의 경우 1, 축사 내 평사 사육은 2, 개선된 케이지 사육은 3, 기존의 케이지 사육은 4로 표시되므로 9월 7일, 'AB38E'의 고유번호를 지닌 농장에서 방사 사육(1)된 닭이 낳은 달걀에는 ④와 같이 표기해야 한다.

26
정답 ②

58만 5천 명×0.3=17만 5,500명

27
정답 ①

234.8조 원×0.299=약 70조 원

28
정답 ③

(60세 이상 차입인구의 평균 개인대출 금액)

$$=\frac{(60세 \ 이상 \ 차입인구의 \ 평균 \ 개인대출 \ 총액)}{(60세 \ 이상 \ 차입 \ 인구수)}$$

$$=\frac{80.2조×0.2}{208.5만×0.101}=약 \ 7,600만 \ 원$$

29
정답 ④

B은행의 창구이용, 자동화기기의 총수수료 평균은 약 933원으로 다른 은행들보다 가장 크다.

오답분석

① 자동화기기 마감 전 수수료가 700원 이상인 은행은 A・B・I・K・N은행으로 총 5곳이다.

② '운영하지 않음'을 제외한 A ~ R은행의 창구이용 수수료의 평균은 약 756원이다.

③ '면제'를 제외한 A ~ R은행의 자동화기기 마감 전 수수료 평균은 600원이며, 마감 후 수수료 평균은 770원이다.

30
정답 ④

주어진 조건에 따라 선반에 놓여 있는 사무용품을 정리하면 다음과 같다.

5층	보드마카, 접착 메모지
4층	스테이플러, 볼펜
3층	2공 펀치, 형광펜
2층	서류정리함, 북엔드
1층	인덱스 바인더, 지우개

보드마카와 접착 메모지는 5층 선반에 놓여 있으므로 선반의 가장 높은 층에 놓여 있음을 알 수 있다.

31 정답 ④

첫 번째 명제에서 A는 B보다 먼저 먹거나 A와 B는 같이 먹는 두 가지 경우가 가능하다.

1) A가 B보다 먼저 먹는 경우

    C와 D는 세 번째 명제에 따라 각각 12시, 1시 팀이 되고, 마지막 명제에서 E는 F보다 먼저 먹으므로 E와 F도 각각 12시, 1시 팀이 될 것이다. 따라서 12시 팀은 A, C, E이고, 1시 팀은 B, D, F이다.

2) A와 B가 같이 먹는 경우

    – A와 B가 12시에 먹는 경우

     C와 D는 각각 12시, 1시 팀이 되고, E와 F도 각각 12시, 1시 팀이 된다. 따라서 12시 팀은 A, B, C, E이고, 1시 팀은 D, F이다.

    – A와 B가 1시에 먹는 경우

     두 번째 명제에서 C는 A와 같이 먹으므로 C는 1시 팀, D는 12시 팀이 되고, E와 F는 각각 12시, 1시 팀이 된다. 따라서 12시 팀은 D, E이고, 1시 팀은 A, B, C, F이다.

① A와 B는 같이 먹을 수도 있다.
② B와 C는 따로 먹는다.
③ D와 F는 따로 먹는다.

32 정답 ③

- 여섯 번째, 여덟 번째 조건 : G는 첫 번째 자리에 앉는다.
- 일곱 번째 조건 : C는 세 번째 자리에 앉는다.
- 네 번째, 다섯 번째 조건 : 만약 A와 B가 네 번째, 여섯 번째 또는 다섯 번째, 일곱 번째 자리에 앉으면, D와 F는 나란히 앉을 수 없다. 따라서 A와 B는 두 번째, 네 번째 자리에 앉는다. 이때, 남은 자리는 다섯, 여섯, 일곱 번째 자리이므로 D와 F는 다섯, 여섯 번째 또는 여섯, 일곱 번째 자리에 앉게 되고, 나머지 한 자리에 E가 앉는다.

이 사실을 종합하여 주어진 조건을 표로 정리하면 다음과 같다.

구분	첫 번째	두 번째	세 번째	네 번째	다섯 번째	여섯 번째	일곱 번째
경우 1	G	A	C	B	D	F	E
경우 2	G	A	C	B	F	D	E
경우 3	G	A	C	B	E	D	F
경우 4	G	A	C	B	E	F	D
경우 5	G	B	C	A	D	F	E
경우 6	G	B	C	A	F	D	E
경우 7	G	B	C	A	E	D	F
경우 8	G	B	C	A	E	F	D

따라서 어떠한 경우에도 C의 양옆자리에는 항상 A와 B가 앉는다.

① 조건에서 D와 F는 나란히 앉는다고 하였다.
②・④ 경우 4, 8인 때에만 성립한다.

33 정답 ①

현재 아르바이트생의 월 급여는 평일+주말=(3×9×4×9,000)+(2×9×4×12,000)=1,836,000원이므로, 월 급여는 정직원>아르바이트생>계약직원 순서이다. 따라서 전체인원을 줄일 수 없으므로 현 상황에서 인건비를 가장 많이 줄일 수 있는 방법은 아르바이트생을 계약직원으로 전환하는 것이다.

34 정답 ④

제시된 운항시설처의 업무분장표에서 항공기 화재진압훈련과 관련된 업무는 찾아볼 수 없다.

35 정답 ④

이동지역 내의 안전관리를 담당하는 운항안전팀이 발간하는 안전회보에는 이동지역 내의 안전과 관련된 내용을 싣는 것이 적절하다. 따라서 여객터미널에서 실시하는 대테러 종합훈련은 운항안전팀의 안전회보에 실릴 내용으로 적절하지 않다.

①・② 기반시설팀 : 운항기반시설 제설작업 및 장비관리 업무, 전시목표(활주로 긴급 복구) 및 보안시설 관리 업무
③ 항공등화팀 : 항공등화시설 개량계획 수립 및 시행 업무

36 정답 ③

화가 난 고객을 응대하는 데 있어서는 먼저 고객을 안정시키는 것이 최우선이며, 이후에 고객이 이해할 수 있는 수준의 대응을 제시해야 한다.

37 정답 ①

글을 읽을 때 요약하는 것이 도움이 되는 것처럼 대화에서도 마찬가지이다. 대화에 더 집중하게 할 뿐만 아니라 자신이 대화 내용을 잘 이해하고 있는지 점검하는 데 도움이 된다.

② 상대방의 말부터 다 듣고 생각한 뒤 대답해도 늦지 않다. 상대의 말을 들으면서 자신이 무슨 말을 할지 생각하면 그동안 오히려 상대의 말을 놓치기 쉽다.
③ 상대방이 위로가 필요한 상황일 때 그것에 대해 시시콜콜 따지는 것도 적절하지 않은 대처지만, 너무 빨리 동의하는 것도 오히려 대화에 집중하지 않는 무성의한 태도이다.
④ 분위기가 심각할 때, 진행 중인 대화 주제를 바꾸거나 농담을 해서 분위기를 바꿔보려는 생각을 많이 하는데 이는 상대에 대한 예의가 아니다.

38

정답 ②

연단공포증을 극복하기 위해서는 프레젠테이션에 필요한 것들을 미리 준비하고, 반복적으로 연습하여 완벽한 준비를 해야 한다. 완벽한 준비는 발표 중에 느끼는 불안감에도 불구하고 미리 준비한 그대로 실천할 수 있도록 큰 도움을 준다.

39

정답 ④

고객 불만을 해결하는 데 있어서는 신속하게 처리하는 것도 중요하지만, 같은 문제가 재발하지 않도록 꼼꼼히 처리하는 것이 더 중요하다.

40

정답 ③

각 경로의 통행료를 계산하면 다음과 같다. ②와 ③의 경로에서는 각각 나게이트와 다게이트에서 통행료 할인을 적용받는다.

경로	통행료
A − 1 − 가 − B	46,100+38,400=84,500원
A − 1 − 나 − B	46,100+(51,500×0.9)=92,450원
A − 2 − 다 − B	37,900+(40,500×0.95)=76,375원
A − 2 − 나 − B	37,900+51,500=89,400원

따라서 A − 2 − 다 − B 경로가 76,375원으로 통행료가 가장 저렴하다.

합격의공식
시대
에듀
www.sdedu.co.kr

MG새마을금고 지역본부 필기전형 답안카드

1	① ② ③ ④	21	① ② ③ ④
2	① ② ③ ④	22	① ② ③ ④
3	① ② ③ ④	23	① ② ③ ④
4	① ② ③ ④	24	① ② ③ ④
5	① ② ③ ④	25	① ② ③ ④
6	① ② ③ ④	26	① ② ③ ④
7	① ② ③ ④	27	① ② ③ ④
8	① ② ③ ④	28	① ② ③ ④
9	① ② ③ ④	29	① ② ③ ④
10	① ② ③ ④	30	① ② ③ ④
11	① ② ③ ④	31	① ② ③ ④
12	① ② ③ ④	32	① ② ③ ④
13	① ② ③ ④	33	① ② ③ ④
14	① ② ③ ④	34	① ② ③ ④
15	① ② ③ ④	35	① ② ③ ④
16	① ② ③ ④	36	① ② ③ ④
17	① ② ③ ④	37	① ② ③ ④
18	① ② ③ ④	38	① ② ③ ④
19	① ② ③ ④	39	① ② ③ ④
20	① ② ③ ④	40	① ② ③ ④

MG새마을금고 지역본부 필기전형 답안카드

1	① ② ③ ④	21	① ② ③ ④
2	① ② ③ ④	22	① ② ③ ④
3	① ② ③ ④	23	① ② ③ ④
4	① ② ③ ④	24	① ② ③ ④
5	① ② ③ ④	25	① ② ③ ④
6	① ② ③ ④	26	① ② ③ ④
7	① ② ③ ④	27	① ② ③ ④
8	① ② ③ ④	28	① ② ③ ④
9	① ② ③ ④	29	① ② ③ ④
10	① ② ③ ④	30	① ② ③ ④
11	① ② ③ ④	31	① ② ③ ④
12	① ② ③ ④	32	① ② ③ ④
13	① ② ③ ④	33	① ② ③ ④
14	① ② ③ ④	34	① ② ③ ④
15	① ② ③ ④	35	① ② ③ ④
16	① ② ③ ④	36	① ② ③ ④
17	① ② ③ ④	37	① ② ③ ④
18	① ② ③ ④	38	① ② ③ ④
19	① ② ③ ④	39	① ② ③ ④
20	① ② ③ ④	40	① ② ③ ④

MG새마을금고 지역본부 필기전형 답안카드

번호	①	②	③	④	번호	①	②	③	④
1	①	②	③	④	21	①	②	③	④
2	①	②	③	④	22	①	②	③	④
3	①	②	③	④	23	①	②	③	④
4	①	②	③	④	24	①	②	③	④
5	①	②	③	④	25	①	②	③	④
6	①	②	③	④	26	①	②	③	④
7	①	②	③	④	27	①	②	③	④
8	①	②	③	④	28	①	②	③	④
9	①	②	③	④	29	①	②	③	④
10	①	②	③	④	30	①	②	③	④
11	①	②	③	④	31	①	②	③	④
12	①	②	③	④	32	①	②	③	④
13	①	②	③	④	33	①	②	③	④
14	①	②	③	④	34	①	②	③	④
15	①	②	③	④	35	①	②	③	④
16	①	②	③	④	36	①	②	③	④
17	①	②	③	④	37	①	②	③	④
18	①	②	③	④	38	①	②	③	④
19	①	②	③	④	39	①	②	③	④
20	①	②	③	④	40	①	②	③	④

MG새마을금고 지역본부 필기전형 답안카드

성 명

지원분야

문제지 형별기재란

( )형   Ⓐ   Ⓑ

수험번호

0	①	②	③	④	⑤	⑥	⑦	⑧	⑨
0	①	②	③	④	⑤	⑥	⑦	⑧	⑨
0	①	②	③	④	⑤	⑥	⑦	⑧	⑨
0	①	②	③	④	⑤	⑥	⑦	⑧	⑨
0	①	②	③	④	⑤	⑥	⑦	⑧	⑨
0	①	②	③	④	⑤	⑥	⑦	⑧	⑨
0	①	②	③	④	⑤	⑥	⑦	⑧	⑨

감독위원 확인

(인)

문번	①	②	③	④		문번	①	②	③	④
1	①	②	③	④		21	①	②	③	④
2	①	②	③	④		22	①	②	③	④
3	①	②	③	④		23	①	②	③	④
4	①	②	③	④		24	①	②	③	④
5	①	②	③	④		25	①	②	③	④
6	①	②	③	④		26	①	②	③	④
7	①	②	③	④		27	①	②	③	④
8	①	②	③	④		28	①	②	③	④
9	①	②	③	④		29	①	②	③	④
10	①	②	③	④		30	①	②	③	④
11	①	②	③	④		31	①	②	③	④
12	①	②	③	④		32	①	②	③	④
13	①	②	③	④		33	①	②	③	④
14	①	②	③	④		34	①	②	③	④
15	①	②	③	④		35	①	②	③	④
16	①	②	③	④		36	①	②	③	④
17	①	②	③	④		37	①	②	③	④
18	①	②	③	④		38	①	②	③	④
19	①	②	③	④		39	①	②	③	④
20	①	②	③	④		40	①	②	③	④

MG새마을금고 지역본부 필기전형 답안카드

성 명

지원분야

문제지 형별기재란

( )형

Ⓐ Ⓑ

수험번호

	①	②	③	④		①	②	③	④
1	①	②	③	④	21	①	②	③	④
2	①	②	③	④	22	①	②	③	④
3	①	②	③	④	23	①	②	③	④
4	①	②	③	④	24	①	②	③	④
5	①	②	③	④	25	①	②	③	④
6	①	②	③	④	26	①	②	③	④
7	①	②	③	④	27	①	②	③	④
8	①	②	③	④	28	①	②	③	④
9	①	②	③	④	29	①	②	③	④
10	①	②	③	④	30	①	②	③	④
11	①	②	③	④	31	①	②	③	④
12	①	②	③	④	32	①	②	③	④
13	①	②	③	④	33	①	②	③	④
14	①	②	③	④	34	①	②	③	④
15	①	②	③	④	35	①	②	③	④
16	①	②	③	④	36	①	②	③	④
17	①	②	③	④	37	①	②	③	④
18	①	②	③	④	38	①	②	③	④
19	①	②	③	④	39	①	②	③	④
20	①	②	③	④	40	①	②	③	④

감독위원 확인

(인)

※ 본 답안카드는 마킹연습용 모의 답안카드입니다.

MG새마을금고 지역본부 필기전형 답안카드

성 명

지원분야

문제지 형별기재란

( )형 ⒜ ⒝

수험번호

0	1	2	3	4	5	6	7	8	9
0	1	2	3	4	5	6	7	8	9
0	1	2	3	4	5	6	7	8	9
0	1	2	3	4	5	6	7	8	9
0	1	2	3	4	5	6	7	8	9
0	1	2	3	4	5	6	7	8	9
0	1	2	3	4	5	6	7	8	9

감독위원 확인

(인)

1	①	②	③	④		21	①	②	③	④
2	①	②	③	④		22	①	②	③	④
3	①	②	③	④		23	①	②	③	④
4	①	②	③	④		24	①	②	③	④
5	①	②	③	④		25	①	②	③	④
6	①	②	③	④		26	①	②	③	④
7	①	②	③	④		27	①	②	③	④
8	①	②	③	④		28	①	②	③	④
9	①	②	③	④		29	①	②	③	④
10	①	②	③	④		30	①	②	③	④
11	①	②	③	④		31	①	②	③	④
12	①	②	③	④		32	①	②	③	④
13	①	②	③	④		33	①	②	③	④
14	①	②	③	④		34	①	②	③	④
15	①	②	③	④		35	①	②	③	④
16	①	②	③	④		36	①	②	③	④
17	①	②	③	④		37	①	②	③	④
18	①	②	③	④		38	①	②	③	④
19	①	②	③	④		39	①	②	③	④
20	①	②	③	④		40	①	②	③	④

※ 본 답안카드는 마킹연습용 모의 답안카드입니다.